KB202534

The value of a nomadic missionary

순회 선교사의 쓸모

순회 선교사의 쓸모

초판 1쇄 발행   2023년 11월 1일

지은이　　김형윤
펴낸곳　　엎드림출판사
등 록　　제2021-000013호
주 소　　17557 경기도 안성시 공도읍 심교길 24-5
발행처　　엎드림출판사
전 화　　010-6220-4331

값 17,000원
ISBN 979-11-982828-3-5 03230

NOMADIC
MISSIONARY

겸손과 온유의 맑은 사랑이 넘치고
감동과 은혜가 있는 따뜻한 에세이

순회 선교사의 쓸모

The value of a nomadic missionary

김 형 윤 지음

엎드림
출판사
UP DREAM

성부 하나님과

성자 하나님과

성령 하나님께

영광 감사 올려드립니다

길을 가다 흘긋 본 대문이 예뻐서 열고 집 안으로 들어가 보고 싶게 만드는 그런 대문을 이 책에 달아 드려야 한다니……. 바쁨을 핑계 삼아 두 달간 시름시름 앓듯이 무거운 시간을 보내온 끝에 가진 시간이 정말로 끝나 버렸네요. 네, 이제는 삐걱삐걱 대문을 달아보려 합니다.

문패부터 붙일게요: 김형윤의 집.

들어오세요. 이곳은 김형윤의 70년 인생이 담긴 곳, 그의 집이랍니다. 귀한 손님으로 오신 당신을 모시고자 몇 달, 밤을 새워 구석구석 닦고 정리해 놓았답니다. 한집에 머물던 딸이 증언하기로, 올해 들어 가장 늦게 잠들고 제일 먼저 일어나서 뭔가를 쓰고 있던 아빠의 모습이 낙인처럼 눈에 찍혀 있다는군요. 누구의 생이든 공부삼아 한 바퀴 돌아볼 가치가 있다고 생각합니다. 그런데 친구와 지인을 데려와서 담소하며 찬찬한 걸음으로 다시 둘러보고 싶은 인생은 손에 꼽는 것 같아요.

그건 바로 온기를 남기고 감동을 전하는 삶. 움켜쥔 것들을 내려놓고 손을 내밀어 베푸는 삶. 나의 삶보다 크게 훌륭해서라기보단 내 삶과 겹치는 듯 아닌 듯 공감하고 감탄하며 좋은 삶에 대한 마음을 다시금 돌아보게 만드는 공간이기에 대문을 활짝 열고 당신을 초대합니다.

성큼 들어서면 팻말이 보일 거예요: 사람의 방, 일상의 방, 목회의 방, 선교의 방, 절기의 방. 다섯 개의 방마다 들러서 천천히 머물다 가세요. 우리 인생이 그렇듯이 통쾌하고 속 시원한 이야기보다는 뭉근하게 마음을 데우는 아련한 이야기들이 조곤조곤 말을 걸어올 거예요. 언제고 떠올리면 마음의 그늘을 걷어내고 찬란함을 드리우는 사람들, 누구나가 겪는 일상에서 따로 건져 올린 사소하고 반짝이는 생각들, 평생을 해오면서 저자가 꾸준히 지켜온 목회의 자세와 현장에 대한 단상, 직접 보고 듣고 전해주는 낯설고도 익숙한 각국의 선교지 이야기, 날과 시에 따라 살아가는 우리에게 절기가 알려주는 삶의 의미들~

그리고 분명, 이 책을 읽고 계신 누군가는 그 안에서 자신의 이야기를 발견하게 되실 거예요. 나의 인생이란 내가 아닌, 나를 사랑하고 도와준 다른 이들의 합작품이니까요. 김형윤의 인생을 이렇듯 따뜻하고 살 만한 집으로 지어주신 모든 분께 깊이깊이 머리 숙여 감사드립니다.

순회 선교사의 쓸모

혹시, 지금 출출하세요? 이 책의 저자는 40년 목회 끝에 예수님이 수여하신 '밥사학위'를 취득한 분이랍니다. 매일의 영혼과 마음의 밥상을 채우는 소박한 식단이 이 책에 차려져 있으니 이야기 한 토막씩 숟가락에 얹어 꼭꼭 씹어 드시면 기분 좋은 마음 부름이 지금 필요한 용기와 기력을 북돋워 줄걸요?

　자, 그럼 대문을 넘어 집안으로 들어설 준비가 되셨나요! 남의 집을 제집처럼 들어가라고 하면 어떡하냐구요? 괜찮아요, 실은 제가 김형윤 씨 딸이거든요. 물려줄 재산은 없어도 물려줄 인생은 있다고 하셨으니 이곳이 제집이나 마찬가지랍니다. 그럼 아빠가 제게 입버릇처럼 해주시던 말씀을 되돌려 드리면서 저는 슬며시 문을 닫겠습니다. 아빠도 저의 자랑이고 자부심이에요. 아주 많이 사랑합니다.

김형윤 목사님이 드디어 한 권의 책으로 우리에게 다가왔습니다. 저는 목사님의 본 책이 우리 시대뿐 아니라 목사님 사후에도 뭇사람들에게 걸어가야 할 한 증인의 묵직한 발자취로 남을 것임을 확신합니다. 바울은 "너희는 나를 본받으라"(빌 3:17)라는 말을 했습니다. 그런데 목사님께서 바울처럼 이렇게 말씀하실 것 같지는 않습니다. 목사님의 삶과 사역을 누구보다 가까운 거리에서 함께 하는 추천인은 "김형윤 목사님을 본받자"라고 감히 말씀드립니다.

우리에게 자랑할 믿음의 선배가 있다는 게 얼마나 감사한지 모르겠습니다. 목사님께서 40여 년 동안 어떻게 교회를 섬겨오셨는지 그리고 어떻게 하나님 말씀을 전하셨는지, 그리고 지금은 무엇을 위해 그렇게 쉬지 않고 달려가고 계시는지 고스란히 본 책에 담겨 있습니다. 추천인은 김형윤 목사님의 삶이 사도행전 20:19~24

의 바울과 같다고 보고 있습니다.

목사님과 함께할 때면 늘 가슴이 뜨거워지는 것을 경험합니다. 아마도 본 책을 읽는 동안 독자 여러분도 저와 같은 경험을 하게 될 것입니다. 사람에겐 장점이 있으면 단점도 있기 마련인데 저는 김형윤 목사님에 대해 섭섭한 마음이나 부정적 표현을 하는 사람을 단 한 분도 본 적이 없습니다. 그만큼 목사님은 언제나 진솔하시며 자신의 설교를 삶으로 완성하는 분이십니다.

은퇴한 목사로 보기 무색할 정도로 오히려 현역 때보다 더 왕성하게 복음을 전파하고 계십니다. 그분의 체력은 과연 어디까지인지 궁금할 정도입니다. 국내 국외 가릴 것 없이 종횡무진 복음을 전파하고 계시는 목사님에겐 세상이 늘 좁아 보입니다. 본 책을 읽는 모든 독자분이 성령에 사로잡히기를 기도드립니다.

● 권혁관 박사(구약학) _ 그말씀연구소 대표

오늘 꼽아보니, 존경하는 김형윤 목사님을 처음 만난 지 어언 26년이 지났습니다. 연락이 오면 반갑고, 더 자주 뵙고 싶은 분이시죠. 바쁜 일정에도 목사님 내외분과 저희 부부가 일 년에 여러 차례 식사하며 교제하는 특권을 누리고 있습니다. 모든 일에 감사하시며, 긍정적인 관점으로, 온유하게, 항상 앞서 섬기시고, 인격적이시며, 선교사들 만나시면 항상 밥을 사시는 진심 어린 격려의 모습은, 제가 꼭 닮고 싶은 참 목자의 모델입니다.

돌아보니 혈기 왕성한 베드로 같은 제가 선한 영향력과 감동이 있는 목사님의 향기로운 삶으로 인해 많이 성숙할 수 있었습니다. 매일 아침 6시 20분 전후해서 카톡으로 도착하는 '은혜의 뜰'. 목사님의 주님을 향한 진솔한 고백과 아울러, 여러 방면의 광범위한 지식과 정보, 시의적절한 시사 이슈들을 성경적 관점으로 명쾌하게 해석해 주십니다. 담백하지만 평범하지 않고, 단호하지만 고집스럽지 않고, 깊이가 있지만 이해하기 쉽게 쓰셨습니다.

이렇게 풍성한 인사이트를 값없이 받고 있으니 '은혜의 뜰'은 제게 매일 아침 배송되는 '아침 보석'이라 하겠습니다. 사실 목사님의 글에도 은혜를 받지만, 저는 하루도 빠짐없이 매일 아침 전 세계 수천 명의 사람에게 수년 동안 꾸준히 메시지를 나누시는 성실함에서 큰 헌신과 섬김의 교훈을 받습니다.

저의 아침 보석 '은혜의 뜰'이 책으로 출판된다는 소식을 듣고 진심으로 함께 기뻐했습니다. 이 책이 많은 분의 마음을 열고 따뜻하게 안아주시는 주님 은혜의 손길을 느끼게 할 것을 확신하며 기쁨으로 추천해 드립니다.

● 김장생 선교사 _ CCC 해외선교팀장

사랑하고 존경하는 김 목사님의 40년 목회 이야기가 책으로 출간되는 것을 진심으로 축하드립니다. 평소에도 늘 글을 적으시고 선교지에 가서도 매일 하나님이 주신 은혜들을 글로 올리셔서 많

순회 선교사의 쓸모

은 사람에게 은혜를 끼치셨는데 이번에 그 많은 글 가운데서 정말 엑기스가 되는 글들을 정리하셔서 책으로 출간하시니 참으로 기대가 됩니다.

40년을 너무 행복하게 목회하셨는데 이른 시간에 은퇴하시겠다 하셔서 만류도 했었는데 은퇴 이후를 더 바쁘고 행복하게 사역하시는 것을 보면서 오히려 조금 일찍 은퇴를 잘하셨다고 생각하고 있습니다.

30대부터 부흥사로 전국을 다니시면서 많은 성도에게 은혜를 끼치시고 교회들을 일깨우셨고 또 사역하시는 교회마다 부흥케 하셨고 해외선교회 이사로 또 이사장으로 섬기시면서 해외선교회에 큰 발자취를 남기셨고 은퇴 이후 순회 선교사의 좋은 모델로 열정적으로 사역하셨는데 이 모든 과정을 지나시면서 정리한 글들이 한 권의 책으로 나오게 되었습니다.

늘 다른 사람을 먼저 배려하시는 겸손함과 사람들을 따뜻하게 품으시는 온유함과 타고난 부지런함으로 그때, 그때의 감동과 은혜들을 정리한 깊은 맛이 있는 책을 많은 분께 권합니다.

● 김중식 목사 _ WMTC 이사장/포항중앙교회

요즘도 자고 일어나면 '은혜의 뜰'이라는 카카오스토리 타이틀로 매일 소회를 담은 솔직담백한 목사님의 글이 도착해 있습니다. 예전에는 '아침 이슬'이라 해서 어디에 있든 그날 살아온 인생을 돌아보며 많은 이에게 촉촉이 은혜를 젖게 해주었던 그 글들이, 어느새 그득하여 이렇게 우리들 손에 쥐어지게 되었습니다.

2015년 즈음에 목사님을 처음 만나 교제를 나누기 시작한 이래, 교단도 다른 저를 여전히 맘씨 좋은 큰형님처럼 늘 푸근하게 대해 주십니다. 그래서 지금도 목사님과 연을 맺은 독서 모임에 8년째 함께하는 원년 멤버가 되었습니다. 그러다 보니 목사님의 과거 목회보다 2018년 은퇴 이후의 목사님 사역을 더 많이 접하게 되었던 것 같습니다.

저는 목사님의 과거 목회에 대해 아는 바가 별로 없어 추천의 글을 쓸 자격도 없습니다만, 은퇴 이후 사역에 대한 목사님의 열정과 헌신은 21세기 과도기 목회를 살아가는 목회자들에게 던져주는 도전들이 참 많습니다. 지금 이 시대는 담임 목회를 마치고 은퇴 이후 사모와 조용히 여생을 보내던 그런 모습을 찾아보기 어려울 때입니다. 이제는 백세 시대에 접어들어 은퇴하고도 20년 정도는 거뜬히 인생 2막, 즉 인생 후반전이 남아 있기 때문입니다. 그런 점에서 '영원한 청년'인 김 목사님은 남보다 조금 더 일찍 은퇴하자마자 반박자 빠른(?) 인생 2막을 열고 가신 분입니다.

은퇴 직후부터 '순회 선교사'라는 직함을 달고, 심지어 코로나19 대공황에도 구애됨 없이 아시아, 아메리카, 유럽, 아프리카 등 세계 사역지를 누비며 다니셨습니다. 거기다 칠십 노인의 나이를 잊고서 페이스북이나 유튜브, SNS 등에 매번 실시간으로 소식을 전해주는 '아름다운 발품 팔이'(롬 10:15) 온라인 사역자이셨습니다.

순회 선교사의 쓸모

침례교 선교 이사장으로는 남미 선교 최전선 아르헨티나를 처음으로 방문하자 현지 선교사들조차 놀라워했으며, 지난해는 갑작스러운 배앓이 통증을 느끼면서도 아프리카 선교의 불모지인 서부 아프리카에까지 달려갔다 온 열정 페이 인생이 아닐 수 없습니다. 이 책은 그런 하루하루 현장의 얘기들을 모아 담은 글이기에, 선교 현장의 감동 또한 고스란히 묻어 있습니다.

비록 이 책에는 교회를 섬기며 새벽기도와 설교, 심방 등 지나온 목회적 통찰이 담긴 내용이 주를 이루고 있습니다만, 이제는 더 자유롭게 전 세계를 교구처럼 여기고 다양한 선교 현장 소식을 이곳저곳 옮겨 다니며 주님의 꽃향기 퍼뜨리는 벌꿀 같은 선교 사역(?)에도 박수를 보냅니다.

어떻게 보면 은퇴 후 목회자들의 새로운 창직(創職)의 지평을 열었다는 점에서, 목회 사역 이후에도 선교 현장의 땀내 섞인 은혜로운 글들이 계속 소개될 수 있길 기대하는 바입니다.

● 박종호 목사 _ 마포 좋은씨앗교회

꽃은 말하지 않고 향기로 말한다. 어느 날, 은혜의 뜰에서 읽은 한 줄의 문장이 뇌리에 남았다. 날마다 탄생한 글들이 책이라는 동네로 모여 출판된다고 하니 듣던 중 반가운 소식이다. 왜냐하면, 그 글들이 스쳐 지나가기에 너무 아깝다는 생각이 들었기 때문이다. 저자인 김형윤 목사님은 꽃의 영성을 가지신 특이한 분이다. 꽃을 통해 신비한 창조주의 손길을 경험한 감성이 풍부한 분이시다.

이분은 목회자, 국내 순회 설교자, 세계순회 선교사로 각 나라 각양의 사람들 속에 플랫폼이 되어 상호 가교 역할을 해 오셨다. 그 힘은 독서였다. 지금도 목회자 독서 모임을 인도하며 다양하고 폭넓은 정보를 담아내고 있다. 또한, 해외 선교와 국내 순회 설교자로 다양한 국가와 사람들이 살아가는 모습을 생생하게 담아내고 있기에 고루하지 않고 싱싱하다.

오늘도 우리가 도울 세계 현지 사역현장의 소식을 은혜의 뜰을 통해 접한다. 살리는 글, 생명의 글들을 모아서 책으로 출판하니 이 어찌 기쁘지 않으랴.

● 배정식 목사 _ 청주 즐거운교회

내가 만난 김형윤 목사님은 세 가지 이미지가 있습니다. 첫째는 양들을 진심으로 사랑하는 목회자이고, 둘째는 힘들고 어려운 목회자들을 직접 찾아가 위로와 격려에 천부적인 소질을 지닌 상담가이고, 셋째는 여러 가지 일로 잠시 귀국한 선교사들에게 찐한 사랑을 베푸는 천사와 같은 존재입니다. 김 목사님이 지난 40년 동안 3개 교회에서의 사역과 은퇴 이후 13년간 써온 짧은 스토리를 모아서 책으로 출판하셨는데 얼마나 기쁘고 감사한지 모릅니다. 이 책을 추천하는 이유는 다음과 같습니다.

첫째 주제가 아주 흥미롭습니다. 이 책은 다섯 가지 다른 주제의 이야기를 다루고 있는데 사람 이야기, 목회 이야기, 일상 이야기, 선교 이야기, 절기 이야기입니다. 목회자의 글은 대다수가 설교집이거나 간증집이 많은 데 비해 이 책은 다양한 주제를 다루어서 글을 읽다 보면 자신도 모르게 푹 빠지게 됩니다.

둘째 읽을거리가 풍부합니다. 이 책은 한마디로 알찹니다. 속이 꽉 차 있습니다. 독자들에게 읽을거리가 있어서 좋습니다. 본서를 통해서 평생을 선교에 헌신했던 선교사들과 만났던 이야기라든가, 기독교 절기와 일반 절기와의 차이점이 무엇인지 귀에 쏙 들어올 수 있도록 설명해주어서 읽을거리가 풍부합니다.

셋째 가슴에서 나온 글입니다. 본서는 김 목사님의 풍부한 목회와 상담, 사람들과의 상담을 통해서 만들어진 책입니다. 이론 책이 아닌 가슴에서 잉태한 책입니다. 그래서 읽을 때마다 감동이 넘치고, 눈물이 흐르고, 은혜가 샘솟는 책이어서 큰 강점이 있습니다.

이 책은 마치 바울서신과도 같은 책입니다. 젊은 디모데와 같은 독자에게는 지혜와 명철을 깨닫는 글이 될 것이고, 브리스가와 아굴라 같은 평신도에게는 헌신을 불러일으키는 글이 될 것이고, 루디아와 같은 사업가에게는 리더십을 발견하는 글이 되어서 하나님께 영광을 돌리게 될 것입니다. 이 책을 통해 하나님 아버지의 마음을 시원하게 해드리고자 하는 목회자, 신학생, 선교사, 평신도 모든 분에게 적극적으로 추천합니다.

● 안희열 교수 _ 한국침례신학대학교 선교학 교수, 전 세계선교훈련원장

김형윤 목사님은 교회의 본질을 추구한 목회자로, 지구촌 구석구석에서 일하는 선교사들을 섬기는 선교사로, 후배 목회자들이 진심으로 존경하는 분이다. 나 역시 주 안에서 만난 형제로, 동역자로, 하나님의 나라를 위해 수고하는 복음의 일꾼으로 오랫동안 교제를 이어오면서 많은 영향을 주고받았다. "만남은 하나님의 축복이요, 관계는 노력과 헌신의 결과다"라는 목사님의 지론대로 생명의 에너지를 주고받는 관계를 이루었다.

아침이슬을 맞으며 목사님이 펼쳐놓은 은혜의 뜰을 거니는 곳에서 지혜를 사랑하는 사람들의 시가 옹달샘의 샘물처럼 솟아난다. 생명의 복음을 들고 국경을 넘나드는 선교사들의 애환과 눈물 어린 기도가 심장을 뛰게 한다. 집 나간 자식을 기다리는 어머니의 애절한 모정이 보이고, 돌아와 무릎 꿇은 탕자의 통곡도 들려온다. 길 잃은 양을 찾아 품에 안고 환하게 웃으시는 주님의 목양도 만난다. 아침마다 이슬 맞으며 거니는 은혜의 뜰은 교회와 세상이 만나서 커피 한 잔 나누는 카페요, 시문학과 역사, 철학의 세계를 넘나드는 격조 있는 지식이 밑거름되어 생명의 복음으로 피어나는 하나님 나라의 정원이다.

암 수술을 받고 생사의 기로에 서 있을 때 병상에 찾아와 내 손을 꼭 잡고 눈물 흘리던 기도를 잊을 수 없고, 요양하느라 서후리에 있을 때 김장했노라며 김치를 배달왔던 사랑을 잊을 수 없다. 일상에 담긴 사랑과 섬김, 때때로 다가온 고난까지도 하나님 나라의 영광을 위하여 삶에 채워온 목사님의 따뜻한 글들이 책으로 발간되

순회 선교사의 쓸모

어서 기쁘다. 이 책을 읽는 독자들이 일상에서 일어나는 모든 일에 공감해 주시는 예수님의 손길을 만나길 기대한다.

● 이준행 목사_대공원교회

김형윤 목사와 저는 침례신학대학교 74학번 입학 동기로 만나 친구가 되었고, 벌써 50년 세월로 반백 년이 훌쩍 지났습니다. 친구들 사이에서 거짓과 가식이 없는 것은 물론이며, 때로는 친구들의 허물을 가려주고 감싸줄 줄 아는 친구였습니다.

신학대학교 재학 중에 보육원에 있는 교회에서 사역을 잠깐 한 후, 근 50년 동안 자신이 개척한 교회를 비롯하여 세 곳의 교회들에서 사역했습니다. 선교 지향적인 목회와 더불어 현란하고 요란한 목회보다는 속 깊은 이해와 돌봄으로 교인들을 묵묵히 사랑하는 목회로 교회들을 크게 부흥시켰습니다.

교회사역에서 은퇴한 후, 우리 교단의 기관인 해외선교회 제1호 세계순회선교사로 임명 파송을 받아, 자기 몸을 사리지 않고 혼신의 힘을 다해 지구촌 곳곳의 선교지와 선교사들을 돌아보며 격려하는 사역을 하고 있습니다. 그의 선교에 대한 열정과 열심은 우리나라에서 그 누구도 쉽게 따라올 수 없는, 우직하다고 표현하고 싶을 정도로 선한 욕심이 가득한 순회 선교사입니다. 그런 그의 삶의 바탕은 오로지 하나님의 말씀에 기인한 것입니다.

그는 하나님의 말씀을 맛보는 것이 아니라, 하나님의 말씀을 정말로 먹습니다. 자신이 먹고 소화한 말씀의 영양분을 사람들에게 뜨겁게 나누어줍니다. 방대한 독서량으로 얻어진 양념들을 알맞고 적절하게 뿌려서 먹여줍니다. 바쁘고 힘든 순회 선교 사역에도 불구하고 글쓰기를 놓지 않는 글쟁이입니다. 머리에서 글을 짜내고 지어내는 것이 아니라, 그의 삶과 영혼에서 자연스럽게 솟아나는 고백과 간증을 글로 표현합니다.

끝으로 오랜 친구인 김형윤 목사를 제가 감히 이렇게 묘사합니다. 그는 엄청나게 많은 물을 담고 있는 웅장한 댐은 아니지만, 졸졸 흐르고 흘러서 구석구석 찾아가 적셔주는 맑은 시냇물입니다. 사랑한다. 친구야!.

● 정백수 목사 _ 부산 온누리교회 담임, 국내선교회 이사장

나는 매일 아침 "은혜의 뜰"을 받아 읽는다. 읽을 때마다 감사하고, 감격하고, 위로받고, 기도한다. 따뜻한 온기를 담은 글들이 마음으로 전해진다. 글쓴이의 성품이 묻어나서인지 읽는 사람을 평안으로 안내한다. 이 "은혜의 뜰"을 써서 보내주시는 분은 김형윤 목사님이시다.

김 목사님은 이 시대의 "글로벌 네트워커"이시다. 목사님이 맺고 계신 인간 관계망의 넓이는 측량하기가 쉽지 않다. 소개하는 사람들이 처한 상황과 그 뒷배경들에 대한 이해가 참으로 깊으시다. 연결된 각 사람에 관한 관심과 사랑이 글에 고스란히 배어있다. 우

리 선교사들의 소식과 기도 제목도 "은혜의 뜰"에서 역으로 확인하곤 한다.

김 목사님께서 책을 내셨다. 그동안 교제하며 관계해 오신 사람들 이야기이다. 당신께서 40년 동안 헌신하셨던 목회와 선교 이야기이다. 우리네 모두가 배경 삼아 살아가는 절기와 일상의 이야기이다. 읽는 모든 이에게 따듯함, 관심, 사랑이 전달될 것을 확신하며 이 책을 추천한다.

● 주민호 회장 _ FMB(침례교해외선교회)

차례

1부   사람 이야기   / 025

4부 선교 이야기 / 293

1부

사람
이야기

새벽마다 오는
술꾼

충주에서 첫 목회를 할 때, 거의 하루도 빠짐없이 매일 새벽마다 교회 문을 두드리던 청년이 있었다. 나이는 물어보지 않았지만 제법 들어 보이는 젊은 친구였는데 어디서 돈이 나서 마시는지는 몰라도 매일 술에 취해서 교회에 왔다(예배드리러 온 게 아님).

하루는 추운 겨울이었는데 새벽에 누가 교회 대문을 발로 차는 소리가 들렸다. 조용한 새벽인지라 잠자리에 있던 나는 일어나서 보니 새벽 4시였다. 누가 이렇게 이른 새벽부터 술주정을 하나 싶어서 밖으로 나가보니 매일 새벽 교회에 와서 술주정하는 예의 그 젊은이였다. 나는 약간 화가 나서 "술을 먹으려면(마음속으로는 술을 처먹으려면 이라고 했지만) 곱게 먹어야지 꼭두새벽부터 이게 뭐 하는 짓이냐?"라고 호통을 치는데, "목사님, 이리 와서 저기 좀 보라"는 거였다.

교회 앞 길거리에 전봇대 아래 누가 쓰러져 있는 것을 밤새 술을 먹고 가던 청년의 눈에 그가 보이고 지나치는데 앓는 소리가 들렸나 보다. 그래서 술기운에도 불 꺼진 교회 대문을 발로 차며 고래고래 소리치며 나를 불러댄 것이다.

부랴부랴 서둘러 쓰러져 있는 노인을 사택 우리 방으로 안고 와서 눕혔는데 도저히 참을 수 없을 정도로 역겨운 냄새가 풍겼다. 똥 냄새와 오줌 지린내가 뒤범벅된 형용할 수 없는 그런 고약한 냄새가 진동했다. 사택 안방이라고 해봐야 1980년도에 개척했던 교회의 방은 그야말로 코딱지만 한 비좁은 방이었다. 잠들어 있던 어린 두 딸(당시 네 살, 두 살)을 옆으로 급히 옮기고 노인의 바지를 벗겨보니 추운 겨울에 길거리에서 몇 번이나 대소변을 쌌는지 그대로 바지와 몸에 얼어붙어 있었다.

그냥 바지를 벗길 수 없어서 가위로 바지를 찢었는데 똥 덩어리가 붙어서 딸려 나왔다. 하는 수 없어서 내가 손으로 변을 뜯어내고 사택 부엌의 재래식 연탄불에 세숫대야에 물을 데워서 씻겨내고 내가 입던 내복과 운동복 바지로 갈아입히자 따뜻한 아랫목에 누웠던 그가 조금 지나서 실눈을 뜨고 여기가 어디냐고 가느다랗게 물었다.

"여긴 교회예요. 아저씨 걱정하지 마세요. 하나님이 아저씨 살려주시려고 지나가던 청년이 보고 나에게 알려줘서 교회 사택 방에 모신 것이라"라고 말하자 그 노인은 안심이 된 듯 평안한 모습으로 조용히 눈을 감았는데 그리고 약 5분 정도 지났을까? 그는 우리 방에서 그대로 숨을 거둔 것이다.

갓 목회 초년생이었던 나는 생전 처음 그런 일을 갑자기 겪어서

순회 선교사의 쓸모

경황이 없었다. 새벽에 그 난리를 치느라 그날 새벽예배는 드리지 못하고 교인들은(몇 되지도 않았지만) 각자 기도하고 돌아가고 나는 날이 밝는 대로 시청 사회과에 전화를 걸어서 전후 사정을 설명하고 기다렸는데 아침에 날이 밝자 시청 직원들이 마스크를 쓰고 와서 방역 소독을 하고 노인의 시신을 운구해 갔다. 후에 알게 된 것이지만 그 노인은 폐결핵 환자로 가족에게도 버림받고 집을 나온 행려병자였다. 노인의 시신을 운반하던 시청 직원들이 자기 입으로 "교회가 좋긴 좋구나!"라고 독백하면서 나가던 그 음성이 아직도 눈과 귀에 선하다. 그렇지 교회가 좋은 곳이지, 그래야지.

그 이후로 그런 경험을 다시는 해보지 못했지만 그때 일이 겨울이 되면 가끔 생각난다. 가장 어렵게 살 때였는데 내가 누우면 발과 머리가 벽과 장롱에 부딪힐 정도로 조그만 방이었고, 겨울엔 나무로 된 창틀이 꽁꽁 얼어붙어서 겨우내 창도 열지 못하고 겨울이 지나야 문을 열었던 그런 집에서 살았으니 지금은 대궐 같은 곳에서 살고 있지 않은가? (지금 사는 아파트는 실평수로 약 18평이나 됨)

그 사건 때문인지 몰라도, 당시 두 살이었던 둘째 딸이 그때부터 가래와 천식이 너무 심해서 그 어린 게 하루에도 몇 번씩 누런 가래를 한 움큼씩 뱉어낼 정도로 힘들었으며 천식으로 인해서 가래 끓는 소리가 그렁그렁 들릴 정도로 고생을 정말 많이 했다. 거기에다 아토피가 얼마나 심한지 어린 것이 가려우니까 자기 몸을 긁어대서 예쁜 딸의 피부가 날마다 상해 있었다. 지금부터 거의 40년 전 일이니 제대로 된 병원도 없던 지방인 데다 가난했던 개척교회 시절 돈도 없었으니 그저 막연하게 주님께 기도만 할 뿐이었다.

그 아이가 초등학교 2학년 되던 해에 하나님께서 극적으로 한 꺼번에 아토피와 가래 와 천식을 싹 고쳐주셨다. 아내가 본격적으로 '바디 워십'을 하라는 주님의 명령에 순종하면서 정말 기적처럼 그토록 오랫동안 괴롭힘을 당하던 질병이 떠나간 것이다. (이는 후에 따로 다룰 내용이기에 결론만 말한 것이다). 지금도 그때 일을 생각하면 가슴 아린 가슴 아픈 추억이면서 동시에 하나님의 살아계심을 너무도 생생하게 경험했던 아름답고 은혜로운 감동적이 고백이기도 하다. 할렐루야! 영광을 주님께 돌린다.

지금도 만일 그런 일이 발생하면 그때처럼 똑같이 할 수 있을까?

🌀 묵상과 적용

병들고 가난하고 아무도 돌아보지 않는 이들을 주님의 사랑으로 섬기는 것에 대해서 묵상해 보시고 우리가 어떻게 도울 수 있는지 적용할 것을 찾아보세요.

🤲 기도

사랑하는 주님, 주님께서 섬김을 받으려고 오신 게 아니라 도리어 섬기려고 오신 것처럼 우리도 주님의 사랑으로 누군가를 말없이 섬기며 살게 해주세요.

순회 선교사의 쓸모

미용실
자매님

신학교 2학년 때로 기억된다. 등록금을 내지 못해서 전전긍긍하고 있을 때였다. 그땐 학교 서무과에 직접 등록금을 납부하는 시스템이었다. 등록 마감일이 지났어도 아직 등록금을 내지 못한 학생들을 위해서 한 주간 연기할 테니 그때까지 등록하라는 광고문이 학교 게시판에 붙었다.

하나님께 등록금 좀 달라고 기도하는데 갑자기 어떤 사람을 찾아가 보라는 계시 같은 게 떠올랐다. 그래서 나는 돈을 빌려서 청주행 버스에 몸을 실었다. 한 사람을 찾아가서 돈을 빌려달라고 찾아가는 길이었다.

청주대학교 정문 부근에 청주를 기반으로 한 기업으로 잘 알려진 "한국도자기" 회장님 집이 있다는 소문을 듣고 무작정 용감하게 찾아간 거였다. 마침 저택 문이 열려 있어서 마당에 들어갔는데 넓은 잔디밭에 누군가 물을 주고 있는 게 보여서, "안녕하세요? 나는 대전 침례신학교 학생인데 회장님을 뵈러 왔습니다."라고 했더니 나를 훑어보던 그분이 "내가 그올시다."라는 거다. 다행히도 그 바쁜 회장을 바로 만나는 행운을 얻은 것이다.

"내가 갑자기 찾아뵌 것은 기도 중에 회장님이 생각나서 한 학기 등록금을 빌리러 왔습니다. 이번에 도와주시면 나중에 반드시 갚겠습니다."라고 하니까 대번에 "나는 그럴 수 없소."라며 일언지하(一言之下)에 거절당했다. 창피하기도 하고 자존심 상한 나는 이내 "예, 알겠습니다."라는 한마디만 남기고 부끄러워 얼른 그 문을 박차고 나왔다. 저녁도 굶고 대전으로 돌아오는 버스 안에서 숨죽이며 소리 없이 흘러내리는 눈물을 훔치면서 돌아오는 길에 나는 결심한 게 하나 있다.

"목회하면서 아무리 어렵고 힘들어도 사람 찾아가서 돈 얘기는 절대 안하겠다."라고 다짐을 했다. 나는 평생을 목회하면서 그 약속은 지킨 것 같다. 공석에서나 사석을 막론하고 누구에게든지 돈 얘기는 일절하지 않았다. 내가 잘한 것 중 하나는 교인들에게 생활이 어렵다는 말과 돈이 필요하다는 말을 단 한 번도 하지 않고 은퇴한 것이다. 아무리 생각해도 정말 잘한 일이다.

거기에도 영향을 준 이야기가 있다. 아주 오래전 T.V에서 사극을 보고 있었는데 주인공 격인 선비 두 사람이 얘기하는 장면이었다. 나이 많은 선비가 젊은 선비에게 "선비는 빵으로 사는 게 아니라 긍지로 사는 걸세"라고. 그 말을 듣는 순간 나는 주님의 음성을 듣는 것 같았다. 그래서 약 40년이 흐른 지금도 그때 그 장면과 대사를 선명하게 기억하고 있다.

한낱 선비도 긍지로 산다고 했는데 하물며 하나님의 종인 내가 생명을 구원하는 일을 하면서 그만한 긍지도 없어서 되겠는가 하는 생각이 든 거다. 지금도 여러 면에서 부족함이 많지만 적어도 그런 정신과 태도 하나는 붙들고 살아왔다고 자부할 수 있다. 사람이 긍지(자부심)를 빼놓으면 죽은 사체와 다를 바 없다고 본다. 목회자의 긍지, 그리스도인의 긍지, 하나님의 자녀 된 백성으로서의 긍지가 있는가?

눈물을 흘리며 대전으로 돌아와서 신학교 본관을 들어가는데 게시판에 나를 찾는 글이 쓰여 있었다. 전화번호로 전화를 거니 4학년 선배가 나를 찾는 거였다. 자기가 서울에 있는 ㅇㅇ교회의 실습전도사로 가고 있는데 그 교회 자매 중에 미용실을 하는 분이 있는데 자기에게 돈을 맡기면서 "전도사님, 하나님의 은혜로 제가 돈을 벌었는데 나만 위해서 쓰지 않고 주의 종을 도와주라는 감동을 받았다며 이 돈을 드릴 테니 아직 등록하지 못한 학생에게 등록금으로 전해 주세요."라고 해서 받아왔다는 것이다.

그 전도사님은 대전으로 내려오면서 이 돈을 누구에게 줄까? 하고 생각하는데, 뜬금없이 자꾸만 내가 생각이 나더라고 했다. 그래서 기숙사에 와서 나를 찾으니 보이지 않아서 게시판에 내 이름을 써놓고 연락하라고 했다고 했다. 그때 나는 청주 도자기 회장 집에 갔었는데. 하나님께서는 이미 다른 곳에서 준비하고 계셨던 것이다. 하나님은 예나 지금이나 하나님의 때에 하나님의 방법으로 일하심을 본다. "사람이 마음으로 자기의 걸음을 계획할지라도 그 걸음을 인도하시는 분은 여호와시다"(잠 16:9). "여호와의 말씀에 내 생각은 너희 생각과 다르며 내 길은 너희 길과 달라서 하늘이 땅보다 높음 같이 내 길은 너희 길보다 높으며 내 생각은 너희 생각보다 높으니라"(사 55:8~9).

당신은 지금 누구를 찾고 의지하고 있는가?

 묵상과 적용

인생을 살면서 어렵고 힘든 일이 생길 때 누구를 가장 의지하는지 돌아보고 그 이유를 묵상하면서 앞으로 동일한 상황이 올 때 어떻게 풀어갈는지 서로 나눠보자.

 기도

사랑하는 주님, 세상을 살아가면서 힘들고 어려울 때가 있습니다. 그러나 사람이나 세상을 의지하지 않고 오직 주님만 바라고 믿음으로 나아가게 해주세요.

순회 선교사의 쓸모

눈물의
비빔밥

교회를 개척하고 얼마 되지 않았을 때 있었던 일이다. 어느 추운 초겨울날, 수요 저녁 예배를 앞두고 아내와 둘이 밥을 먹고 있는데 밖에서 문을 두드리는 소리가 들렸다. 나가보니까 책 세일즈맨이었다. 기독지혜사에서 나온 외판원이라고 자기를 소개했다.

추운 겨울에 서울에서 책 팔러 왔다가 우리 집에까지 온 거다. "미안한데 책 얘기는 하지 마시고 일단 들어오시라"라고 말했다. 그는 엉거주춤한 모습으로 우리가 식사하던 방까지 따라 들어왔다.

나는 "사실 내가 신학교 다닐 때 기독지혜사에서 나온 백과사전 4권을 사 놓았는데 돈이 없어서 나머지는 아직 못 구했다. 그러니 오늘은 책 못 사드린다. 다음에 형편이 피면 반드시 나머지 4권도 살 거다"라고 말하며 아내에게 수저를 갖고 오라고 했다.

"우리가 아직 개척교회를 시작한 지 얼마 안 되어서 책을 살 여유가 없다. 찬밥 남은 게 있어서 비벼서 막 먹으려고 하는데 마침 잘 오셨다. 찬밥이지만 같이 먹자"라고 억지로 손에 숟갈을 쥐여줬다. 밥은 먹었다고 말하지만, 아니라는 걸 왜 모르겠는가?

"그래도 더 드시라. 젊으신 분이니까 먹어도 곧 배고플 것이다"라며 짐짓 모르는 채 강권했다. 그의 눈에 이슬 같은 눈물이 맺히는 걸 보았다. 아마도 책은 못 팔았지만 따뜻하게 환대해준 게 고마웠나 보다. 그날 그는 몇 숟갈 우리와 같이 나눠 먹고 갔다.

다음 날 심방 갔다 왔는데 현관문 앞에 커다란 책이 4권 놓여 있었다. 지난 저녁 책 팔러 왔다 간 외판원이 내 말을 기억하고 8권짜리 백과사전 중에 나머지 4권을 놓고 간 거였다. 찬밥 한 술 비벼서 몇 숟가락 나눈 게 전부인데 그에겐 위로와 격려가 되었던 모양이다. 그날 이후로 지금까지 그를 한 번도 보지 못했지만 희미하게 그 당시 모습이 영화의 한 장면처럼 그려진다.

사실 내가 이렇게 된 데는 어떤 경험 때문이다. 신학교 시절 돈이 없어서 나는 하루에 한두 끼 정도 먹으며 공부할 때였다. 오후 방과후에 저녁 시간이 되자 배가 고픈 나는 학교 건너편에 보이는 동네로 갔다. 그 마을엔 고등학교 체육 교사로 근무하던 장로님이 있는데 평소에 잘 알고 지내던 집이었다. 마침 장로님 가족이 다 있었다.

방금 지은 저녁 밥상을 차려서 안방으로 가지고 가는 것을 보았다. 권사님이 "전도사님 식사하셨어요?"하고 물어서 "먹었다"라고 대답했다. 그러자 한 번 더 물으신다 "전도사님, 정말 잡수셨어요?" 나는 체면치레로 "예, 먹었습니다"라고 했다. 그러자 "그럼 전도사님, 우리 식사하는 동안 애들 방에 가 계세요"라고 말하곤 자기들끼리 식사했다.

순회 선교사의 쓸모

나는 한 번 더 물으면 그땐 못 이기는 척하고 "그럼 먹어도 될까요?"하려고 맘속으로 계산하고 있었는데 두 번 묻고는 끝이었다. 그때 얼마나 후회했는지 모른다. 내가 솔직히 "아직 안 먹었다"라고 하면 될 걸 가지고, 체면 차리느라 그만 그런 실수를 한 것이다. 그때 나는 한 번 더 결심한 게 있었다. "앞으로 누가 밥을 먹었다고 해도 무조건 세 번은 밥을 먹으라고 강권하고, 먹었다고 말해도 그래도 더 먹으라고 해야지"라는 거다. 그때 일이 불현듯 스쳐 가서 외판원에게 수저를 억지로 쥐여주고 밥을 먹게 한 거다. 그런데 그게 백과사전 네 권이 되어 돌아온 것이다. 내가 한 거라곤 비빔밥 몇 숟갈이지만 주님께서는 그의 마음을 감동하게 하셔서 더 큰 사랑으로 갚아주신 거라고 믿는다.

주님께서도 목회가 아니라 '먹회'를 잘하셨다고 신학교 때 들었던 말이 기억난다. 주님은 자신을 가리켜 "내가 곧 생명의 떡(밥)이니 내게 오는 자는 결코 주리지 아니할 터이요 나를 믿는 자는 영원히 목마르지 아니하리라"(요 6:35)라고 말씀하셨다.

> **묵상과 적용**
> 주님께서 밥상공동체를 이끄시고 격의 없이 식사하시는 자리를 찾아가신 것처럼 우리도 애찬을 나누며 마음을 나누는 것에 대해서 묵상해 보시고 나눠 보세요.
>
> **기도**
> 사랑하는 주님, 주님의 사랑으로 따뜻한 밥 한 그릇 나누게 하시고 누구를 만나든지 사랑이 담긴 밥을 대접하고 나누며 평생을 살게 해주세요.

보따리
집사님

충주에서 첫 번째 목회를 하면서 참 많은 사랑을 받았다. 나는 정말 인복이 많기로 소문 난 사람이다. 어린 시절 초등학교 다닐 때부터 좋은 담임선생님을 만났고 좋은 친구들도 만나게 되었다. 어릴 적부터 어머니에게 자주 들었던 말이 있는데 "자네는 참 인복이 많으시네"라고 입버릇처럼 나를 향해 말씀하셨다. 점점 성장하면서 그 말의 의미를 알게 되었는데 정말 나는 복이 많은 사람이라는 것을 경험하며 살게 되었으며 그것을 깨닫게 해주신 분이 바로 '이한선 권사님'이시다.

이 권사님은 어머니 쪽으로 가까운 친척 어른이 되시는데 내 결혼식에 오셨다가 주님의 은혜로 마음이 열리셔서 스스로 믿으시고자 교회를 찾아오신 귀하신 분이다. 권사님은 충주에서도 교외에 해당하는 먼 지역에 사시는데 농사를 짓고 계신다.

겨울에도 비닐하우스에서 쉬지 않고 일하시기 때문에 항상 밭에 나가 사신다. 가끔 심방을 가면 하우스 안에서 일하고 계시다가

순회 선교사의 쓸모

나를 맞아주시곤 했는데, 지금도 그 모습이 눈에 선하다. 권사님은 차가 없으셔서 시내버스를 타고 교회를 다니셨는데 농촌 집에서 도로변까지 한참을 걸어 나오셔야 겨우 버스를 타고서 교회에 오실 수 있다.

늦게까지 밭에서 일하시다가 겨우 옷만 갈아입고 식사도 거른 채 교회 오시기 바쁘심에도 불구하고 다른 것은 다 빼놓더라도 머리에 항상 푸성귀와 과일을 한 보따리 갖고 오셨다. 고단하신 몸으로 교회 오시는 것만도 힘드신 어른이 부족한 종을 너무 사랑하셔서 한 번도 그냥 오시는 법이 없이 뭔가를 갖고 오시는 거다.

나이가 많으신데도 쉴 새 없이 일하시다 보니 몸이 여기저기 쑤시고 결리는데 아픈 곳이 많으셔서 교회 오시면 예배 후에 자주 기도를 받곤 하셨다. 내가 기도해 드리면 금방 화색이 도시면서 "목사님이 기도해 주시니까 주님이 만져주신 것 같다며 이제 거뜬하고 안 아프다."라고 하시는 분이다. 이 권사님은 어린애같이 단순하게 그대로 믿고 기도를 받으셔서 정말 바로 응답을 받으신다. 사실 나는 신유의 은사가 있거나 기도의 능력이 많은 사람이 결코 아니다. 권사님의 믿음이 좋으셔서 그런 거다.

그분을 뵐 때마다 "이렇게 믿음이 순수하고 겸손하고 좋으시다니"하며 감동한다. 내가 목사지만 나보다 믿음이 훨씬 좋으시다. 말씀대로 그대로 믿으시는 분이니까. 평생을 단 한 번도 흔들림이 없이 올곧게 믿어오신 존귀한 어른이시다. 이런 분 몇 분만 있으면 어떤 교회도 잘 되고 목회자들이 행복하게 사역할 것이다.

충주에서의 사역을 뒤로하고 그 후로 원주를 거쳐서 서울로 왔고 은퇴를 한 지 5년이 지난 지금도 90이 되신 그 어르신은 나를 위해 기도하시며 매월 선교비를 보내시고 자주 농사지으신 과일을 잊지 않고 보내주신다. 나는 갚을 길 없는 사랑만 평생 받고 살아왔으며 지금도 그렇다. 보따리 권사님은 천국에 가시면 상이 크실 거라고 나는 굳게 믿는다. "보라 내가 속이 오리니 내가 줄 상이 내게 있어 각 사람에게 그의 일한대로 갚아 주리라"(계 22:12).

 묵상과 적용

나는 누군가를 섬기기 위해 한결같은 모습으로 변함없이 오랫동안 실천한 일이 있는지 돌아보고 진정한 섬김의 삶을 실천하는 것에 대해서 나눠봅시다.

 기도

사랑하는 주님, 자신을 알아주지 않아도 묵묵히 섬김의 삶을 살면서 그리스도의 사랑을 실천할 수 있도록 도와주시고 성령의 인도를 받게 해주세요.

순회 선교사의 쓸모

세탁소
집사님

충주 하나님의 침례교회(현 비전교회)에서 목회할 때 세탁소를 하시던 집사님이 계셨다. 나이가 젊지 않으신데도 참 열심히 사신 분이다. 고단하게 일하시면서도 새벽예배를 빠지지 않고 오셨다. 이분은 교회 오실 때마다 내 세탁물을 강제로 받아 가셔서 사랑으로 거저 세탁해 갖다주셨다. 그 후론 미안해서 내가 갖다 드렸는데 진심으로 내 세탁물을 오랫동안 빨아다 주셨다.

그 후 원주침례교회로 사역지를 옮겼는데 집사님은 버스를 타고 원주교회까지 오셔서 내 세탁물을 가지고 가셔서 빨아다 주셨다. 제발 힘든데 그러시지 말라고 해도 개의치 않으시고 정확히 2주마다 오셔서 세탁물을 갖고 가셔서 빨아왔다. 다리도 시원찮으셔서 약간 저셨는데 그렇게 오랫동안 충주와 원주 사이를 오가면서 주님의 사랑으로 나를 섬겨주신 것이다.

지금도 세탁소를 지날 때마다 그 집사님과 그분께 받은 사랑이 떠오른다. 충주에서 목회할 때 내 건강을 생각하셔서 잘 주무셔야 한다면서 값비싼 돌침대를 사서 보내셨다. 지금도 그 침대를 갖고 있는데 자신을 위해서는 지극히 검소하게 사시면서도 부족하기 짝이 없는 목회자를 위해서 거금을 아끼지 않으시고 기쁨으로 섬기시며 헌신하셨던 집사님을 생각하면 고마운 마음에 머리가 숙어진다. 나라면 그렇게 할 수 있었을까?

"콜롬비아 신학교 '스티븐 올 포드' 박사에게 학생들이 물었습니다. 저희에게 크리스천 리더십의 비결이 무엇인지 말씀해 주십시오. 올 포드 박사는 이렇게 대답했습니다. 비결이요? 무릎을 꿇으십시오. 눈에 눈물이 흐르게 하십시오. 그리고 심장이 깨어져도 참으십시오!"

진정한 지도력은 "섬김"에 있다. 우리 주님이 섬기셨던 것처럼 우리도 겸손히 섬길 때 그리스도의 사랑을 실천할 수 있고 진정한 제자도의 삶을 살게 될 것이다. 섬김은 말로 하는 게 아니다. 삶으로 묵묵히 본을 보일 때 깊은 감동이 되고, 선한 영향력을 끼치게 된다. 세탁물을 가지고 세탁소에 갈 때마다 지금도 그 집사님께 받았던 사랑이 자주 생각난다.

섬김을 기쁨으로 실천하시며 말없이 헌신하셨던 집사님의 향기가 내 옷에 짙게 배어 있다. 그것은 사랑이며 위로와 잊지 못할 감동의 추억이다.

"허리 굽히고 섬기는 사람에게는 위를 쳐다볼 시간이 없습니다"

_ 마더 테레사

순회 선교사의 쓸모

"땅에 떨어진 동전을 주우려면 허리를 굽혀야 한다" _ 서양 격언

 묵상과 적용

참된 신앙은 삶과 행동과 긴밀히 연결되어 있다. 삶과 괴리된 것이야말로 믿음이라고 할 수 없을 것이다. 우리는 언행일치, 신행일치의 사람인지 정직하게 돌아봅시다.

 기도

사랑하는 주님, 말과 입으로 하는 신앙이 아니라 무언의 행함으로 믿음을 증명하게 하시고 생활 즉 신앙이 되게 하시고 우리의 삶이 살아있는 성경책이 되게 해주세요.

말씀과 기도의
권사님

나의 두 번째 목회지였던 원주교회에서 있었던 일이다. 원주교회에 부임해서 몇 년이 지나자 주님의 은혜로 교회가 아름답게 성장을 했다. 건축된 지 오래된 예배당은 불어나는 교인들을 수용하기에 턱없이 부족했다. 자연스럽게 교인들의 입에서 새로운 예배당 건축에 대한 말들이 흘러나왔다.

급기야 건축위원회가 만들어지고 나는 주일 예배 때 새 예배당 건축에 대해 광고를 했는데, 그날 처음으로 참석한 얼굴이 보였다. 나중에 알게 된 것이지만 그분은 춘천에서 이사를 오신 남춘천 침례교회 권사님이셨는데, 내가 섬기던 원주침례교회로 등록하시게 된 것이다. 그 권사님이 처음 예배에 참석하신 날 하필이면 새로운 예배당 건축에 관한 광고를 하게 된 것이다.

웬만한 사람이면 부담스러워서도 교회를 안 나올 판국인데, 그 권사님은 그 사람 다음 주일에 오면서 건축헌금 1,000만 원을 드리셨다. 건축회사 감리사로 일하고 있던 외아들과 합치시면서 원주로 오신 권사님은 갖고 계시던 용돈을 모두 모아서 드리신 것이다. 이게 현 원주침례교회 최초의 건축헌금으로, 지금부터 21년 전 1,000만 원은 지금 시세로 환산하면 아마 3,000만 원은 족히 될 것이다. 당시 70대 중반이셨던 권사님은 겸손하게 집사로 불리면서도(당시 원주침례교회는 권사 제도가 없었음) 말없이 아름답고 눈물겨운 헌금을 드리셨고, 그것이 종잣돈이 되어서 오늘의 원주침례교회 신축 예배당으로 우뚝 서게 된 것이다.

그 집사님은 매주 주일 저녁과 수요 예배가 끝나면 집에 가지 않으시고, 예배당에서 밤을 새우며 홀로 철야 기도를 드리셨다. 전기를 아끼시려고 5촉짜리 취침 등 하나 켜놓으시고 불편한 의자에서 밤을 새우며 기도하셨다. 나는 그분의 기도 덕분에 참으로 목회를 행복하게 할 수 있었던 것 같다.

하루는 내가 대전에 있는 주사랑교회(현, 예수마음교회)로 부흥회를 갔었는데, 거기에서 대전에서도 잘 알려진 분이 전도를 받고 교회 나온 첫해에 성경을 한 번 읽고, 그 이듬해엔 세 번을 읽었는데, 내가 집회 갔던 그해에 목표가 일 년에 6독 하는 것이라는 말을 들었다. 대단하지 않은가? 그래서 내가 도전받고 와서 그 주간의 주일 예배 때 "우리도 성경을 많이 읽자"라고 광고하고, "성경을 읽는 대로 사무실로 보고하라. 그러면 일독하신 분에게 특별한 선물을 드리겠다"라는 약속을 했다.

그다음부터 사무실로 보고가 속속 들어오는데 깜짝 놀랄 일이 벌어진 것이다. 정 집사님과 나이가 비슷하신 박 집사님 두 분이 선의의 경쟁이 붙어서 성경 읽기 시합이 벌어졌는데, 정 집사님은 자그마치 일 년에 신구약 성경을 36독 하셨고, 박 집사님은 그보다 약간 적은 30독을 하셨다. 조사해본 바는 아니지만 아마도 전 세계에 전무후무한 기록이 아닐까 싶다. 당시 정 집사님은 78세였고 박 집사님은 73세였던 것으로 기억한다. 물론 두 분은 어떤 일도 하지 않으시는 분들이셨기에 온종일 성경만 읽는 게 가능했을 것이다. 그렇다고 해도 정 집사님은 한 달에 세 번을 읽으셨으니까 거의 불가능에 가까운 일을 하셨다. 그것도 나이가 많으신 할머니가 말이다.

솔직히 말하건대 나는 죽었다가 깨어나도 그렇게 못할 것이다. 그런 집사님이 그립다. 지금은 천국에 계신 정 집사님이 성경을 읽으시고 기도하시던 모습이 생각난다. 잊을 수 없는 어른이시다. 앞으로 내 생애에 그런 분을 또 만날 수 있을지 모르겠다.

 묵상과 적용

정 집사님같이 말씀과 기도로 겸손히 사는 것에 대해서 묵상하시면서 자신을 돌아보시고 어떻게 일상생활과 교회에서 본을 보이고 적용할 것인지 나눠보세요.

🤲 기도

사랑하는 주님, 우리가 주님의 말씀을 굳건히 사모하고 의지하게 하시고 범사에 기도로 아름답게 섬기며 신실하게 동역하게 해주세요.

순회 선교사의 쓸모

요리 대장
권사님

나는 두 번째 목회지였던 원주에서 사역하면서 많은 분에게 사랑
받으며 목회했는데 그중에 한 분이 ○○권사님이다. 그녀는 원주
는 물론 강원도에서도 소문난 요리의 대가였다. 김대중 대통령이
당선되시고 얼마 지나지 않아서 원주에 있는 1군사령부를 방문하
신 적이 있는데 그때 사령부 식당의 주방장이 당황했다. 한 달 전부
터 비상이 걸렸고, 부대에서는 ○○권사님을 찾아 도움을 청했으
며, 권사님의 도움으로 대통령의 식사가 준비된 일화는 유명하다.
그만큼 권사님의 요리 솜씨는 자타가 알아주는 일류 요리사였다.
그런 분이 원주교회에 계셨으니 너무 감사한 일이었다.

　　그러다 보니 나는 손님 대접하거나 일할 때 마음이 편했다. 권
사님만 있으면 만사 오케이기 때문이다. 나는 일을 많이 만드는 편
이다. 그래서 교인들이 늘 교회 와서 일할 때가 많았는데, 오죽하면
교인들끼리 "우리는 아프고 싶어도 아플 새도 없다"라는 말이 유행
어가 될 정도였으니 말이다. 말은 그렇게 하면서도 교인들은 늘 행

복해했다.

실제로 행사도 쉴 새 없이 많이 하고, 손 대접하기를 좋아했던 나는 교회에서 음식 만들어 대접하는 것을 좋아했다. 그 많은 일을 주방장 격이었던 권사님이 다 담당했다. 그녀는 내가 어떤 부탁을 해도 한 번도 싫은 내색을 하거나 거절하는 법이 없었다. 어떤 규모의 행사를 해도 능히 다 감당하고 정말 너무나 멋지게 차려냈다.

그녀는 완전 프로 정신과 자세를 갖고 있었기 때문에, 음식 하나에도 온갖 정성을 쏟아서 음식을 만들어 냈다. 그러기 위해서 어떤 때는 밤을 새워 만들 때도 있었다. 그녀는 어디서도 볼 수 없는 식사를 만들어 내서 식사하시는 분들이 깜짝 놀랄 정도로 멋진 식사를 준비했다. 덕분에 내 체면이 살고, 나를 한껏 높여주었다. 그런 일이 셀 수 없을 만큼 부지기수다.

그녀는 교회에서 밤새다시피 일하면서도 항상 즐거워했다. 얼굴 한 번 찡그린 적 없이 늘 감사함으로 일했다. 교회에 없는 예쁘고 우아한 그릇들을 자기네 집이나 요리학원에서 총동원해서라도 어디서도 볼 수 없는 멋진 상차림을 만들어 내곤 했다. 지금도 옛날 일을 생각하면 권사님에 대한 감사의 마음이 꽉 차오른다. 원주교회에서 목회할 때, 그것이 얼마나 힘이 되고 든든했는지 모른다. 다시 한번 깊이 감사드린다.

그런 수준 높은 원장님이 있어서 원주교회를 새로 건축할 때 그녀의 조언을 받아 교회 주방과 식당을 당시에 교회 식당으로는 보기 드물게 넓고 실용적으로 설계하고 일하기 편리하게 꾸밀 수 있었다. 주방은 오픈형으로 볼 수 있었으며 전처리 시설과 주방 안에다 주방 봉사자들만을 위한 화장실과 샤워장이 딸린 휴게실 방을 만들었으니까. 아마 지금도 그런 시설을 가진 교회 주방은 찾아보기 쉽지 않을 것으로 본다.

그리고 널찍하게 만들어진 주방은 일하기 편리하게 되어있어서 교인이 식사하는데 불편하지 않도록 최대한 배려를 해서 건축했다. 지금도 돌아보면 잘했다는 생각이 든다. 이런 아이디어는 경험이 풍부했던 권사님의 뜻이 반영된 것이다. 교회에서 봉사하시는 성도들이 힘들지 않고 조금이라도 편하게 일하시도록 고려한 것이다.

다시 한번 원주에서의 8년 동안 사역을 마음껏 할 수 있도록 묵묵히 도와주신 여러 교우, 특히 ○○권사님에게 감사드리며 주님의 이름으로 사랑하고 축복한다. 믿음의 조상으로 불리는 아브라함도 부지중에 천사를 대접함으로 놀라운 축복을 하나님으로부터 받은 것처럼 겸손히 섬기신 권사님도 복된 주인공이 되시길 기원한다.

묵상과 적용
성경은 손님 대접하기를 힘쓰라고 했는데 그에 걸맞은 삶을 살고 있는지 돌아보고 우리의 남은 생애도 아브라함처럼 대접하고 섬기는 복된 삶이 될 것을 나눠보세요.

기도
사랑하는 주님, 주님께서 너희가 대접받고 싶은 대로 먼저 다른 사람을 대접하라고 하신 말씀과 같이 충성스럽게 섬김의 삶을 실천하도록 도와주세요.

존귀하신
집사님

한평생 목회하면서 하늘의 별같이 아름다운 분들을 많이 만났지만 ○집사님 같은 분은 아마도 두 번 다시 못 만날 것이다. 내가 2006 년도에 서울제일교회로 부임했을 때 일이다. 4대 목사로 취임하면서 첫 예배를 마치고 7층 목양실에 있었는데 누가 방문을 노크해서 열어보니 ○집사님이 오셨다.

어떻게 오셨느냐는 내 물음에 "한평생 신앙생활 하면서 오늘 같은 설교를 처음 들었습니다. 목사님 말씀을 듣고 선교에 관심이 생겼으며 선교지에 예배당을 짓고 싶은데 어떻게 하면 되겠습니까?" 라는 것이다. 그래서 "선교지에 따라 다릅니다. 어느 나라와 어느 도시에 어떤 규모로 짓느냐에 따라서 들어가는 경비가 다릅니다" 라고 했더니...

"제가 다음 주일에 5,000만 원을 드릴 테니 적당한 곳에 교회를 세워달라는 말씀을 하셨다. 지금부터 17년 전인 2006년도에 나눈 대화니까 지금 돈으로 최소한 1억 원이 넘는 거액이라고 할 수 있다.

순회 선교사의 쓸모

그분은 자신이 말한 대로 다음 주에 5,000만 원을 내게로 가져 오셨다. 그래서 나는 백방으로 수소문해서 캄보디아의 한대희 선 교사와 연결이 되었고 그에게 보내져서 지금의 캄보디아 지방의 도청소재지에다 '따까에우 침례교회'를 2층으로 멋지게 건축했다. 집사님은 단신으로 살고 계신 분인데 당시 연세가 86세셨다.

집사님은 서울의 어떤 가정에 파출부로 들어가서 15년을 일 하시면서 당시에 현찰로 7,200만 원을 모으셨다고 했다. 하나님께 드리는 십일조와 헌금 외에는 단 일원도 쓰지 않으시고 그대로 저 축을 해놓으셨다가 거금을 하나님께 드려서 선교지에 예배당을 세 우신 것이다. 그리고 몇 년 세월이 흐른 후에 집사님이 다시 나를 찾아오셨다. 이번에도 돈을 드릴 테니 선교지에 두 번째 예배당을 세워달라는 주문이셨다. 그러면서 그동안 부지런히 모으신 6,000 만 원을 헌금하셨다.

그것으로 서울제일교회에서 파송한 아프리카 잠비아에 있는 홍 현기 선교사에게 보내어 잠비아 제3의 도시인 은돌라에 예배당을 제법 크게 건축해서(은돌라 미탱고 침례교회) 주님께 바쳤다. 한 교회도 하기 힘든 예배당 건축을 홀로 사시는 가난한 할머니(지금도 살아계시 는데 요양원에 계신다. 올해 103세시다)가 교회를 두 개나 세우셨으니 하늘 에 상급이 얼마나 크실까? 아마도 그 집사님은 영광의 면류관을 받 을 것이며 해와 같이 빛나는 영광의 자리에 가실 것이다.

이 집사님은 내가 은퇴하기 전주에 나를 찾아오셔서 우리 부부 앞에 2,200만 원을 내놓으시며 "2,000만 원은 사모님께 드리는 것"

이라고 하셨다. 아내가 '찬미 커뮤니티'라는 선교단체 대표로 섬기고 있는데 그동안 헌금도 못하셨다며 선교를 위해 써달라고 하시며 드리셨다. 아내는 그 집사님에게 "우선 지금은 이것을 감사함으로 받지만 반드시 후에 집사님의 이름으로 선교지에 예배당을 세우는 데 집사님의 이름으로 드리겠다고 약속한다"라고 하면서 받았는데 몇 년 후에 그 약속을 지켰으니 집사님은 생전에 선교지에 예배당을 세 개를 세우신 것이나 다름이 없다.

그리고 나에겐 그동안 책을 좋아하시는 목사님께 도서비도 못 드렸다며 책 사보시라고 200만 원을 주신 것이다. 물론 나는 그 돈으로 다른 목회자들과 선교사들에게 책을 많이 사드렸다. 그리고 800만 원을 주시면서 이 돈은 언젠가 자기가 하나님께 갈 때 장례 비용으로 써 달라며 내놓으셨다. 집사님은 지금 수원중앙침례교회에서 운영하는 중앙양로원에 계신다. 거기서도 날마다 나와 선교사님들과 그곳에 계신 어른들을 위해 중보기도 하고 계신다는 말씀을 들었다.

내 생애에 이토록 귀하신 분을 영원히 다시 만날 수는 없을 것이다. 주님께 영광을! 이 세상에 수많은 교회가 있지만 과연 이 어른 같으신 성도가 몇이나 있을까? 아마도 거의 유일하지 않을까 싶다. 천국에 가면 나보다도 상급이 더 크실 것이다.

순회 선교사의 쓸모

묵상과 적용

신앙생활을 하고 교회를 다녀도 솔직히 이기적인 사람들이 많은 세상에서 눈물겨운 헌신으로 주님의 교회를 세우신 할머니의 모습을 묵상하면서 우리 자신을 돌아보고 남은 생애 가운데 무엇으로 주님을 영화롭게 할지 가능한 것을 나눠보세요.

기도

사랑하는 주님, 세상에 이름도 빛도 없이 참으로 귀하고 아름답게 충성하며 헌신하는 사람들을 본받아 우리도 그렇게 주님을 사랑하고 몸 된 교회를 섬기기 원합니다.

섬김의
권사님

언젠가 한 집사님에게서 전화가 걸려 왔다. "목사님 다음 주가 생신이시죠?" "아니 그건 어떻게 아셨어요?" "에이, 집사가 담임목사님 생신 정도는 알고 있어아지요" "어떻게 아셨는데요?" "사무실에 전화해서 사무간사님에게 알아뒀거든요?" 전화로 이어진 대화는 이랬다.

그 집사님은 나에게 "생신 선물로 뭘 받고 싶으세요? 말씀해 주세요"라며 채근했다. "아니요. 집사님 마음만 받을게요. 저는 이미 많은 것을 받아서 부족한 게 없답니다" "그러지 말고 솔직히 말씀해 주세요. 그래야 제가 편할 것 같아요"라며 집사님은 계속 집요하게 물었다. 나는 "정말 없답니다. 책도 많고 옷도 많으며 신발도 많아서 생각나는 게 없어요. 정말 마음만으로도 너무 감사해요"하며 나는 고사했다. 그러자 "그럼 할 수 없지요. 제가 목사님 계좌로 돈을 넣을 테니 필요한 데 쓰세요"라며 전화를 끊으려고 한다.

"아니 내 계좌번호는 또 어떻게 알았어요?"했더니, "사무간사님에게 물어봤어요"라는 답을 하곤 전화를 끊었다. 그러자 전화를 끊고 나서 괜히 신경이 쓰여서 정말 송금했을까? 하는 생각과 했다면 얼마나 넣었을까? 하는 마음이 솔직히 들었다. 그래서 두어 시간 후에 계좌를 확인해 보니 자그마치 2,000만 원이 입금되어 있었다. 내 눈을 의심할 수 밖에 없었다. 내 생전 처음으로 그런 거금을 생일 선물로 받았으니 그렇지 않겠는가? 아마도 앞으로 두 번 다시 없을 일이 아닐까?

그래서 고민이 되었다. 이 돈은 내 것이 아니라는 생각이 퍼뜩 들었기 때문이다. 그 집사님은 과연 무슨 생각으로 그런 거금을 주신 걸까? 물어보진 않았지만 지금도 수수께끼로 남아있는 사연이다.

그날 저녁 무렵 필리핀에 있는 선교사님으로부터 메일을 하나 받았는데 자기가 타고 다니던 자동차가 오래되어서 길에서 퍼졌는데 폐차를 했다는 것이다. 그러면서 자동차를 위해서 기도해 달라는 내용이었다. 솔직하게 선교사들이 기도해 달라는 게 다른 말로 하면 돈을 보내달라는 말 아니겠는가? 하필 그때 생일 선물로 받은 2,000만 원이 떠 올랐다.

"아니 하필 왜 그 선교사는 이럴 때 그 멜을 보내는 거야?"라는 생각이 들기도 했지만 하나님께서 그 선교사 주라고 이 돈을 내게 주셨나보다는 생각이 들어서 지체하지 않고 바로 선교사 계좌로 송금했다. 그 선교사는 후에 도요다 4륜구동의 지프차를 샀다며 사진을 찍어 보내왔다. 돈이건 옷이건 임자가 따로 있음을 세상을 살면서 경험할 때가 한두 번이 아닌데 이번 경우도 그랬다. 세상에 진정한 내 것이 어디 있을까? 모두 주님의 것이니 주님 뜻대로 쓰이는 게 정답이 아니겠는가?

그로부터 몇 달이 흘렀고 총회 임원으로 봉사하고 있던 내게 그 집사님에게서 또 전화가 왔다. 그런데 내가 전화를 모기 같은 목소리로 받자 그 집사님은 걱정이 되었는지 "아니 목사님, 목소리가 왜 그러세요?"하고 놀라는 눈치였다. 그래서 나는 "아니에요. 집사님, 지금 회의 중이라서 그래요"라고 답을 했는데 잘 못들었는지 계속 따지듯 물었다. "목사님, 누가 힘들게 해요? 누구에요? 무슨 일 있으세요?"라며 다그쳤다.

내가 작은 소리로 전화를 받을 수 밖에 없던 것은 9월에 있을 교단 총회를 앞두고 준비하는 임원회 자리였기 때문이다. 그래서 갑자기 걸려 온 전화인지라 조심스레 작은 목소리로 받았던 건데 그 집사님에겐 걱정스러운 모습으로 비쳤던가 보다. 그래서 밖으로 나가서 다시 자초지종을 설명했다. "사실 내가 약간 걱정되는 일이 생겼는데 나도 모르게 목소리에 묻어났나보다"라고 했더니, "그게 뭔데요?"라며 물었다.

"실은 아까 교단 총회를 준비하는 과정에서 총회장님이 이번 총회에 오시는 대의원들에게 누가 점심 식사 한 끼 대접하면 좋겠습니다 하시길래 내가 속으로 얼른 암산을 해보니 대략 90만 원이면 되겠다는 생각이 들어 손을 번쩍 들고 내가 하겠다"라고 했고, 총회장님과 임원들은 박수로 환영하고 격려해주며 회의록에 기록까지 되었다"라고 했다.

순회 선교사의 쓸모

그렇게 시간이 흘렀고 회의를 계속하는 중에 왠지 내 마음에 불안감이 스멀스멀 들어오더니 머리가 복잡해졌는데 아까 내가 점심 대접하겠다고 손을 든 게 잘못된 것을 뒤늦게 알게 된 것이다. 나는 총회 참석하는 대의원들이 평균 1,500명 정도니까 출장 뷔페를 부르면 일 인당 6,000원 정도만 해도 먹을 만한 식사가 될 것으로 믿고 순간 암산을 했는데, 90만 원으로 계산을 한 것이다. 900만 원인 것을 말이다.

이미 엎질러진 물. 남아일언 중천금이라고 했는데 박수도 받고 회의록에 기록까지 했으니 체면상 물릴 수도 없고, 이것을 어떻게 해야 하나 고민하고 있던 차에 그 집사님이 전화를 해와서 아마도 그렇게 들렸나 보다. 웃픈 사연을 조용히 듣던 그 집사님은 "그거 제가 할게요"라고 한마디로 결론을 내렸다. 그날의 해프닝은 구원 타자로 등장한 집사님의 헌신으로 인하여 멋지게 해결되었고, 나는 진땀 흘릴 수밖에 없던 위기를 벗어났다. 벌써 15년 전의 일이므로 엄청 비싼 점심값인 셈이다.

9월 총회에서 대의원들에게 정말 멋지게 점심을 대접했는데 수많은 분에게 인사를 받았다. "점심 너무 맛있게 먹었다고" "서울제일교회 큰일 했다고" 나는 아무 말도 하지 않고 인사를 대신 받았다. 그 집사님은 섬기는 조건으로 아무에게도 말하지 말라고 부탁했기 때문에 오랜 시간이 흐른 지금까지도 아무도 모른다. 그 정도면 은근히 알아주길 바라기도 하겠지만 겸손하신 집사님은 그걸로 끝이었다. 그녀에게서 그 후 지금까지 그에 대해 그 어떤 말도 들은 적이 없다. 나는 믿는다. 그 집사님의 아름다운 섬김이 하늘에서 해 같이 빛날 것을.

그 집사님은 자신을 위해서는 무서울 정도로 근검절약하고 멋도 부리지 않으며 변변한 여행 한 번 가시지 않는다. 그러나 하나님이 기뻐하시는 일이라면 아무 말 없이 앞장서서 헌신하시는 분이다. 그는 늘 하나님께 엎드려 간구한다. 선교를 위해서라면 기꺼이 모든 걸 드리신다. 선교사들이 이런 것을 알까? 알아주는 분들도 있지만 받는 것을 당연히 여기고 요구하시는 분들도 때론 있는 것 같다.

나는 그 집사님을 생각할 때마다 감사함과 미안함이 교차한다. 그런 분들의 고귀한 헌신이 있기에 한국교회와 세계선교가 은혜롭게 진행되는 것이라고 믿는다. 할렐루야!

묵상과 적용

진정한 섬김의 모습과 삶과 신앙에 대해서 묵상하면서 자신을 돌아보고 나는 어떤 삶을 살아왔는지 점검하면서 앞으로 남은 생애를 아름답게 주님께 드리길.

기도

사랑하는 주님, 주님께서 우리를 위해서 하나밖에 없는 생명을 아낌없이 내어주시고 십자가에서 돌아가신 것처럼 우리도 남은 생애를 배풀고 나누며 살도록 도와주세요.

순회 선교사의 쓸모

사회적
동물

"인간을 사회적 동물"(Social Animal)로 부른 첫 번째 사람은 위대한 지성의 한 명으로 꼽히는 '아리스토텔레스'(Aristotle)로 알려져 있다. 모든 사물에는 서로를 이어주는 '고리'가 있는데 사람들 사이에도 당연히 있기 마련이다. 다시 말해서 인간은 절대 혼자 살 수 없는 사회적 동물 같은 존재라는 것이다.

'코로나 펜데믹 위기' 시절을 지나오면서 사회적 고리가 많이 끊겼고 그로 인한 여파로 1인 가구가 급속도로 늘어나면서 '고독사'(孤獨死) 같은 사회적인 문제도 갈수록 급증하는 추세다. 이럴수록 서로에 대한 관심과 돌봄이 더 요구되며 그리스도인들은 마땅히 본을 보여야 할 거룩한 의무가 있다.

"즐거워하는 자들로 함께 즐거워하고 우는 자들로 함께 울라"(롬 12:15)라는 말씀과 같이 함께 하는 게 중요하다고 본다. 기쁨을 함께 하면 배가가 되고 슬픔은 함께 할 때 반으로 준다. 진정한 부자는 많이 가진 사람이 아니라 베풀고 나눠주며 섬기는 사람이다. 돌아보면 우리도 가진 게 많으며 줄 것이 참 많은 사람이다. 기회 있을 때 많이 베풀고 나누며 살기 원한다.

인간은 도움을 주고받으며 살게 되어 있다. 줄 줄 아는 사람이 받을 줄도 안다. 어떤 이는 "자기는 주지도 않고 받지도 않는다"라고 하는데 그건 인생을 잘못 사는 것이다. 폐를 끼치는 게 싫어서 그런다는 심정이 어느 정도 이해가 안 가는 건 아니지만 사람은 누구나 부족한 존재이기 때문에 서로 도우면서 살도록 조물주가 설계해 놓으셨다. "여호와 하나님이 가라사대 사람의 독처하는 것이 좋지 못하니 내가 그를 위하여 돕는 배필을 지으리라 하시니라"(창 2:18). 그러므로 도움 주고, 도움을 받는 것을 이상히 여기지도 말 것이며 도와줄 줄도 알아야 한다. 그게 사람 사는 맛이니까. "너희가 짐을 서로 지라 그리하여 그리스도의 법을 성취하라"(갈 6:1).

사람   _신혜경

한문 수업 시간 정년퇴임 앞둔 선생님께 제일 먼저 배운 한자는
옥편의 첫 글자 한 일(一)도 아니고 천자문의 하늘 천(天)도,
그 나이에 제일 큰 관심사였던 사랑 애(愛)는 더더욱 아니고
지게와 지게 작대기에 비유한 사람 인(人)이었다

마흔을 훌쩍 넘은 지금도 사람 인(人)자를 바라보고 있으면
등 기대고 있는 한 사람이 아슬하다 너와 나 사이가 아찔하다

순회 선교사의 쓸모

당신은 도움을 주고받으며 살고 있는가? 아니면 혼자 외로움의 성에 고독하게 갇혀있는가?

마음을 열고 당신의 도움이 필요한 이웃을 찾아보고 손을 내밀어 안아 주기 바란다.

 묵상과 적용

사람이 할 수 있는 일 중에 가장 귀한 것은 누군가를 사랑하는 일임을 알고 어떻게 사랑하며 살 것인지에 대해서 묵상하고 적용할 것을 나눠보세요.

기도

사랑하는 주님, 도움을 받으며 사는 것처럼 나도 누군가를 도우며 살도록 도와주시고 지금 도울 것을 찾아서 실행하게 해주세요. 혼자 살 수 없는 사회에서 외로움의 성에 갇혀 살지 않고 함께 어울리게 해주시고 그리스도를 본받아 베풀고 섬기는 삶을 살게 하소서.

동행(同行)

나는 길을 가다 가끔 멈춰 서서 지나온 길을 뒤 돌아볼 때가 있는데 그때마다 느끼는 것은 여기까지 살아오는 동안 참으로 많은 사람을 만났으며 그들에게 받은 도움이 무척 크다는 것을 절절히 깨닫고 감사하게 된다.

돌아보면 나 혼자 여기까지 온 게 아니라 누군가가 옆에서 같이 걸어주었기 때문에 올 수 있었다는 것이다. 자신의 마음을 나누고 시간과 물질을 나누며 내 손을 잡아주고 또 안아주고 붙들어줘서 오늘의 내가 있게 된 것이다.

인생길을 가는 동안 곁에서 묵묵히 동행해준 가족 그리고 친구들과 동역자가 고맙다. 그들의 사랑과 지지와 격려와 기도 없이는 불가능한 나의 삶이었으니까 말이다. 이정하 시인은 '동행'이란 그의 시에서 고마운 마음을 절실하게 풀어놓는다.

순회 선교사의 쓸모

같이 걸어 줄 누군가가 있다는 것,
그것처럼 우리 삶에 따스한 것은 없다

돌이켜보면, 나는 늘 혼자였다
사람들은 많았지만 정작 중요한 순간에는
언제나 혼자였다

기대고 싶을 때 그의 어깨는 비어 있지 않았으며
잡아줄 손이 절실히 필요했을 때
그는 저만치서 다른 누군가와 이야기하고 있었다

그래, 산다는 건 결국 내 곁에 아무도 없다는 것을
확인하는 일이다

비틀거리고 더듬거리더라도 혼자서 걸어가야 하는 길임을
들어선 이상 멈출 수도 가지 않을 수도 없는 그 외길

같이 걸어 줄 누군가가 있다는 것,
아아, 그것처럼 내 삶에 절실한 것은 없다

날이 갈수록 삶이 사막처럼 황폐해지고 무서운 맹수들이 가득
한 정글 같은 이곳은 더 이상 아름답기만 하진 않다. 이런 정글 같

은 세상에서 서로 기대고 의지하며 함께 길을 걸어갈 누군가가 있다는 것은 매우 중요하다. 누가 나와 동행하기를 바라기보다 내가 누군가에게 좋은 길동무가 되어주고 그와 함께 걸으며 용기와 소망을 불어넣어 주고 싶다.

바울 사도께서 로마교회에 부탁했던 말씀처럼 "함께 즐거워하고 우는 자들과 함께 울라"(롬 12:15)라고 말씀한 것처럼. 당신은 누군가에게 좋은 동행인인가? 다른 사람이 좋은 동행을 해주길 바라지 말고 내가 먼저 좋은 동반자가 되자.

🌱 묵상과 적용

이 세상을 살아오면서 나에게 힘과 위로가 되어준 동행인이 누구인지 돌아보면서 앞으로 인생길을 가는 동안 어떻게 동행할 것이지 묵상하고 실천해 보세요.

🙌 기도

사랑하는 주님, 주님이 나와 함께 하셔서 영생의 길로 인도함을 받은 것처럼 나도 그 누군가에게 신실하고 은혜로운 동행을 하며 구원의 길로 인도하게 해주세요.

돌멩이와
보석

길가에 흔하게 널려있는 게 돌들인데 돌을 구하기 위해서 깊은 땅을 팔 필요는 없다. 그러나 보석은 다르다. 아무 곳에나 있지도 않을 뿐만 아니라 구하기도 어렵다. 대다수 보석은 땅속 깊은 곳에 숨어있어서 위험을 무릅쓰거나 수고하지 않으면 손에 넣기가 쉽지 않기 때문이다.

일평생 사람들만 상대하며 목회한 경험에 의하면 보통 어디서나 볼 수 있는 흔한 돌 같은 사람들이 있는가 하면 보기 드문 보석처럼 귀하게 빛나는 이들이 있다. 말하는 것만 봐도 날카롭고 거친 돌 같은 사람과 따뜻하고 아름답게 빛이 나게 말하는 사람이 있는데 후자가 정말 필요하다. 당신은 돌과 보석 중 어디에 해당이 된다고 생각하는가? "사람은 그 입의 대답으로 말미암아 기쁨을 얻나니 때에 맞은 말이 얼마나 아름다운고"(잠 15:23).

하나님께서 곳곳에 숨겨두신 보석 같은 훌륭한 사람들이 있다. 그들은 그동안 흙 속에 묻혀 있던 '진주'와도 같다. 그들은 닦아만 주면 화사하게 빛이 나니까. 대다수 보석은 돌에 박혀 있는 경우가 많다. 광부들은 그 돌을 채취해서 돌에서 원석을 따로 분리해 내는데 가공이나 커팅(cutting)되어 있지 않은 보석을 '원석'이라고 부른다. 이에 비해 커팅 되어 있으나 완제품으로 세팅(setting)되지 않은 보석을 '나석'이라고 한다.

사람 중에도 돌멩이 같은 이들이 있고 보석이 될 가능성과 잠재력은 충분히 갖추었지만 다듬어지지 않고 거친 원석 같은 이들이 있는데 그냥 그대로 끝나는 경우가 많다. 반면에 아름답고 세련되게 가공되어 있지만 아직 완제품으로 완성되지 않은 나석 같은 사람들이 있다. 분명히 보석이 될 잠재력은 갖고 있지만 환경에 가려져 있거나 혹은 흙에 덮여 있어서다.

목회하면서 참으로 많은 사람을 만났다. 다양한 여러 종류의 사람들이다 그중에는 원석도 있고 또 보석 같은 사람도 있는데 보석 같은 사람을 만나는 기쁨은 이루 말할 수 없다. 당신은 원석이나 나석 혹은 보석, 어디에 해당할 거라고 생각하는가? "이 보석들은 이스라엘의 아들들의 이름 곧 그들의 이름대로 열둘이라 도장을 새김 같이 그 열두 지파의 각 이름을 새겼으며"(출 39:14).

하나님의 마음에 보석 같이 새겨진 이름의 주인공이 바로 '당신'이었으면 좋겠다. 은은하게 향기를 풍기는 꽃과 같이 빛을 발하는 보석 같은 사람이 되기를 소망한다.

묵상과 적용

원석은 중요한 것이지만 다듬어지지 않은 원석은 빛을 발할 수 없음에 대해
묵상하면서 자신이 빛나는 보석처럼 다듬어지려면 어떤 부분이 필요한지 함
께 나눠보세요.

 기도

사랑하는 주님, 많이 부족하고 연약하지만 십자가의 보혈로 씻어주시고 성
령님의 능력으로 닦아주셔서 영롱하게 빛이 나는 보배로운 그리스도인이 되
도록 도와주세요. 아름답고 우아한 보석의 결정체와 같이 주변을 비취며 찬
란하게 빛을 발하는 영적 보석들이 되도록 성령님 다듬어 주옵소서

기쁨을
주는 사람

세계적인 전도자였던 빌리 그래함 목사님은 "그리스도인의 뱃지는 기쁨"이라고 말했는데 참으로 의미 있는 말이라고 생각한다. 그는 자신의 은퇴식에서 어떤 기자의 "목사님은 후대에 어떤 분으로 기억되고 싶느냐"라는 질문을 받고, "나는 유명한 전도자나 설교자가 아니라 모든 사람에게 기쁨을 주었던 사람으로 기억되고 싶다"라고 했던 그의 말이 큰 울림으로 다가온다.

'기쁨'은 그리스도인에게 있어서 없어서는 안 될 중요한 덕목 중의 하나다. 주님을 믿는 게 기뻐야 하고, 예배드림이 기뻐야 하며, 봉사 및 전도와 선교 어느 것 하나 기쁨이 없이는 빛을 발할 수 없다고 믿는다. "지금까지는 너희가 내 이름으로 아무것도 구하지 않았으나 구하라 그리하면 받으리니 너희 기쁨이 충만하리라"(요 16:24).

그리스도인은 하나님께도 기쁨이 되어야 하지만 사람들에게도 기쁨을 줄 수 있어야 한다. 누구에게나 생각만 해도 기쁨을 주는 그

순회 선교사의 쓸모

런 사람이 되고 싶다. "고맙다 사랑 그립다 그대"에 실린 "우리 서로 기쁜 사람이 되자"라는 시를 읽고 싶다.

우리가 삶에 지쳤거나 무너지고 싶을 때
말없이 마주 보는 것만으로도 서로 마음 든든한 사람이 되고

때때로 힘겨운 인생의 무게로 하여 속마음마저 막막할 때
우리 서로 위안이 되는 그런 사람이 되자

누군가 사랑에는 조건이 따른다지만
우리의 바람은 지극히 작은 것이게 하고

그리하여 더 주고 덜 받음에 섭섭해 말며
문득문득 스치고 지나가는
먼 회상 속에서도 우리 서로 기억마다 반가운 사람이 되자

어느 날 불현듯 지쳐 쓰러질 것만 같은 시간에
우리 서로 마음 기댈 수 있는 사람이 되고

혼자 견디기엔 한 슬픔이 너무 클 때
언제고 부르면 달려올 수 있는 자리에

오랜 약속으로 머물며, 기다리며, 더없이 간절한 그리움으로
눈 저리도록 바라보고픈 사람!!
우리 서로 끝없이 끝없이 기쁜 사람이 되자

주 안에서 우리 서로 사랑하며 그리워하고 섬기는 기쁨을 나누는 그런 삶을 살기를 바라며 두 손 모아 기도한다. "이로써 그리스도를 섬기는 자는 하나님께 기뻐하심을 받으며 사람에게도 칭찬을 받느니라"(롬 14:18).

죄악으로 가득하고 오염된 세상에서 때 묻지 않은 그리스도의 사랑으로 정결하게 서로를 아끼고 세워주며 십자가의 사랑을 기쁘게 실천하는 지체들이 되길 소망한다.

🍃 묵상과 적용

인생을 살아오면서 다른 사람들에게 어떻게 대했는지 돌아보고 앞으로 남은 생애는 구체적으로 어떤 삶을 살 것인지 묵상하고 함께 나눠보세요.

🤲 기도

사랑하는 주님, 하나님께는 영광 돌리고 사람들에겐 칭찬받으며 기쁨을 주는 삶을 살아가도록 도와주세요. 그리고 축복의 통로가 되기 원합니다.

순회 선교사의 쓸모

한 사람

미국 '칼빈신학교'에서 오랫동안 강의했던 '존 와우스트라' 교수는 졸업해서 학교 문을 나서는 제자들에게 항상 '세 가지'를 당부했다고 한다. "강단(Pulpit)을 존중하고, 말씀(Word)을 존중하며, 회중(People)을 존중해야"한다는 것이다. 오늘날 강단에서 그럴듯하게 보여주기 위한 쇼(Show)를 하고 코미디를 하는 경우를 어렵지 않게 보는 시대가 되었다. 사람들을 인위적으로 울리고 웃기고 하는 게 흔히 말하는 '은혜로운' 설교라고 생각하는 시대가 되어 버렸는데 그걸 잘하는 목회자들은 제법 유명 강사가 되어 여기저기로 팔려(?) 가며 잘 나가는 사람이 되곤 한다.

강단에 설 때 두렵고 떨리는 마음으로 항상 최선을 다해서 준비하고 올라가야 하는데 그렇지 않은 모습으로 올라가서 말씀을 읽어놓고, 말씀 본문과는 무관하게 자의적으로 해석하고, 억지로 성경을 푸는 설교자들이 너무도 많은 세상이 되어 버린 것 같아 안타깝기 그지없다.

"또 그 모든 편지에도 이런 일에 관하여 말하였으되 그중에 알기 어려운 것이 더러 있으니 무식한 자들과 굳세지 못한 자들이 다른 성경과 같이 그것도 억지로 풀다가 스스로 멸망에 이르느니라"(벧후 3:16).

한국 T.V 프로 중에 매주 토요일마다 하는 "불후의 명곡"이란 프로에서 유명 가수인 '패티 김'이 출연했는데 수십 명의 후배 가수들이 나와서 그녀의 히트송들을 불렀다. 사회자는 패티 김 여사에게 "후배 가수들에게 한마디 해 달라"고 말하자 "가수에게 무대는 신성한 곳입니다. 무대에 오르기 전에 철저하게 준비하고 무대에서 최선을 다해야 합니다. 나는 무대에 오를 때마다 항상 새 구두를 신었고 정장 차림을 했는데 그게 내 노래를 들으러 와 준 청중들을 대하는 예의라고 생각합니다. 노래하는 가수가 된 게 나의 운명이라면 내 노래를 듣는 사람들을 기쁘게 해주는 게 나의 숙명으로 생각하며 일평생 노래를 불렀습니다"라고 담담하게 말했다. 나는 그 말을 들을 때 전율 같은 것을 느꼈다.

한낱 노래하는 가수도 그런 정신과 마음가짐으로 3분에서 5분 정도 하는 노래를 부르기 위해서 저런 자세를 갖고 있다고 생각하니 내가 부끄럽기도 했다. 본의는 아니라도 솔직히 그렇지 못할 때가 가끔은 있었으니까. 더 정직하게 말하면 부끄러운 목회자들이 많다. 남의 것을 가지고 설교를 짜깁기하고 인터넷을 뒤지면서 남이 설교한 것을 자기 것처럼 무분별하게 그대로 베끼는 이상한 설교자들도 많은 것 같다. 그건 정말 아니다.

　나도 철없던 젊은 목사 시절에 바쁘다는 이유로 설교 준비를 소홀히 해서 '목회와 신학'이란 월간지에 실린 설교내용을 상당 부분 그대로 인용한 적이 있는데 두고두고 부끄러웠다. 고단하게 열심히 살아가는 성도들이 교회에 와서 목회자를 통해서 주시는 하나님의 말씀을 듣고 위로를 받으며 새 힘을 얻기를 바라는데 고작 설교자들이 그렇게 불성실하고 무성의한 모습과 잘못된 태도로 사역한다면 하나님 앞에서는 물론이거니와 성도들에게도 심히 부끄러운 줄 알아야 마땅하다. 그렇지 않다면 차라리 목회를 그만둬야 하지 않을까?

　'눈물의 예언자'로 알려진 남 왕국 유다에서 활동했던 예레미야는 사랑하는 조국 유다의 멸망을 목전에 두고 안타까운 마음으로 예언하고 눈물로 호소하며 간구하지만 당시의 이스라엘 백성들은 들은 체도 하지 않고 하나님의 말씀에 불순종하며 거역하고 어긋난 길로 나아갔다. 구약의 위대한 하나님의 사람이었던 이사야 선지자는 그런 이스라엘 백성들을 향해서 "소는 그 임자를 알고 나귀는 주인의 구유를 알건마는 이스라엘은 알지 못하고 나의 백성은 깨닫지 못하는도다 하셨도다 슬프다 범죄한 나라요 허물진 백성이요 행악의 종자요 행위가 부패한 자식이로다 그들이 여호와를 버리며 이스라엘의 거룩한 자를 만홀히 여겨 멀리하고 물러갔도다"(사 1:3~4) 탄식조로 외쳤으나 이스라엘 백성들은 콧방귀를 뀌었다.

　오늘날은 그때보다 세상이 훨씬 악해지고 죄악이 가득한 시대가 되었다. 오늘날의 세상을 보시는 하나님께서 과연 무어라 하실지 심히 걱정된다. 예레미야 선지자는 곧 임박한 조국의 멸망을 내다보고서 이제라도 하나님께 회개하고 돌아오라고 가슴을 치며 외쳤으나 그들은 꿈적도 하지 않았다. 예레미야는 탄식조로 간절하게 하나님께 아뢴다.

> "여호와여 주의 눈이 성실을 돌아보지 아니하시나이까 주께서 그들을 치셨을지라도 그들이 아픈 줄을 알지 못하며 그들을 거의 멸하셨을지라도 그들이 징계를 받지 아니하고 그 얼굴을 반석보다 굳게 하여 돌아오기를 싫어하므로 내가 말하기를 이 무리는 비천하고 우둔한 것 뿐이라 여호와의 길, 자기 하나님의 법을 알지 못하니"(렘 5:3~4).

그렇다. 예나 지금이나 인간은 변한 게 없다. 여전히 교만하고 불순종하길 좋아하고 하나님 말씀을 거역하며 패역한 길로 달려가고 있다. 하나님 아버지의 마음이 얼마나 아프시고 답답하실까? 그래서 하나님은 그런 유다 백성들을 살려주시려고 예레미야에게 지시를 내리신다.

> "너희는 예루살렘 거리로 빨리 왕래하며 그 넓은 거리에서 찾아보고 알라 너희가 만일 공의를 행하며 진리를 구하는 자를 한 사람이라도 찾으면 내가 이 성을 사하리라"(렘 5:1).

순회 선교사의 쓸모

하나님은 이스라엘 백성들이 멸망 당하는 것을 원치 않으셨다. 그래서 기회를 주고 계시는 것이다. 여러 명도 말고 단 한 사람만 찾아오라는 것이다. 공의를 행하고 진리를 구하는 한 사람만 있으면 그 사람을 보고 예루살렘 성의 모든 죄악을 다 용서하신다는 말이다. 이 얼마나 놀라우신 말씀이며 대단하신 약속인가?

그러나 안타깝게도 예루살렘 성에는 그 한 사람이 없었다. 마치 소돔과 고모라에 하나님이 찾으시던 의인 열 명이 없어서 불과 유황의 심판을 받은 것처럼. 예레미야 당시의 유다와 예루살렘이 그런 형편이었다. 하나님이 찾으시는 그 한 사람이 없다니. 지금은 어떤가? 우리는 자신 있게 한 사람을 내놓을 수 있을까?

하나님의 일과 역사는 결코 많은 사람에 의해서 이루어지는 게 아니다. 세상의 역사는 물론이거니와 기독교 역사도 마찬가지다. 하나님은 하나님의 때에 하나님의 마음에 맞는 한 사람을 통해서 자기의 뜻을 이루시고 계획을 성취하신다. 그래서 자기 마음에 맞는 한 사람을 찾고 찾으시며 부르고 계신다. 당신이 그 한 사람은 아닌가? 아니 되길 원하는가?

> "폐하시고 다윗을 왕으로 세우시고 증거하여 가라사대 내가 이새의 아들 다윗을 만나니 내 마음에 합한 사람이라 내 뜻을 다 이루게 하리라 하시더니 하나님이 약속하신 대로 이 사람의 씨에서 이스라엘을 위하여 구주를 세우셨으니 곧 예수라"(행 13:22~23).

한 사람의 중요함은 역사가 이미 증명했다. 히틀러 한 사람이 이스라엘 백성 600만 명을 가스실의 제물로 죽이는 만행을 저질렀으며 징기스칸 한 사람이 오늘날 전 세계 45개국에 해당하는 영토를 정복하고 다스렸다고 한다. 링컨 한 사람에 의해 노예해방이 이루어졌으며 마르틴 루터에 의해서 중세 유럽은 영적 암흑기에서 벗어나고 개신교의 탄생을 가져왔다. 이 외에도 한 사람에 의해서 되어진 수많은 종류의 사건과 역사는 부지기수다.

한 사람의 중요함에 대해서 가장 잘 말해주는 곳이 로마서 5장에 나온다. "이러므로 한 사람으로 말미암아 죄가 세상에 들어오고 죄로 말미암아 사망이 왔나니 이와 같이 모든 사람이 죄를 지었으므로 사망이 모든 사람에게 이르렀느니라(롬 5:12). 한 사람의 범죄를 인하여 사망이 그 한 사람으로 말미암아 왕 노릇 하였은즉 더욱 은혜와 의의 선물을 넘치게 받는 자들이 한 분 예수 그리스도로 말미암아 생명 안에서 왕 노릇 하리로다"(롬 5:17). "한 사람의 순종치 아니함으로 많은 사람이 죄인 된 것 같이 한 사람의 순종하심으로 많은 사람이 의인이 되리라"(롬 5:19).

예수 그리스도 한 분으로 말미암아 죄로 영원히 멸망 받아 마땅한 세상과 온 인류에게 사죄의 은혜와 구원의 선물이 임하게 되었다. 한 사람이 이토록 중요하다. 하나님께서는 오늘도 그 한 사람을 간절히 찾고 계신다. 나와 당신이 그 한 사람이 되기를 원한다.

순회 선교사의 쓸모

묵상과 적용

이 세상은 많은 사람이 아니라 한 사람에 의해서 변화된 것이 많음을 묵상하고 우리도 비록 부족하지만 세상의 일부분이라도 변화시키는 한 사람이 될 것에 대해 나눠보세요.

 기도

사랑하는 주님, 주님께서 오셔서 세상이 구원받고 변화된 것처럼 우리도 가족이나 이웃과 내가 속해 있는 곳을 변화시키고 구원할 수 있도록 성령님 도와주세요.

우듬지

나무 박사로 잘 알려진 우종영 씨가 쓴 "나는 나무에서 인생을 배웠다"라는 책에 보면 "우듬지"란 말이 나오는데 나로서는 생전 처음 들어본 말이다. 우듬지는 나무 제일 위에서 새로 나오는 새순, 다시 말해서 나무 꼭대기 줄기를 가리키는 말로써 "밑동으로 불리는 그루터기"와 정반대되는 말이다.

나무마다 크든 작든 우두머리 역할을 하는 가지가 있는데 이는 사람이나 어떤 조직에든 있기 마련이다. 나무의 우듬지가 다른 가지들을 이끌어주듯이 다른 누군가에게 선한 영향을 주고 다른 이들을 이끌어 가는 사람을 가리켜 인간 우듬지라고 할 수 있는데 교회에도 우듬지 역할을 하는 영적 리더가 있게 마련이며 이는 정말 필요하다.

이에 비해 옆으로 길게 뻗어나간 가지를 "화라지"라고 하는데 화라지는 나무에 붙어 있는 가지가 아니라 주로 땔감으로 잘라 온 가지를 지칭하는 말이라고 한다. 당신은 우듬지인가? 아니면 화라

순회 선교사의 쓸모

지 같은 삶을 살고 있는가?

나무는 재목감이 있고 땔감이 있는데 사람 중에 재목감 같은 사람이 있는가 하면 땔감 역할을 하는 사람이 있다. 땔감은 한 번 타 버리고 나면 재만 남지만, 재목은 오래오래 집이나 가구로 보존되며 남아서 요긴하게 쓰임을 받는다. 하긴, 꼭 재목감이 아니더라도 한 번이라도 자기를 불태워 다른 누군가를 따뜻하게 한다면 그 또한 보람 있는 일이리라.

시인 안도현은 "너에게 묻는다"에서 "너에게 묻는다 / 연탄재 함부로 발로 차지 마라 / 너는 누구에게 한 번이라도 뜨거운 사람이었느냐"라고 우리를 돌아보게 하는 질문을 던지고 있다. "우리에게 권리가 없는 것이 아니요 오직 스스로 너희에게 본을 주어 우리를 본받게 하려 함이니라"(살후 3:9).

우종영 씨의 또 다른 저서인 "나는 나무처럼 살고 싶다"에 보면, "연리지"라는 말이 나오는데 이는 서로 다른 나무가 자랄 때 가깝게 자라다가 줄기가 맞닿아 한 나무처럼 자라는 현상을 말한다. 그래서 연리지는 사랑의 상징나무라는 인정을 받으며 연인 사이의 아름다운 관계를 대변하기도 한다.

땅 밑에 있는 뿌리가 서로 뒤엉키어 하나가 된 것을 "연리근"이라고 하며 줄기가 같은 것을 연리목이라고 하고 가지가 함께 하나로 뭉친 것을 가리켜 연리지라고 하는데 연리지(連理枝)는 날 때는 둘이었으나 서로 가까이 자라면서 가지가 맞닿아 연결되어서 둘이 하나가 되는 것을 일컫는 말이다.

한 번 연리지가 된 나무는 다시는 떨어지지 않는다고 하는데 우리에게 시사하는 바가 크다. 연리지 같은 교회, 연리목 같은 사회가 될 수 있다면 얼마나 좋을까? 이런 연리지처럼 우리도 서로 주 안에서 하나가 되어 의지하며 도와주고, 보살피고 사랑으로 섬기며 이끌어주는 삶을 산다면 이 세상은 지금보다 훨씬 나은 곳이 될 것이다.

"평안의 매는 줄로 성령의 하나 되게 하신 것을 힘써 지키라 몸이 하나이요 성령이 하나이니 이와 같이 너희가 부르심의 한 소망 안에서 부르심을 입었느니라"(엡 4:3~4).

묵상과 적용
세상에는 아름다운 희생으로 다른 이들에게 선한 영향력을 끼치고 공동체를 섬기며 이끌어가는 지도자들이 있는데 우리 자신을 돌아보며 우듬지같이 되기를 구체적으로 나눠봅시다.

기도
나무에 우듬지와 연리지가 있는 것처럼 사람 중에도 있습니다. 사랑하는 주님, 한국 교회가 세상의 빛과 소금이 되어 우듬지 같은 역할을 감당하게 하시고 교회와 그리스도인들이 주 안에서 영적인 연리지로 하나가 되게 해주세요.

2부

일상
이야기

군중 속의
고독

이 세상에는 참으로 어마어마하게 많은 사람이 부대끼며 살고 있다. 그러나 현대인은 그 어느 때보다 고독하고 외로움에 몸부림치며 살고 있다. "고독의 이름으로 실로 많은 잘못이 저질러진다"라던 '헨리 킹'(Henri King)의 말과 같이 고독 뒤에 숨어서 불안한 삶을 영위하는 현대인들이 생각보다 참으로 많다.

'사르트르'는 고독에는 불안이 따른다"라고 했는데 충분히 일리가 있다. 오래전 '뉴 리퍼블릭'의 편집장을 지냈던 '월터 리프먼'은 "군중 속의 고독"이라는 그의 저서에서 현대를 살아가는 이들의 절대 고독에 대해 말하고 있다. 아무리 많은 사람 틈바구니에 있어도 쓸쓸하고 외로운 섬 같은 존재가 인간이라는 것이다.

그리스도가 없는 삶을 살아가는 현대인들에게 세상은 황량한 사막과 다름없다. 그들의 삶이 사막화 되어 가고 있음을 세상은 여실히 보여준다. 허무한 신기루를 좇아가느라 자신을 돌아볼 여유도 없이 허무한 인생을 살아가는 이들을 보면 심히 안타깝기 그지

없다.

요한 사도는 우리에게 이렇게 권면한다. "이 세상이나 세상에 있는 것들을 사랑치 말라 누구든지 세상을 사랑하면 아버지의 사랑이 그 속에 있지 아니하니 이는 세상에 있는 모든 것이 육신의 정욕과 안목의 정욕과 이생의 자랑이니 다 아버지께로 좇아 온 것이 아니요 세상으로 좇아 온 것이라"(요1서 2:15~16).

이런 세상과 현대인을 향해 묻고 싶다. 당신은 지금 진정으로 기쁘고 평안한지를. 정용철의 "마음이 쉬는 의자"에 있는 질문을 우리 자신에게도 같이 해보자.

이 세상에서 단 한 사람과 길을 걸으라면 누구와 함께 걷겠습니까?

이 세상에서 단 하루만 살라고 하면 그날을 어떻게 보내겠습니까?

이 세상에서 단 한 사람만 사랑하라면 누구를 사랑하겠습니까?

이 세상에서 단 하나의 단어만 가슴에 품으라면 어떤 단어를 품겠습니까?

이 세상에서 단 하나의 물건을 가지라면 어떤 것을 갖겠습니까?

이 세상에서 단 한 권의 책을 읽으라면 어떤 책을 읽겠습니까?

이 세상에서 단 한 편의 글을 쓰라고 하면 어떤 내용의 글을 쓰겠습니까?

이 세상에서 단 한 가지 일만 하라고 하면 어떤 일을 하겠습니까?

이 세상에서 단 한 송이의 꽃을 꽃병에 꽂으라면 어떤 꽃을 꽂겠습니까?

이 세상에서 단 한 번만 웃으라고 하면 언제 웃겠습니까?

이 세상에서 단 한 번만 울라고 하면 어느 때 눈물을 흘리겠습니까?

이 세상에서 단 한 계절만 살라고 하면 어느 계절에 살겠습니까?

이 세상에서 단 한 곳만 찾아가라고 하면 어디를 찾아가겠습니까?

이 세상에서 단 한 장면의 자연을 보라고 하면 어떤 풍경을 바라보겠습니까?

이 세상에서 단 한 가지 소원을 기도하라면 어떤 기도를 하겠습니까?

쉽게 대답할 수 없는 질문도 있을 것이지만 "백문일답"(百問一答)은 예수 그리스도시다. "그리스도의 평강이 너희 마음을 주장하게 하라 너희는 평강을 위하여 한 몸으로 부르심을 받았나니 너희는 또한 감사하는 자가 되라"(골 3:15).

우리에겐 오직 한 분 예수 그리스도께서 계셔서 구원의 길로 인도해주시니 얼마나 감사하고 기쁜 일인가. 할렐루야! 천국을 바라보고 오직 하나님의 말씀을 의지하며 복음의 증인으로 순례길을 가기를 바란다. "단지 하나님과 함께 있을 때만 고독을 견뎌낼 수 있다"(앙드레 지드)

묵상과 적용

고독이 파도처럼 밀려와서 우리 안에 있는 기쁨을 앗아갈 때 어떤 어려움이 있는지 묵상하고 고독을 극복하고 영적 기쁨을 회복하는 것에 대해서 실제적으로 함께 나눠보자.

 기도

사랑하는 주님, 고독한 사막 같은 이 세상을 살아가는 동안 오아시스 같은 주님의 사랑을 알게 하시고 구원받게 하심을 감사드립니다. 아직도 영적인 사막에서 길을 잃고 방황하는 영혼들을 영생의 길로 인도하는 삶을 살게 하시고 주님만 찬양하게 하소서.

글에
대하여

글 속에는 글을 쓴 사람의 모든 것이 담겨있다고 볼 수 있다. 글이란 단지 문자의 집합이나 나열이 아니라 필자의 인격과 신앙과 삶과 총체적인 그의 인생이 녹아 있다. 그래서 그가 쓴 글을 읽어보면 그가 어떤 사람인지를 충분히 가늠하고 짚어낼 수가 있는 것이다.

그의 신념과 사상과 그가 목적하는 바를 알 수 있으며 그가 가지고 있는 인생관과 삶의 방향과 자세까지도 능히 짐작하게 된다. 말과 글은 하나님께서 인간에게만 주신 위대하고 놀라운 선물이 아닐 수 없다. 다른 피조물도 그 나름대로 의사소통의 수단은 있겠지만 인간처럼 말과 글로서 고차원적인 소통을 할 수는 없다. 만일 인류에게 언어가 없었다면 지금처럼 발전할 수 없었을 것이다.

말과 글은 단지 의사소통을 넘어서 인류를 하나 되게 하고 더 나아가 변화와 발전을 꾀하게 해주는 데 있어서 가장 탁월한 도구인 셈이다. 그래서 늘 글을 쓰는 사람으로서 하나님께 깊이 감사드리지 않을 수 없으며 언어라는 아름다운 소통의 도구를 허락하신 주님을 찬양한다.

그런데 글을 쓰다 보면 자꾸 글이 늘어지는 걸 보게 되는데 이것은 고쳐야 할 부분이라고 생각한다. 말뿐만 아니라 글도 생각의 표현이므로 절제가 필요하다고 본다. "무엇을 쓰든 짧게 써라. 그러면 읽힐 것이다. 명료하게 써라. 그러면 이해될 것이다. 그림 같이 써라. 그러면 기억 속에 머물 것이다."라고 했던 '조지프 퓰리처'의 말은 나뿐만 아니라 글을 쓰는 모든 이들이 새겨들어야 할 금과옥조 같은 말이다. "평범한 글을 독창적으로 보이게 하는 것이 글을 매우 잘 쓰는 것이다."라는 '호라티우스'의 말에 의하면 나는 글을 잘 쓰는 사람은 아니라는 것을 깨닫게 된다.

다만 "작가는 타고나는 것이 아니라 만들어진다"라고 한 '스티븐 킹'의 말로 다소 위안을 받는다. 나도 어느 정도 더 열심히 글을 쓰고 노력하다 보면 나름대로 어떤 경지에 다다를 수 있지 않을까 하는 희망을 품게 해주기 때문이다. "여호와를 의뢰하여 선을 행하라 땅에 거하여 그의 성실로 식물을 삼을지어다"(시 37:3).

내가 글을 쓰면서 가장 염두에 두는 것은 어떤 글을 쓰든지 읽는 이가 이해할 수 있도록 쉽게 써야 한다는 것이다. 어떤 글을 읽다 보면 도무지 무슨 말을 하는지 이해가 잘 안 가고 선뜻 알 수 없을 때가 있다. 그럴 때는 나의 무지를 탓하면서도 한편 야속한 생각이 들기도 한다. 그래서 되도록 누구나 이해할 수 있도록 글을 쓰기 위해 노력한다.

이 사람은 왜 이렇게 어렵게 글을 써서 무안을 주는 거야? 혹은,

좀 더 이해가 가도록 쓸 수는 없었나 하는 아쉬운 생각이 들 때가 있기 때문이다. 예수님의 말씀을 읽어보면 심오한 진리를 말씀하시면서도 어떤 사람이 듣든지 이해가 가도록 평이한 언어로 쉽게 말씀해 주신다. 쉽다고 해서 그 내용이 결코 가볍거나 서민들만을 대상으로 하는 게 절대로 아니라는 사실이다. 진정한 진리는 전 세계 어떤 사람들이 들어도 다 공감이 가고 받아들여져야 하는 것 아닐까?

"하나님은 모든 사람이 구원받으며 진리를 아는데 이르기를 원하시느니라"(딤전 2:4).

> ### 🌀 묵상과 적용
> 당신은 말과 글을 어렵게 하는 편인가? 혹은 반대로 이해가 가도록 쉽게 표현하는지 돌아보고 어떻게 하면 구원과 영생의 진리를 쉽게 전달하고 나눌지 서로 얘기해 보자.
>
> ### 🙌 기도
> 사랑하는 주님, 다시 한번 말과 글을 주신 은혜를 감사드립니다. 아름다운 언어로 창조주 하나님의 사랑을 노래하고 생명을 구원하는 복음 전도의 도구로 사용하게 하소서.

껍질
깨뜨리기

며칠 전에 지인에게서 호두를 선물 받았는데 아주 맛있었다. 그래서 몇 개 먹다가 문득 이런 생각이 들었다. 호두를 먹으려면 수고를 많이 해야 한다는 것이다. 그래서 먹기가 쉽지 않은데, 그것은 한꺼번에 많이 먹지 못하게 하시려는 창조주의 깊은 의도라고 한다. 아시는 대로 호두는 껍질이 너무 단단해서 호두를 까는 망치나 기구가 있어야 하는데, 마침 선물 상자 속에 호두를 깨는 호두 망치가 들어 있었다.

한두 개 깨뜨려 먹으면서 순간 어떤 생각이 내 뇌리를 스치고 지나갔다. 하나님이 허락하시고 만드신 과일이나 열매들이지만, 각각 맛과 향과 모양도 다르고, 무엇보다 그것을 먹는 방식에도 차이가 있다는 것에 대한 깨달음이다. 예를 들면, 귤이나 오렌지와 바나나는 그냥 껍질을 손으로 벗겨서 먹으면 되고, 사과나 배 등 과일은 과도로 껍질을 깎아야 한다는 것이다. 그런가 하면 호두나 잣은 껍질을 깨뜨려야 먹을 수 있고, 밤은 조금 복잡하다는 것이다. 왜 이

순회 선교사의 쓸모

렇게 다양한 방식으로 먹게 만드셨는지 알 수 없지만, 분명한 사실
은 대상에 따라서 각각 다르다는 거다. 그렇다고 우리가 감히 하나
님께 따질 수는 없는 노릇이다.

"이 사람아 네가 누구이기에 감히 하나님께 반문하느냐 지음을
받은 물건이 지은 자에게 어찌 나를 이같이 만들었느냐 말하겠느
냐 토기장이가 진흙 한 덩이로 하나는 귀히 쓸 그릇을, 하나는 천
히 쓸 그릇을 만들 권한이 없느냐"(롬 9:20~21).

지나친 발상인지는 모르나, 나는 과일을 먹는 방식이 틀리듯, 하
나님께서 사람을 다루는 방법도 이와 유사하시지 않을까 하는 느
낌이 왔다. 어떤 사람은 단순히 껍질을 벗기는 정도이고, 어떤 이는
칼로 껍질을 베게 하고, 또 어떤 사람은 단단한 껍질을 망치나 벤치
로 깨뜨리듯 다루신다는 것인데, 내가 너무 나간 건가?

이건 순전히 내 생각에 불과하지만, 만일 어떤 사람이 단단한 껍
질처럼 고집부리고 불순종한다면, 하나님은 그를 깨뜨려서라도 순
종하게 하실 것이고, 위선의 옷을 입어서 진실하지 못하면 과도로
껍질을 벗기듯 민낯과 속살을 드러내게 하시지 않을까?

만일 당신이 과일이나 열매라면 어디에 해당이 된다고 여기는
가? 하나님께서 쉽고 곱게 다루실지? 칼로 벗겨내실지? 아니면 사
정없이 깨뜨리실까? 최근에 깨진 적은 없는가? 망치로 두들겨 맞
거나, 예리한 칼에 베임을 당하지 않았는지? 만일 있다면 하나님을

원망할 게 아니라 우선 나 자신을 돌아봐야 하리라.

우리가 저지른 잘못이나 문제를 하나님 떠넘기지 말아야 하는데, 어떤 이는 자신이 책임져야 할 몫까지 하나님께서 책임져 달라는 식으로 생떼를 부린다. "여호와께서 이르시되 네가 분하여 함은 어찌 됨이며 안색이 변함은 어찌 됨이냐 네가 선을 행하면 어찌 낯을 들지 못하겠느냐 선을 행하지 아니하면 죄가 문에 엎드려 있느니라 죄가 너를 원하나 너는 죄를 다스릴지니라"(창 4:6-7). 우리는 절대로 이러지 말아야겠다. 우리를 향한 하나님의 손길에 앞서, 우리가 하나님을 어떻게 섬기고 있는지 돌아보고, 나 자신의 신앙과 삶을 점검하고 나눠보는 게 급선무다.

🌀 묵상과 적용

우리의 중심과 모습을 정직하게 돌아보고, 나는 껍질이 단단해서 두들겨 맞아야 할 부분은 없는지 묵상하고, 만일 그렇다면 어떤 부분을 다듬고 고쳐야 할지 나눠보자.

🙏 기도

사랑하는 주님, 주님을 사랑한다고 하면서 고집부리고, 불순종할 때가 얼마나 많으며, 그러고도 깨닫지 못하고 하나님을 원망하고 자신의 책임을 떠넘기는 실수를 저지르고 있지는 않은지 나 자신을 겸손히 돌아보게 해주세요.

순회 선교사의 쓸모

눈물에
대하여

인간이 가진 3대 액체는 피와 땀과 눈물이다. 이 세 가지는 다 중요할 뿐만 아니라 인체를 구성하는 필수요소로서, 이 중에서도 눈물은 인간만의 고유한 특성으로 볼 수 있는데, 하나님의 피조물 중에 울 수 있는 것은 인간이 유일하다.

사람은 기뻐도 울지만 슬프거나 힘들 때 눈물 흘리며 운다. 눈물은 울음의 물리적 현상을 뛰어넘어서 마음과 영적 상태를 고스란히 전해준다. 영적으로 고통스러울 때나 마음에 아픔이 파도처럼 밀려오고 육신의 고통이 극에 달하면 눈물로 호소하게 된다. 서러워서 울고, 가슴이 저리도록 아파서 울고, 때론 너무 그리워서 울기도 한다. "흐르는 눈물은 괴로우나 그보다 더 괴로운 것은 흐르지 않는 눈물이다" (아일랜드 속담)

눈물 흘리며 울어야 할 수밖에 없는 환경과 사건이나 궁지에 몰리는 처지가 되지 않으면 좋겠지만 우리가 살아가는 이 세상은 그렇게 단순하지 않다. 지구촌 곳곳에서 날마다 일어나고 있는 각종 사건과 사고로 인해 수많은 사람이 고통 가운데 눈물로 울부짖고 있다. 우리가 그들의 눈물을 닦아주고 위로하며 도와주고 함께 울어야만 한다. "예수께서 그들을 향하여 가라사대 예루살렘의 딸들아 나를 위하여 울지 말고 너희와 너희 자녀를 위하여 울라"(눅 23장 28절). "눈물은 눈동자로 말하는 고결한 언어이다"(로버트 해릭)

눈물 _ 이충기

눈물이 마음의 상처라는 걸 아는 사람은 많다
눈물이 마음의 아픔이란 걸 아는 사람은 많다

그렇지만 눈물이 풀잎에 맺힌 이슬처럼 세상 사람들 눈에서 잠시 머물다
땅으로 떨어져 내릴 때
그 눈물방울이 새 희망을 찾고 있다는 걸
생각하는 사람은 많지 않다

때로는 눈물이 핏물이라는 걸 생각하는 사람은 많지 않다
눈물은 그냥 흘러내리는 게 아니다 눈물방울은 그냥 떨어져 내리는 게 아니다

우리 주님도 세상에 계실 때 우셨다. 눈물을 보이셨다. 우는 것은 잘못이 절대로 아니다. 되도록 웃을 일만 있기를 바라지만 혹시라

도 울어야 할 일이 생기면 참지 마라. "눈물은 슬픔의 말 없는 말"이라고 했던 사상가 볼테르의 말과 같이 눈물과 슬픔은 동전의 양면과 같은 것이다. 눈물이 있는 곳에 슬픔이 있고 슬픔이 있는 곳에 눈물이 흐른다. "하나님의 나라는 눈물과 무릎으로 가는 나라"라고 한 찰스 스펄전 목사님 말씀대로 눈물로 호소하고 기도하기를 바란다.

예수 그리스도께서도 육체로 이 세상에 계실 때 심한 눈물로 기도하셨다. "그는 육체에 계실 때에 자기를 죽음에서 능히 구원하실 이에게 심한 통곡과 눈물로 간구와 소원을 올렸고 그의 경외하심을 인하여 들으심을 얻었느니라"(히 5:7). "눈물 흘리는 것을 두려워하지 마라. 왜냐하면 눈물을 흘리는 눈은 진실을 볼 수 있고 눈물을 흘리는 눈은 삶의 아름다움을 볼 수 있기 때문이다"(제라드 웨이). Never be afraid of tears, Tear-filled eyes are capable of seeing truths. Tear-filled eyes are capable of seeing the beauty of life(Gerard Way). "눈물은 액체 기도다"(찰스 스펄전)

묵상과 적용

우리가 언제 진지하게 눈물을 흘렸는지 아는가? 특히 자신을 위해서나 다른 이의 영혼 구원을 위해서 울어본 적은 언제인지 묵상하며 돌아보고 잃었던 눈물을 회복하기를 힘쓰자.

기도

우리 자신을 위해서 울 것에 대해 묵상하고 다른 이를 위해서 울어야 할 것이 무엇인지 서로 함께 나누며 사람 앞에서보다 하나님 앞에서 많이 울게 하시고 눈물로 기도하는 삶을 살게 하소서.

도움에
대하여

"인간을 사회적 동물"(Social Animal)로 부른 첫 번째 사람은 위대한 지성의 한 명으로 꼽히는 '아리스토텔레스'(Aristotle)로 알려져 있다. 모든 사물에는 서로를 이어주는 '고리'가 있는데 사람들 사이에도 당연히 있다. 다시 말해서 인간은 절대 혼자 살 수 없는 사회적 동물 같은 존재라는 것이다.

'코로나 위기' 시절을 지나오면서 사회적 고리가 많이 끊겼고 1인 가구가 급속도로 늘어나면서 '고독사'(孤獨死) 같은 사회적인 문제도 갈수록 급증하는 추세다. 이럴 때일수록 서로 서로에 대한 깊은 관심과 돌봄이 더 요구되며 그리스도인들은 이웃을 돌아보며 마땅히 본을 보여야 할 의미 있고 거룩한 의무가 있다. "즐거워하는 자들로 함께 즐거워하고 우는 자들로 함께 울라"(롬 12:15). "사람을 바라보면 눈물이 난다. 사람으로 살아보니 그랬다"(신광철 시인).

진정한 부자는 많이 가진 사람이 아니라 베풀고 나눠주며 섬기는 사람이다. 돌아보면 우리도 가진 게 많으며 줄 것이 참 많은 사람이다. 기회 있을 때 많이 베풀고 나누며 살기 원한다. 인간은 도움을 주고받으며 살게 되어 있다. 줄 줄 아는 사람이 받을 줄도 아는 법이다.

어떤 이는 "자기는 주지도 않고 받지도 않겠다"라고 말하는데 그건 인생을 잘못 사는 것이다. 폐를 끼치는 게 싫어서 그런다는 심정이 어느 정도 이해가 안 가는 건 아니지만 사람은 누구나 부족하기 때문에 도우면서 살도록 조물주가 설계해 놓으셨다. "여호와 하나님이 가라사대 사람의 독처하는 것이 좋지 못하니 내가 그를 위하여 돕는 배필을 지으리라 하시니라"(창 2:18). 그러므로 도움 주고 도움을 받는 것을 이상히 여기지도 말 것이요. 도와줄 줄도 알아야 한다. 그게 사람 사는 맛이 아닌가. "너희가 짐을 서로 지라 그리하여 그리스도의 법을 성취하라"(갈 6:1).

사람　　　_ 신혜경

한문 수업 시간 정년퇴임 앞둔 선생님께
제일 먼저 배운 한자는
옥편의 첫 글자 한 일(一)도 아니고
천자문의 하늘 천(天)도,
그 나이에 제일 큰 관심사였던
사랑 애(愛)는 더더욱 아니고
지게와 지게 작대기에 비유한

사람 인(人)이었다

마흔을 훌쩍 넘은 지금도
사람 인(人)자를 바라보고 있으면
등 기대고 있는 한 사람이 아슬하다
너와 나 사이가 아찔하다

　당신은 도움을 주고받으며 살고 있는가? 아니면 혼자 외로움의
성에 갇혀 있는가? 마음을 열고 당신의 도움이 필요한 이웃을 찾아
보고 손을 내밀어 안아주자.

🌀 묵상과 적용

자기 성에 갇혀 사는 이들이 급속히 늘어가는 시대에 이기적인 사람이 아니
라 이타적인 마음과 태도로 서로를 돌아보고 진정한 사랑으로 섬기며 함께
가는 것에 대해서 나눠보자.

🤲 기도

사랑하는 주님, 우리가 도움을 받으며 사는 것처럼 누군가를 진심으로 도우
며 살도록 도와주시고 지금 도울 것을 찾아서 실행하게 해주세요. 혼자 살
수 없는 사회에서 외로움의 성에 갇혀 살지 않고 함께 어울리게 해주시고 그
리스도를 본받아 베풀고 섬기며 살게 하소서.

돌아갈 곳

나는 집을 떠나서 해외 혹은 국내의 여러 곳을 여행할 때가 많다. 여행에서 얻는 즐거움과 기쁨이 매우 커서 기회가 되면 즐기는 편이다. 그동안 세계 순회 선교를 하면서 참으로 세계 여러 곳을 많이 방문해 왔다.

나의 삶에서 가장 많은 시간을 할애하고 있는 게 여행인 것 같다. 그러나 아무리 좋고 보람 있다고 해도 언젠간 집으로 돌아갈 때가 있기 마련이다. 여행에서 오는 여독에 몸이 고단하고 뻐근히 지쳐갈 때쯤 집으로 돌아와 편히 안식하면 정말 너무 좋다.

돌아갈 집이 있다는 게 참 감사한 일이 아닌가? 언젠가 이 세상의 삶을 마치고 떠나는 날, 어디로 갈 곳이 있는가? 갈 곳이 준비되지 않은 그런 사람이 더러는 있을 것이다. 갈 곳이 없어서 방황하는 당신은 그 집이 보장되어 있는가? "내 아버지 집에 거할 곳이 많도다 그렇지 않으면 너희에게 일렀으리라 내가 너희를 위하여 처소를 예비하러 가노니"(요 14:2).

우리 인생이 한 편의 장거리 여행이라면 그 여행의 끝은 어디일까? 삶의 마지막을 보낼 곳이 마련되어 있는 여행자는 느긋하게 즐길 수가 있다. 당신 여행의 종착지는 어디라고 생각하는가? 성경의 가르침을 보면 세상 모든 사람은 누구나 둘 중 한 곳에서 마지막을 보내게 된다.

"천국" 아니면 "지옥".

현대인들은 지옥이란 말을 듣기 싫어한다고 한다. 실로 그럴 것이다. 어느 누가 지옥을 좋아할까? 당연히 싫어해야 마땅하지 않을까? 근처에도 가지 말아야 할 두려운 곳이 지옥이니까. 성경은 인생의 마지막에 당할 심판에 대해 이렇게 말씀한다. "한 번 죽는 것은 사람에게 정해진 것이요 그 후에는 심판이 있으리니"(히 9:27). 천국에서의 삶이 준비된 사람에게는 인생이 즐거운 소풍과도 같은 것이다. 돌아가서 편히 쉴 곳이 있으니까. "가서 너희를 위하여 처소를 예비하면 내가 다시 와서 너희를 내게로 영접하여 나 있는 곳에 너희도 있게 하리라"(요 14:3).

사람들은 천국과 지옥, 둘 중에 어디로 갈지 알고 있을까? 그걸 안다면 지금처럼 살지 않을 텐데. 인생의 마지막을 천국에서 보낼 준비에 대해서 진지하게 나누고 싶다. 사람에겐 회귀본능이 있다. 그래서 나이가 들면 자동적으로 고향을 그리워한다. 외국에 살다가도 때가 되면 고국으로 돌아와 묻히고 싶어 하는 그게 본능이다. 사람은 두 개의 고향이 있다. 하나는 육신이 태어난 고향이고 다른 하나는 영혼의 고향이다. 영혼의 고향을 성경은 본향(本鄕)이라고 한다. 그 본향을 바라보며 소망 가운데 살기를 기원한다.

"저희가 나온바 본향을 생각하였더면 돌아갈 기회가 있었으려니와 저희가 이제는 더 나은 본향을 사모하니 곧 하늘에 있는 것이라 그러므로 하나님이 저희 하나님이라 일컬음 받으심을 부끄러워 아니하시고 저희를 위하여 한 성을 예비하셨느니라"(히 11:15~16).

 묵상과 적용

언제든지 돌아갈 곳 집을 예비해놓고 영원한 삶의 확신과 소망을 갖고 담대하게 이 세상을 살도록 자기의 삶을 점검하고 묵상하면서 구체적으로 본향 집에 갈 준비를 하고 살자.

 기도

사랑하는 주님, 눈에 보이는 세상이 전부가 아니라 이 세상은 나그넷길. 언젠가 떠나야 할 여행지에 불과함을 알게 하시고 삶의 마지막에 들어갈 종착지가 하나님의 나라인 천국이 되게 하시고 그 나라에서 우리 모두 함께 영원히 안식하며 살도록 도와주세요.

때(occasion)

세상의 모든 것(일)에는 "때"가 있다. 전도자 솔로몬은 이렇게 고백했다. "천하에 범사가 기한이 있고 모든 목적이 이룰 때가 있나니"(전 3:1). 그래서 때를 아는 것이 중요할 뿐만 아니라 또한 그때를 놓치지 말아야 한다. 어떤 이는 때가 와도 알지도 못할 뿐 아니라 때를 준비하지도 못하고 있음을 본다. 때를 잃어버리면 '버스 지나간 다음에 손을 흔드는 것'과 다를 바가 없다. 중요한 것은 때에 맞는 행동을 실천으로 옮기고 삶으로 증명해 보이는 것이다.

"종은 울리기 전에는 종이 아니며 노래는 부르기 전에는 노래가 아니고 사랑은 표현하기 전에는 사랑이 아니라"라고 했다. 인간 만사에는 다 적절한 때가 있는 법이다. "자녀들아 우리가 말과 혀로만 사랑하지 말고 오직 행함과 진실함으로 하자"(요1서 3:18). 다시 한번 '정현종' 시인의 〈모든 순간이 꽃봉오리인 것을〉이란 시를 소개한다.

순회 선교사의 쓸모

나는 가끔 후회한다
그때 그 일이 노다지였을지도 모르는데

그때 그 사람이
그때 그 물건이 노다지였을지도 모르는데

더 열심히 파고 들고
더 열심히 말을 걸고
더 열심히 귀 기울이고 더 열심히 사랑할 걸

반벙어리처럼
귀머거리처럼 보내지는 않았는가 우두커니처럼
더 열심히 그 순간을 사랑할 것을

모든 순간이 다 꽃봉오리인 것을,
내 열심에 따라 피어날 꽃봉오리인 것을!

'오늘'이 주님께서 주신 '선물'이며 최선의 날인 것을 알기 바란다. 오늘이야말로 하나님께서 우리에게 허락하신 가장 아름다운 날임을 깨닫고 서로 권하고 축복하기를 기원한다. "오직 오늘이라 일컫는 동안에 매일 피차 권면하여 너희 중에 죄의 유혹으로 강팍케 됨을 면하라"(히 3:13).

묵상과 적용

오늘 하루를 소홀히 여기며 살아오지는 않았는지 돌아보고 이제부터는 짜투리 시간도 소중히 여기며 분초까지 아끼며 사는 것에 대해서 구체적으로 나눠보자.

기도

사랑하는 주님, 오늘을 선물해 주셔서 너무 감사합니다. 오늘 하루를 기쁘고 아름답게 살게 하시고 영광 돌리는 날 되게 해주세요. 우리 생애에 다시는 오지 않을 오늘, 영원한 생명의 능력으로 소망 중에 부활하신 예수 그리스도의 복음을 증거하면서 살게 하옵소서.

순회 선교사의 쓸모

사실과
태도

저명한 정신과 의사인 '칼 메닝거'(Karl Menninger)박사에게 어떤 사람이 묻기를 "우울증이나 무력증에 빠진 사람에게 줄 도움말은 무엇인가요?"라고 말했는데 칼 메닝거 박사는 "밖으로 나가 보세요. 거기서 당신의 도움이 필요한 어려운 사람을 찾아보세요. 그리고 힘껏 도우세요"라고 주문했다고 한다.

그는 "사실보다 중요한 것은 사실을 대하는 태도다"라는 의미 있는 말을 했으며, 그는 또 "사랑은 사람을 치료한다. 사랑을 받은 사람, 사랑을 주는 사람 할 것 없이"(Love cures people- both the ones who give it and the ones who receive it)라며 사랑이야말로 좋은 치료제임을 강조했다.

세상을 살다 보면 예기치 못한 어려움을 만나기도 하고 뜻밖의 시련을 겪을 때도 많이 있다. 그럴 때 대다수 사람은 겉으로 드러난 사실에 매여 끙끙거리거나 거기에 빠져서 허우적댄다. 그럴 때일수록 중요한 것은 사실보다 그 사실을 직면하고 그리스도인으로서 바른 태도를 갖는 게 중요하다.

그런 자세를 가질 때 성령께서 지혜롭게 판단하고 행하도록 도와주시고 바른길로 인도하시며 합력해서 선을 이루도록 역사하시고 이끌어주실 것이다. "이와 같이 성령도 우리 연약함을 도우시나니 우리가 마땅히 빌 바를 알지 못하나 오직 성령이 말할 수 없는 탄식으로 우리를 위하여 친히 간구하시느니라 마음을 감찰하시는 이가 성령의 생각을 아시나니 이는 성령이 하나님의 뜻대로 성도를 위하여 간구하심이니라"(롬 8:26~27).

같은 차라도 핸들을 어느 쪽으로 트느냐에 따라서 차의 방향이 정반대로 바뀐다. 인생도 이와 같다. 당신은 사실에만 매달려 걱정과 염려의 늪에 빠져 허우적거리고 있나? 아니면 올바른 태도로 사실을 바라보고 헤쳐가는가? 세상은 좋기만 하지도 않고 나쁜 것만 있지도 않다. 우리의 태도 여하에 따라서 좋아질 수도 있고 반대로 나빠질 수도 있다. 우리는 환경에 의해 좌우되는 사람이 아니라 우리를 통해 환경이 바뀌도록 해야 한다. 그리스도인은 세상이 끄는 대로 따라가는 사람이 아니라 연어가 물결을 거슬러 올라가듯이 세상을 거스르는 사람들이니까 말이다.

"너희는 이 세대를 본받지 말고 오직 마음을 새롭게 함으로 변화를 받아 하나님의 선하시고 기뻐하시고 온전하신 뜻이 무엇인지 분별하도록 하라"(롬 12:2).

사실과 현실을 잘 분별하고 이 둘 사이에서 말씀과 믿음으로 중심을 굳게 잡고서 어떤 환경에서든지 하나님 중심으로 생각하고 영적인 가치관으로 무장해야 한다. 그렇게 할 때 어떤 환경이나 문제가 생길지라도 능히 감당하고 극복해 낼 것이다.

 묵상과 적용

우리를 좌우하는 생각이나 중심과 태도를 돌아보고 우리 안에 있는 자세와 문제점이 무엇이지 솔직하게 나누면서 구체적으로 변화되어야 할 것에 대해서 나눠보자.

 기도

사랑하는 주님, 이 세상이나 세상에 있는 것들을 사랑하지 않고 영원한 하나님의 나라를 바라보며 담대하게 살아가도록 해주시고 문제보다 크신 하나님을 의지하게 하소서.

나쁜 놈에
대하여

"정치란 선악을 판단하는 종교행사가 아닐세. 덜 나쁜 놈을 골라 뽑는 과정이라네. 그래야 '더 나쁜 놈들'이 점차 도태되지. 종국엔 '덜 나쁜 놈'이 좋은 사람으로 바뀌어 갈 것이 아닌가. 정치하는 사람들을 싸잡아서 '민나 도로보데스(모두 다 도둑놈들이다)'라고 말해 버리면 기분이야 시원하겠지만, 결과적으로 더 나쁜 놈, 더 도둑놈들을 두둔하는 꼴이 된다는 말일세"(함석헌 / 김성훈 칼럼에서).

"투표하지 않는 사람은 불평할 권리도 없다"(One who does not vote has no right to complain)는 '루이스 라무르'의 말 대로, 일단 투표부터 하고 나서 무슨 말이든지 해야 한다. "정치꾼은 다가오는 선거를 생각하고, (위대한) 정치인은 다가오는 세대를 생각한다."라던 '제임스 프리만 클라크'의 말을 음미해 보면 조금은 이번 선거의 윤곽이 드러나지 않을까?

투표에 대한 명언 중에 에이브러햄 링컨 대통령의 "투표는 총알보다 강하다"(The ballot is stronger than the bullet)는 말 보다, 선거와 투표에

순회 선교사의 쓸모

관한 중요성을 가르쳐 주는 교훈도 드물 것 같다. "사람이 제비는 뽑으나 일을 작정하기는 여호와께 있느니라"(잠 16:33).

그리스도인들은 어떤 자세로 선거에 임해야 할까? 부부지간이나 형제 사이에서도 해서는 안 되는 불문율 같은 것이 있을 정도로 예민한 게 다름 아닌 정치이며 선거다. 아무리 친한 사이라도 말해서는 안 될 예민한 부분이 정치 분야일 것이다. 성인들은 각자 주관이 뚜렷하기 때문에 누가 무슨 말을 한다고 해서 바뀌거나 하지는 않는다. 오히려 자기주장을 다른 사람들에게 강조하면 반감만 사고 관계만 틀어지기 쉽다.

그런데도 그리스도인 중에는 자신의 정치적 견해나 지지하는 대상을 공개적으로 강조 혹은 선전하거나, 자기가 싫어하는 후보를 힐난하는 사람들이 있는데 이것은 주의해야 한다. 심지어 목회자들이나 선교사 중에도 대놓고 각종 SNS 등에 자신의 견해를 일방적으로 올리는 것을 볼 수가 있는데, 이런 태도야말로 특별히 조심해야 할 일이다.

단, 개인 간에 의견은 말할 수 있겠지만 그것도 어디까지나 사석에서 하라는 것과 상대방이 허락한 경우에 한해서다. 자기 생각을 타인에게 강조하는 태도는 우선 영적 지도자로서 품위를 손상하고, 보는 이들의 눈살을 찌푸리게 하는 사려 깊지 못한 행동으로 비칠 수 있기 때문이다.

이렇게 말해도 어쩌면 그들은 구차한 변명이나 궤변을 늘어놓을지 모른다. 자기는 불의한 것을 참지 못하는 성격이라거나, 침묵

하는 것은 죄악이라고 강변할지 모르지만 그럴수록 더욱

겸손해야 함을 알아야 한다. "오직 너 하나님의 사람아 이것들을 피하고 의와 경건과 믿음과 사랑과 인내와 온유를 좇으며 믿음의 선한 싸움을 싸우라 이를 위하여 네가 부르심을 입었고 많은 증인 앞에서 선한 증거를 증거하였도다"(딤전 6:11~12).

 묵상과 적용

자기중심적인 견해를 다른 이들에게 강권하고 억지 주장을 폈던 적은 없는지 돌아보고, 언제나 상대의 의견을 존중하고 배려하는 태도에 대해서 서로 나눠보자.

 기도

사랑하는 주님, 대통령 선거가 끝이 나고 내일이면 새로운 당선자를 알게 될 텐데, 누가 되더라도 깨끗이 승복하게 하시고, 당선자나 낙선자가 한마음 한 뜻이 되어 나라와 국민을 위해 겸손하고 진실하게 섬김으로 새 시대를 열도록 도와주세요. 그리스도인으로서 본이 되게 하소서.

시간 여행

인간은 하나님이 허락하신 시간표에 따라 살아가는 시간 여행자들
이다. 우리에게 주어진 시간 동안 최선을 다해서 살아갈 때 기쁨과
행복으로 충만하게 빛나는 삶을 살게 될 것이다. 우리에게 앞으로
남은 시간이 얼마인지 아는 사람은 아무도 없겠지만, 그 시간이 얼
마 남았든지 보람 있고 행복하게 살아가길 기원한다. "주의하라 깨
어 있으라 그때가 언제인지 알지 못함이니라"(막 13:33).

  그러려면 주어진 시간을 가장 의미 있고 아름답게 사용해야만
한다. 우리의 생애는 사랑만 하기에도 충분하지 않은 지극히 짧은
시간이기 때문이다. 따라서 상처와 아픔을 남기지 말고 서로를 격
려하고 위로하며 축복해주어야 한다. 정용철의 "마음이 쉬는 의자"
라는 시를 같이 읽어보자.

  어느 날, 내가 누군가로부터 사랑받고 있는 것을 알았다면 그 시
  간은 이 세상에서

가장 빛나는 시간이었습니다.

어느 날, 내가 누군가를 사랑하고 있다는 것을 알았다면 그 시간은 이 세상에서
가장 빛나는 시간이었습니다.

어느 날, 내가 누군가의 아픔을 가슴으로 느끼면서 기도하고 있었다면 그 시간은
세상에서 가장 따뜻한 시간이었습니다.

어느 날, 내가 누군가의 모두를 이해하고 그 모습 그대로 받아들였다면 그 시간은
세상에서 가장 아름다운 시간이었습니다.

어느 날, 내 마음이 누군가를 향한 그리움으로 가득했다면 그 시간은 이 세상에서
가장 애절한 시간이었습니다.

어느 날, 내 마음이 샘물처럼 맑고 호수같이 잔잔했다면 그 시간은 이 세상에서
가장 평화로운 시간이었습니다.

순회 선교사의 쓸모

어느 날, 나는 한없이 낮아지고 남들이 높아 보였다면 그 시간은
이 세상에서
가장 지혜로운 시간이었습니다.

어느 날, 내 손이 나를 넘어뜨린 사람과 용서의 악수를 하고 있었
다면 그 시간은
이 세상에서 가장 강한 시간이었습니다.

어느 날, 내 마음이 절망 가운데 있다가 희망으로 설레기 시작했
다면 그 시간은
이 세상에서 가장 멋진 시간이었습니다.

어느 날, 내 눈이 자연의 아름다움을 발견하고 있었다면 그 시간
은 이 세상에서
가장 놀라운 시간이었습니다.

시간의 주관자이신 하나님께서 허락하신 한 편의 드라마에 당
신과 나 우리 모두 주인공으로 살도록 주어졌다. 배역은 하나님이
주셨지만 살아내야 하는 것은 우리 몫이다. 각자의 역에 맞게 최선
을 다해 살아갈 때 주님께서 주시는 참된 기쁨을 맛보며 행복할 것
이다.

"하나님이 모든 것을 지으시되 때를 따라 아름답게 하셨고 또 사람에게 영원을 사모하는 마음을 주셨느니라 그러나 하나님의 하시는 일의 시종을 사람으로 측량할 수 없게 하셨도다"(전 3:11).

 묵상과 적용

유한한 인생길에서 앞으로 얼마 남았는지 돌아보고 자신의 삶을 점검하고 남은 생애 동안 어떻게 사는 것이 가장 보람 있고 값질 것인지에 대해 함께 나눠보기 바란다.

기도

사랑하는 주님, 육체의 남은 때를 우리만 위해서 살지 말고 다른 사람을 위해 도우며 베풀고 나누며 섬기는 삶을 살기 원합니다. 우리 주님께서 자신의 생명까지 희생하시며 우리 죄를 담당하시고 구원해 주신 것처럼 우리도 그리스도의 사랑을 실천하게 하소서.

순회 선교사의 쓸모

아름다운 비(雨)

세상에는 다양한 비가 내리는데 그중에서도 아름다운 비는 아마도 '꽃비'가 아닐까? 바야흐로 벚꽃의 계절이 왔는가 싶더니 화려하고 찬란하게 산야를 수놓았던 벚꽃들이 어느새 시들어 떨어지기 시작한다. 벚꽃은 피어 있는 모습도 아름답지만 지는 모습은 한 편의 시가 하늘에서 내려오는 듯이 아름답다.

떨어진 모양도 다른 꽃들과는 달리, 고운 자태를 드러내며 땅에 떨어진 꽃잎들이 연출하는 장관을 보면 저절로 탄성이 나오게 만든다. 벚나무 밑에 서 있노라면 가만히 소리 없이 하늘하늘 춤을 추며 비가 내리듯 떨어지는 벚꽃을 보게 된다. 시인 정연복은 "꽃비"라는 시에서 벚꽃이 지는 모습에 대한 아름다움을 너무도 애틋하게 그리고 있다.

> 하늘은 맑고 햇살 따스한데/ 꿈결인 듯 내 눈앞에서 내리는 비에
> 바삐 가던 발걸음 멈추었네/ 소리는 없고 모양과 빛깔만으로/ 허

공에 잠시 맴돌다 대지에 내려앉는 꽃비여/ 아름답고도 슬픈 꽃비여/ 작년처럼 올해도 딱 며칠만 세상에 머물다가/ 마치 아무 일도 없었던 양 조용히 떠나가는/ 몸은 작지만 영혼은 깊은 꽃 벚꽃이여.

사람이든 꽃이든 활짝 피어 있을 때나 젊고 싱싱할 때는 다 아름답고 보기 좋지만 나이가 많아 늙거나 시들 때는 좋아 보이진 않는 게 사실이다. 그런데 벚꽃만큼은 예외인 것 같다. 활짝 피어 있을 때는 말할 것도 없고 질 때도 고운 모습이기 때문이다.

대개는 처음엔 아름다워도 마지막은 보기에 초라하거나 흉할 때가 있는데 벚꽃은 다른 모습을 보여주기 때문이다. 하여 벚꽃처럼 살다 가고 싶은 소원을 품어본다. 처음과 나중이 같으며 처음처럼 마지막도 아름다운 사람이 되고 싶은 바람이다. "나는 알파와 오메가요 처음과 나중이요 시작과 끝이라"(계시록 22:13).

우리에겐 생명을 살리는 영적인 단비가 풍성하게 내려서 새 생명의 역사가 일어나도록 성령님께서 도와주시길 빈다. 우리나라와 지구촌에 사랑과 용서의 은혜의 단비를 뿌려서 더 이상 증오와 분열과 갈등의 아픔이 없도록 치유하게 하시고 전 세계가 그리스도의 십자가의 사랑으로 하나 되길 기원한다.

묵상과 적용

욕심을 내려놓고 자연의 섭리를 따라서 사는 법을 배우고 때가 되면 자취도 없이 사라지는 꽃이 주는 교훈에 대해서 함께 나눠보자.

기도

사랑하는 주님, 하늘에서 내리는 비는 아니지만 나무에서 떨어지는 벚꽃들을 보면서 우리도 저렇게 아름답게 인생의 마지막을 수놓고 싶은 바람을 가져 봅니다. 처음보다 나중이 향기로운 삶을 살기 원하오니 주여! 도와주시옵소서.

아프고
힘들 때

"아프니까 청춘이다"라는 김난도 교수의 책이 있는데, 그는 이렇게
외친다.

> "불안하니까 청춘이다
> 막막하니까 청춘이다
> 흔들리니까 청춘이다
> 외로우니까 청춘이다
> 두근거리니까 청춘이다
> 아프니까 청춘이다
> 그러니까 청춘이다"

그는 불안하고 막막하고 외롭고 흔들리며 두근거리고 아픈 것
을 그냥 받아들이라고 말한다. 그러니까 청춘이라고 한다. "청춘"이
란 말 대신 "인간" 혹은 "인생"을 넣어서 읽어보면 어떨까? 불안하

니까 인간이고, 흔들리니까 인생이고, 외롭고 아프니까 인간이다. 그 누구도 여기에서 예외는 없을 것이다. 문화관광부 장관을 지냈던 도종환 시인은 "흔들리며 피는 꽃"에서 이렇게 노래한다.

흔들리지 않고 피는 꽃이 어디 있으랴

이 세상 그 어떤 아름다운 꽃들도
다 흔들리면서 피었나니
흔들리면서 줄기를 곧게 세웠나니
흔들리지 않고 피는 꽃이 어디 있으랴

젖지 않고 피는 꽃이 어디 있으랴

이 세상 그 어떤 빛나는 꽃들도
다 젖으며 피었나니
바람과 비에 젖으며 꽃잎 따뜻하게 피었으니
젖지 않고 가는 삶이 어디 있으랴

"아무것도 염려하지 말고 오직 모든 일에 기도와 간구로 너희 구할 것을 감사함으로 하나님께 아뢰라 그리하면 모든 지각에 뛰어나신 하나님의 평강이 그리스도 예수 안에서 너희 마음과 생각을 지키시리라"(빌 4:6~7).

함께 가지만 결국 혼자서 가는 길이 우리네 인생길이다. 그래서 더 외로운 건지 모른다. 물론 그리스도인에겐 예수님이 함께 계시니 외로워도 기뻐하고 슬픔 중에도 감사할 수 있지만 인간이기에 외로울 때가 있다. 마치 저만치 혼자서 외따로 피어 있는 한 떨기 꽃과 같이. 오늘따라 나태주 시인의 "혼자서"라는 시가 눈에 밟힌다.

무리 지어 피어 있는 꽃보다
두 셋이서 피어 있는 꽃이
도란도란 더 의초로울 때 있다

두 셋이서 피어 있는 꽃보다
오직 혼자서 피어 있는 꽃이
더 당당하고 아름다울 때 있다

너 오늘 혼자 외롭게
꽃으로 서 있음을 너무
힘들어하지 말아라

김난도 교수는 2012년에 출판된 "천 번을 흔들려야 어른이 된다"라는 책에서 인생을 살면서 흔들리는 게 당연하다고 강변하고 있다. 그의 말대로 천 번을 흔들려야 어른이 되는 것이라면 아직도 어른이 아닌 사람이 의외로 많을 것이다. 때로 심하게 흔들리기도

하고, 때로는 많이 아플 때도 있지만 너무 슬퍼하지 않으면 좋겠다.

인생에는 아픔이란 옹이도 있고 삶에는 수많은 크고 작은 상처들도 있게 마련이지만 슬퍼하며 넘어져 있으면 안 되는 것이니까. 한번 밖에 살 수 없는 우리 인생이 얼마나 가치가 있는 건지를 알면 그럴 수 없을 것이다. "인생의 가장 큰 영광은 넘어지지 않는 게 아니라 넘어질 때마다 일어나는 데 있다"(넬슨 만델라 남아공 대통령).

"울 때가 있고 웃을 때가 있으며 슬퍼할 때가 있고 춤출 때가 있으며"(전 4:3).

🌀 묵상과 적용
인생길을 가면서 흔들리거나 넘어지는 것을 두려워하지 말고 주어진 길을 담대하고도 멋지게 가려면 어떻게 해야 하는 가를 서로 나눠보자.

🙏 기도
사랑하는 주님, 마음이 아프고 힘들 때가 있습니다. 외로워서 눈물 흘리는 사람들이 주변에 있습니다. 그들에게 다가가서 손을 내밀어 잡아주고 안아주게 해주세요. 울지말라는 말보다 함께 울어주고 묵묵히 눈물을 닦아주게 하시고 함께 일어나도록 끌어주고 밀어주도록 성령님 도와주세요.

애매모호

우리가 자주 쓰는 말 중에 애매모호란 단어가 있는데 딱 요즘 날씨와 맞아떨어지는 것 같다. 조석으로는 아직도 쌀쌀하고, 한낮에는 기온이 확 올라 일교차가 커서 옷 입기가 그야말로 애매하기 짝이 없다. 추운 것도 아니고 그렇다고 아주 따뜻한 것도 아니고 자주 변덕을 부린다. 그런데 날씨만 그런 게 아님을 인생을 살아가면서 자주 경험하게 된다. 인격도 그렇지만 신앙의 칼라가 정확하지 않고 애매모호한 태도를 가지고 있어서 이쪽도 아니고 저쪽도 아닌 경계가 불분명한 사람들이 있다. 인생을 살아갈 때 너무 뚜렷한 색깔을 자극적으로 보여주는 것도 주의해야 하지만 두리뭉실하게 넘어가는 모호함 또한 경계해야 하지 않을까? 흔히 "좋은 게 좋다"라는 식으로 얼버무리고 은근슬쩍 넘어가려는 사람도 있으니까.

너무 도드라지는 것을 염려하다가 본연의 색을 잃어버리거나 본질이 흐려지는 삶을 사는 것을 걱정해야 한다. 우리가 사는 세상은 모호한 신앙을 요구하거나 적당히 믿고 살라고 주문한다. 과연 그게 올바른 진실이고 행복일까? 물론 아니다.

애굽의 바로가 이스라엘 백성에게 그런 강요를 했고 더 나아가 사탄은 오늘날의 그리스도인 모두에게 그런 도전을 날마다 걸어오고 또 위협을 가하고 있다. 특히 진리를 대함에 있어서 모호함의 함정에 빠지게 만들 때가 있다. 진리는 분명하고 확실한데도 애매하게 대하고 모호하게 믿게 하는 것이다. 색으로 치면 흰색이나 검정이 아닌 회색이라고 할 수 있다. 따라서 어중간한 선상에 있는 사람을 회색분자라고 부르는 것이다.

이런 걸 물타기 한다고 하던가? 희석시키는 것이다. 그래서 밖이나 안이 서로 들여다보이지 않도록 뿌옇게 만든 우윳빛 유리창 같이 되게 만든다. 세상과 마귀가 파 놓은 애매함의 함정에 빠지지 않기 위해 정신 차리고 모호함의 덫에 걸리지 않도록 깨어 있어야 한다. "근신하라 깨어라 너희 대적 마귀가 우는 사자 같이 두루 다니며 삼킬 자를 찾나니"(벧전 5:8).

당신의 삶과 신앙의 색은 무엇인가?

묵상과 적용

인생을 살아가는 데 있어서 어떤 태도가 중요한지 묵상하고 신앙인으로서 바람직한 모습이 무엇인지 돌아보며 서로 진지하게 나눠보자.

기도

사랑하는 주님, 양극단으로 쏠리는 마음을 경계하고 중심을 잡되 말씀 안에서 주님의 가르침 대로 겸손하게 순종하며 나아가게 하시고 균형 잡힌 믿음으로 향기롭게 살게 해주세요.

어머니
생각

명절이 되니 평소보다 어머니 생각이 더 간절해진다. 명절 때마다 어머니가 부쳐주시던 전과 어머니가 차려주시던 따뜻한 밥상이 불현듯 그립다. 밥 먹으라고 부르시는 다정한 어머니의 목소리가 어디선가 들리는 듯하다. 어머니가 하나님의 나라로 떠나가신 지 2년 되었는데 아주 오래된 것처럼 느껴진다. 나는 어머니를 잊지 않으려고 어머니가 사용하시던 밥그릇에 밥을 먹고 마시던 찻잔에 물을 담아 마시며 어머니를 날마다 그리워한다. 시도 때도 없이 어머니가 생각나고 보고 싶고 그립다.

'최광림'시인이 쓴 '한가위'라는 시 한 편을 읽으며 어머니에 대한 추억을 잠시 회상해본다.

> 어머니,
> 오늘은 당신의 치마 폭에서
> 달이 뜨는 날입니다.

순회 선교사의 쓸모

아스라한 황톳길을 돌아

대바람에 실려온 길 잃은 별들도

툇마루에 부서지는 그런 날입니다

밀랍처럼 곱기만한 햇살과

저렇듯 해산달이 부푼 것도

당신이 살점 떼어 내건

등불인 까닭입니다

새벽이슬 따 담은

정한수 한 사발로도

차례상은 그저

경건한 풍요로움입니다

돌탑을 쌓듯 깊게 패인 이랑마다

일흔 해 서리꽃 피워내신

신앙 같은 어머니!

　　"오직 주께서 나를 모태에서 나오게 하시고 내 모친의 젖을 먹
을 때에 의지하게 하셨나이다"(시 22:9). 나를 끔찍이 아껴주시고 항
상 자랑스러워하시던 어머니도 이젠 이 세상에 계시지 않는다. 보
고 싶은데 찾아가 뵐 수 없다. 생각과 마음에만 모시고 있을 뿐이

다. "너는 너의 하나님 여호와의 명한 대로 네 부모를 공경하라 그리하면 너의 하나님 여호와가 네게 준 땅에서 네가 생명이 길고 복을 누리리라"(신 5:16). 어머니는 나의 영원한 고향이시고 요람이며 안식처와 같다. "남자들은 좋을 땐 아내를 생각하고, 힘들 때는 어머니를 떠올린다"라고 했다. 천국에 가야 뵐 수 있는 어머니 사랑합니다.

"신은 모든 곳에 있을 수 없어서 어머니를 만들었다
God courd not be everywhere, and therefore he made mother." _ 루디야드 키플링(Rudyard Kipling)

🍃 묵상과 적용
하나님의 사랑을 가장 많이 닮은 게 어머니의 사랑임을 묵상하고 어머니에 대한 사랑을 감사하며 아름다웠던 추억을 서로 나눠보자.

🤲 기도
사랑하는 주님, 우리에게 어머니를 허락하시고 사랑받게 하시며 사랑 가운데 자라게 하신 것을 감사드립니다. 우리도 그 사랑을 본받아 서로 사랑하며 살아가게 해주세요.

순회 선교사의 쓸모

얼굴

나는 길을 가면서 사람 얼굴을 보는 게 매우 흥미가 있다. 그래서 길을 갈 때마다 지나치는 사람의 얼굴을 보면서 그들의 얼굴에 담긴 느낌을 혼자서 생각하곤 한다. 저 사람은 뭐가 좋은 일이 있어서 저렇게 좋아하며 웃는 걸까? 저이는 어떤 괴로움과

아픔이 있기에 슬퍼하며 울고 있을까? 저 사람은 걱정과 고민이 많아서 땅이 꺼지듯이 한숨을 쉬며 가네?

어떤 분은 얼굴만 봐도 마음이 평안해지고 기분을 좋게 해주는데 참 좋은 사람 같다. 마음을 따뜻하게 해주고 행복을 전하는 사람의 얼굴도 있다. 사람의 얼굴 속에는 인생의 '희로애락'이 다 들어 있다. 그래서 그의 얼굴만 봐도 그가 지금 어떤 마음과 상황에 있는지 어느 정도 알 수가 있을 것이다.

얼굴은 그 사람의 '인생의 축소판' 또는 '인생 지도(map)'라고 할 수 있다. 아니면 '삶의 화폭' 같다고나 할까? '링컨' 대통령이 "나이 40이 되면 자기 얼굴에 책임을 져야 한다."라는 말을 해서 널리 회자되고 있는데 충분히 공감이 가는 말이다. '고라 자손'은 "우리

방패이신 하나님이여 주의 기름 부으신 자의 얼굴을 살펴보옵소서"(시 84:14)라고 얼굴에 대해 고백했다.

얼굴의 중요성은 아무리 강조해도 지나치지 않다. 사람의 얼굴을 보면 그가 어떤 삶을 살아왔는지 어느 정도는 짐작할 수 있어서다. 그래서 세상에 '관상쟁이'가 있는지도 모르며 얼굴 뜯어먹고 사는 사람들도 부지기수일 것이다. 시인 '이영광'의 〈얼굴〉이라는 시에 보면 얼굴에 대해 이렇게 말한다.

"너는 내 표정을 읽고 나는 네 얼굴을 본다. – 중략 – 네 얼굴엔 무수한 표정들이 돛처럼 피어나고, 네 얼굴엔 무수한 표정들이 닻처럼 잠겨 있다"

조그만 얼굴에는 참으로 다양한 표정들이 담겨 있다. 그 표정만 살피고 읽어내도 그의 마음과 생각을 알 수 있기 때문이다. "인간만이 얼굴이 붉어지는 동물"이라고 했던 '마크 트웨인'의 말이 떠오른다. 낯빛이 변하는 게 인간만의 특성이겠지. 얼굴을 보면 많은 이야기가 들어 있다.

그리스도인의 얼굴은 '움직이는 하나님의 광고판'과도 같다. 세상 사람들은 우리의 모습 속에서 하나님의 유무를 판단할 때가 있기 때문이다. 따라서 우리를 통해서 하나님의 살아계심을 보게 해야 한다. "이같이 너희 빛을 사람 앞에 비취게 하여 저희로 너희 착한 행실을 보고 하늘에 계신 너희 아버지께 영광을 돌리게 하라"(마

5:16). 사람들은 내 얼굴에서 무엇을 볼지 자못 궁금하다. 당신의 얼굴은 어떤가요?

 묵상과 적용

우리에게 얼굴은 여러 가지 기능과 의미가 있음을 돌아보고 자기의 얼굴에 대해서 묵상하고 서로 솔직하게 나눠보자.

 기도

사랑하는 주님, 다른 이들이 보기에 내 얼굴을 통해서 믿음, 소망, 사랑을 보게 해주시고 내 얼굴이 하나님의 영광을 드러내는 도구가 되기를 원합니다.

오늘이란
선물

하나님은 날마다 "오늘"(present)이라는 아름다운 선물(present)을 우리에게 주신다. 그 선물은 오로지 우리가 어떻게 사용하느냐에 따라 복이 되기도 하고 독이 되기도 할 것이다. 하나님이 주시는 선물은 값없는 은혜로 우리에게 주어진다. 은혜는 은혜로 갚아야 한다. 오늘 하루를 사는 동안 위로부터 주시는 은혜를 겸손히 받고 기쁘게 사용하며 누린다면 오늘을 선물하신 하나님께서 영광을 받으시고 은혜 위에 은혜를 더하여 주실 것이다. 그런 오늘이 되기를 기원하며 이해인의 '오늘을 위한 기도'를 마음으로 드리고 싶다.

제가 더러는 오해를 받고 가장 믿었던 사람들로부터
신뢰받지 못하는 쓸쓸함에 눈물 흘리게 되더라도
흔들림 없는 발걸음으로 길을 가는
인내로운 여행자가 되고 싶습니다.

순회 선교사의 쓸모

오늘 하루 제게 맡겨진 시간의 옷감들을 자투리까지도
아껴 쓰는 알뜰한 재단사가 되고 싶습니다.

하고 싶지만 하지 말아야 할 일과 하기 싫지만, 꼭 해야 할 일들을
잘 분별할 수 있는 슬기를 주시고
무슨 일을 하든지 그 일 밖에는 없는 것처럼 투신하는
아름다운 열정이 제 안에 항상 불꽃으로 타오르게 하소서

제가 다른 이에 대해 말을 할 때는
사랑의 거울 앞에 저를 다시 비추어 보게 하시고
자신의 모든 것을 남과 비교하느라 갈 길을 가지 못하는
어리석음으로 오늘을 묶어두지 않게 하소서

몹시 바쁜 때일수록 잠깐이라도 비켜서서 하늘을 보게 하시고
고독의 층계를 높이 올라 혜연이 더욱 자유롭고 풍요로운
흰옷의 구도자가 되게 하소서

제가 남으로부터 받은 은혜는 극히 조그만 것이라도 다 기억하되
제가 남에게 베푼 것에 대해서는 아무리 큰 것이라도
잊어버릴 수 있는 아름다운 건망증을 허락하소서

"그를 향하여 우리가 가진 바 담대함이 이것이니 그의 뜻대로

무엇을 구하면 들으심이라 우리가 무엇이든지 구하는 바를 들으시는 줄을 안즉 우리가 그에게 구한 그것을 얻은 줄을 또한 아느니라"(요1 5:14~15). 오늘 하루를 주 안에서 온전히 아름답게 살 수 있다면 더할 나위 없이 좋겠다. 오늘 여기서(here & now) 하나님의 나라와 그의 이름을 높이며 살아가야 한다.

🗨️ **묵상과 적용**

하나님의 나라를 증거하는 것이 거창한데 있지 않고 우리 안에 있음을 알고 나의 얼굴이 좋은 도구가 될 수 있음에 대해서 함께 나눠보자.

🙏 **기도**

사랑하는 주님, 우리의 삶과 보여지는 얼굴조차 하나님을 높이며 그 이름을 증거하는 도구와 기회가 되게 하시며 아름답게 살아가도록 성령님 도와주세요.

용서와
사랑

탈무드에 나오는 이야기다. 하루는 아버지가 아들에게 이웃집에 가서 낫을 빌려오라고 했는데 아들이 빈손으로 왔다. 며칠 뒤, 그 이웃이 호미를 빌리러 왔다. 그러자 아버지는 호미를 챙겨주었다. 이웃이 가고 난 후 아들이 아버지에게 물었다. "아버지! 저 사람은 우리에게 빌려주지 않았는데 왜 우리는 빌려주었나요? 아버지가 아들에게 말했다. "아들아! 그 이웃이 우리에게 도움을 주지 않았다고 우리도 그렇게 한다면 그것은 복수와 증오란다. 하지만 상대방 행동이 어떠했든지 상관없이 필요할 때 도울 수 있는 것은 용서이자 사랑이란다"

"마귀의 세계에는 감사가 없다"라는 말이 있다. 그런데 감사만 없는 게 아니라 사랑과 용서도 없다. 그 외에도 없는 게 한둘이 아닐 것이다. 마귀는 서로 미워하고 다투며 불화하게 만든다. 그래서 평화를 깨뜨리고 사랑에 금이 가게 만든다. 사탄이 역사하는 곳에는 사랑보다 미움이, 용서보다 증오가, 이해보다 오해를, 관용보다 편견과 독선을 넣어준다. 당신의 주변에는 어떤 것이 더 많은가?

예수 그리스도께서는 반목질시하고 비방과 증오와 다툼과 각종 죄악이 난무하는 세상에 빛으로 오셨다. 세상을 덮고 있는 어둠을 물리치시고 영생의 구원을 주시기 위해 '생명의 빛'으로 오신 분이다.

> "그 안에 생명이 있었으니 이 생명은 사람들의 빛이라"(요 1:4).

그러나 인간은 완악해서 빛을 받아들이지 않았다. 오히려 비방하고 저주하며 욕했다.

> "참 빛 곧 세상에 와서 각 사람에게 비추는 빛이 있었더니 그가 세상에 계셨으며 세상은 그로 말미암아 지은 바 되었으되 세상이 그를 알지 못하였고 자기 땅에 오 매 자기 백성이 영접하지 아니하였으니"(요 1:9~11).

이러한 현상은 갈수록 더하다. 사람들은 어둠을 더 사랑하고 이기적이고 자기중심적인 그릇된 판단을 내린다. 그래서 예수님은 빛으로 오신 것이다. 사람들이 더 이상 방황하지 않으며 영원에 이르는 길을 찾고 온전한 생명을 얻을 수 있기 때문이다.

우리는 아무 자격도 없지만 하나님의 은혜와 주님의 사랑으로 빛의 자녀가 되었으며 빛 가운데로 걸어가는 삶을 살게 되었으니 이보다 큰 은혜가 어디 있겠는가? 우리야말로 죽어 마땅한 죄인인데도 멀쩡하게 살아있는데 이런 은혜를 입고 누리며 살면서 조그만 허물 하나 용납하지 못하고 작은 실수를 그냥 넘기지 아니하며 툭하면 판단하고 정죄하며 저주하고 있으니 주님이 보시면 얼마나 기가 차실까?

우리가 할 일은 욕하고 판단하며 단죄하는 게 아니라 용서하고 사랑하는 것이다.

⌒ 묵상과 적용

예수 그리스도의 십자가를 묵상하고 참된 용서와 사랑에 대해서 돌아보며 우리가 용서하지 못하고 있는 것은 없는지 서로 나눠보자.

기도

사랑하는 주님, 주님께서 우리를 위하여 채찍에 맞으시고 십자가를 지셨는데 우리는 작은 허물도 용납하지 못하고 품지 못하며 누군가를 십자가에 못 박을 때가 있습니다. 주님의 십자가를 지고 날마다 주님을 따라가는 신실한 제자가 되게 해주세요.

울지마라

인생을 살다 보면 원하든 원치 않든 울 때가 있다. 사실 눈물 없이 인생을 살아갈 수는 없다. 사람마다 정도의 차이만 있을 뿐 누구에게나 아픔이 있고 그럴 때마다 사람들은 우는데 이는 지극히 자연스러운 것이리라.

주변에서도 울고 있는 사람을 볼 때가 많으며 한평생 목회하면서 많이 울기도 했다. 사람은 기뻐도 울고 슬퍼서도 운다. 다양한 감정을 가진 인간에게 우는 것이야말로 하나님이 주신 가장 자연스러운 감정의 표현일 것이다. 혹시 이 글을 읽고 있는 당신, 지금 울고 있는지 모르지만 그렇다면 정호승 시인의 "수선화에게"라는 시를 읽어 주며 함께 공감하고 싶다.

울지마라

외로우니까 사람이다

살아간다는 것은 외로움을 견디는 일이다
공연히 오지 않는 전화를 기다리지 마라

눈이 오면 눈길을 걸어가고
비가 오면 빗길을 걸어가라

갈대숲에서 가슴 검은 도요새도
너를 보고 있다

가끔은 하나님도 외로워서 눈물을 흘리신다

새들이 나뭇가지에 앉아 있는 것도 외로움 때문이고
네가 물가에 앉아 있는 것도 외로움 때문이다

산 그림자도 외로워서 하루에 한 번씩 마을로 내려온다
종소리도 외로워서 멀리 울려 퍼진다

"여호와여 나의 기도를 들으시며 나의 부르짖음에 귀를 기울이
소서 내가 눈물 흘릴 때에 잠잠하지 마옵소서 나는 주와 함께 있는
나그네이며 나의 모든 조상들처럼 떠도나이다"(시 39:12). 하나님은
눈물을 웃음으로 바꾸시고 슬픔을 기쁨으로 승화시켜 주신다. "주
께서 나의 슬픔을 변하여 춤이 되게 하시며 나의 베옷을 벗기고 기

쁨으로 띠 띠우셨나이다(시 30:11).

　이제는 우는 자가 아니라 누군가의 눈물을 닦아주는 자가 되게 하시고 함께 울어주는 사람이 되길 바란다. 만일 울어야 한다면 나 때문이 아니라 다른 누군가를 위해서 함께 공감하고 아파하며 그를 일어서도록 돕기 위해서 함께 울자. "즐거워하는 자들로 함께 즐거워하고 우는 자들로 함께 울라"(롬 12:15).

🧭 **묵상과 적용**

인생을 살면서 울지 않고 살 수 없음에 대해서 돌아보고 당신이 울고 있다면 그 눈물의 의미를 묵상하고 서로 나눠보자.

🙏 **기도**

사랑하는 주님, 울면서 태어나 울면서 살다가 죽는 게 인생이기도 하지만 그리스도인들은 영적으로 아름다운 눈물을 흘리게 하시고 가치 있는 울음을 울게 하소서.

유한한
인생

언제나 청춘일 줄만 알았는데 어느새 나도 머리엔 새하얀 서리가 내리고 그동안 맑게 봐왔던 창문은 희미해지고 머리도 점점 숱이 적어진다. 나도 모르게 허리도 살짝 굽어지는 것 같고 키도 약간 줄었으며 기억력도 예전과는 사뭇 다르다. 가는 세월을 누가 붙잡을 것이며 오는 세월을 그 누가 막을 건가? 영원한 청춘은 없다. 알면서도 그러길 바라는 것은 인생의 덧없는 욕심 때문일 것이다.

어깨 근육은 풀어지고 두 다리엔 근육이 풀려서 팔자걸음을 걸으며 오리 궁둥이처럼 뒤뚱거린다. 거울에 비친 내 모습을 보고 억지로 멋지게 봐주려는 내게서 나르시시즘에 빠진 처량한 한 인간을 본다. 누가 말했던가? "인생은 짧고 예술은 길다"라고. 살아보니 인생이 얼마나 짧은지 그 말이 정말 실감 난다. 왜 솔로몬이 인생을 허무하다고 했는지 조금은 알 것 같다. "헛되고 헛되며 헛되고 헛되니 모든 것이 헛되도다"(전 1:1).

세상에서 제일 빠른 새가 '어느새' 혹은 '눈 깜빡할새'라던데 내가 어느새 70대가 되었다. 정말 놀랍다. 아니 내가 벌써 70이라니 믿어지지 않을 정도다. 세월이 쏜살같이 지난다는 그 말이 딱 맞다. 살아보니 인생 별거 아니다.

이런 말이 있다. 60대는 한해 한해 다르고, 70대는 계절마다 다르며, 80대는 한달 한달이 다르다면, 90대는 매일 매일 다른 것을 느낀다고 한다. 아직 80대가 아니라서 모르나 60, 70대 때를 살아보니 실감이 간다. 이렇게 잠깐 살다가 주님께 가는 것이 인생이라면 곧 주님 앞에 설 텐데 죽음에 대비하고 주님 만날 준비하고 살아야겠다.

"우리의 평생이 순식간에 다하였고 우리의 연수가 칠십이요 강건하면 팔십이라도 그 연수의 자랑은 수고와 슬픔뿐이요 신속히 가니 우리가 날아가나이다"(시 90:9~10). 그래서 성경은 "세월을 아끼라 때가 악하니라"(엡 5:17)라고 권한다. 세월은 우리 곁에 항상 머물러 있지 않는다. 세월은 우리를 기다려주지도 않는다. 진실로 잠깐이다. 그러므로 누구를 미워하지 마라. 다투지도 말고 상처도 주지 마라. 나중에 다 후회할 뿐이다. 우리가 할 것은 서로 사랑하는 일이다. 사랑만 하기에도 시간이 모자란다.

이제부터라도 누구를 대하든지 사랑하고 섬기며 돕고 나누고 베풀며 살아가자. 이광희의 "아름다운 유혹"을 함께 읽으며 자신을 돌아보고 삶을 다듬어 보기 바란다.

살다 보니 뜻하지 않게 아프게 하였습니다.

살다 보니 생각지 못한 잘못도 하였습니다.

살다 보니 미움받는 일도 하게 되었습니다.

살다 보니 마음 같지 않은 일들도 생겼습니다.

살다 보니 당신이 그리울 때가 있습니다.

살다 보니 놓쳐버린 일도 너무 많습니다.

살다 보니 그렇게 여기까지 왔습니다.

살다 보니 모든 게 고맙고 사랑스럽습니다.

살다 보니 내 곁에 당신이 계셨습니다.

살다 보니 마침내 행복하였습니다.

"우리에게 우리 날 계수함을 가르치사 지혜로운 마음을 얻게 하소서"(시 90:12).

🍃 **묵상과 적용**

우리의 앞날이 얼마나 남았는지 돌아보면서 살아온 날과 살아갈 날을 묵상하고 남은 생애는 어떻게 살 건가에 대해서 나눠보자.

💗 **기도**

사랑하는 주님, 지극히 짧은 인생길에서 우리의 남은 날이 얼마나 되는지 돌아보고 보람 있는 삶을 살기 위해 어떻게 할 것인지를 깨닫고 실천하게 해주세요.

은혜의 뜰

새벽마다 글을 써서 나눈 지 4월이 만 13년이 되었으니 이제 14년째 글을 쓰고 있는데 결코 짧은 세월이 아니다. 사람들이 가끔 내게 물어온다. "어떻게 그렇게 할 수 있었냐고?" "힘들지 않으냐? 정말 대단하다"라고. 나는 그럴 때마다 똑같이 말한다. "기쁘고 즐겁게 하니까 힘든 줄 모르고 여기까지 왔는데 벌써 10년이 훌쩍 넘었네요"라고.

자기가 좋아서 하는 건 하나도 힘들지 않다. 아니 힘들다고 해도 본인 스스로 그렇게 느끼지 못하(않)는 것이라는 게 맞다. "잘하는 사람은 즐거워서 하는 사람을 당할 수가 없다"라는 말이 있다. 뭐든지 즐겁게 하고 좋아서 하면 힘들다고 생각하지 않고, 기쁘게 시간 가는 줄 모르고 할 수 있는 법이다. 그게 목회든 선교든 아니면 이 세상의 그 어떤 일이든지 같은 원리가 아닐까?

지금 당신이 하는 일이 힘들게 여겨지는가? 기쁘지 않거나 즐겁게 하지 않는 것이다. 실제로 힘든 게 아니라 힘들다고 생각하는 마음과 태도가 더 문제다. "항상 기뻐하라 쉬지 말고 기도하라 범사에 감사하라 이는 그리스도 예수 안에서 너희를 향하신 하나님의 뜻이니라(살전 5:16~18).

내가 옛날 충주와 원주에서 목회하던 시절, 테니스를 아주 열심히 쳤다. 새벽예배 끝나고 목회자들이 함께 모여 쳤는데 이게 너무 좋았다. 그래서 시간 가는 줄 모르고 온 몸에 땀이 범벅이 되도록 운동했던 기억이 난다. 옷이 땀에 젖은 모습으로 들어오는 나에게 "당신이 기도를 그렇게 열심히 하면 한국 교회가 변화될 거 같네요"라며 아내가 매우 안타까워하던 일화가 지금도 가끔 생각난다.

자기가 좋아서 하면 시간도 빨리 가고 또 힘들지도 않은 법이다. 그리고 무슨 수를 써서라도 시간을 만든다. "시간 없다"라는 말은 거의 거짓말이라고 봐도 무방하다. 자기가 좋아하면 어떻게든지 시간을 내고 만들게 되어 있으니까. "성경 읽을 시간 없다. 예배 드릴 시간이 안 된다. 성경 공부하고 싶은데 시간 없다. 봉사하고 싶지만 시간이 안 된다. 만나고 싶은데 시간이 없다"라는 등의 말은 솔직히 말하면 다 둘러대는 것이라고 봐도 무방하다. "진실을 말할 이유는 적지만 거짓말을 할 이유는 무궁무진하다"(카를로스 루이즈 자폰, 바람의 그림자에서).

사람은 자기가 정말 좋아하는 것(일)을 위해서라면 어떤 방법으로든지 자리를 만든다. 누가 "아, 나는 시간이 안 되는데" 그러면 그가 진실하지 않다고 생각해도 크게 틀린 말은 아닐 것이다. "그러므로 너희는 변명할 것을 미리 연구치 않기로 결심하라"(눅 21:14).

무슨 일을 하든지 기쁜 마음으로 즐겁게 하고 있는지 돌아보고, 만일 그렇지 못하다면 왜 그런지 이유를 정직하게 분별해 보자. 앞으로는 범사에 감사하면서 즐겁고 기쁘게 할 것을 스스로 다짐하면서 결심한 바를 서로 나눠보자.

 묵상과 적용

당신은 어떤 일을 할 때 즐겁게 하는지 혹은 의무적으로 하는지 돌아보고, 만일 그렇다면 그 이유에 대해서 묵상하고 앞으로는 즐겁게 하는 태도에 대해서 나눠보자.

기도

사랑하는 주님, 너희는 이 세대를 본받지 말고 마음을 새롭게 함으로 변화를 받아 하나님의 뜻을 분별하라는 말씀과 같이 실천하게 하소서. 먹든지 마시든지 무엇을 하든지 하나님의 영광을 위해서 감사함과 즐거움으로 하게 하소서.

순회 선교사의 쓸모

인생길을
돌아보니

"독서는 앉아서 하는 여행이고 여행은 서서 하는 독서다"라는 명언은 타이완의 3대 포털 사이트 가운데 하나인 PChome Online의 '진홍즈' 대표이사가 쓴 '여행과 독서'에 나오는 말로 이미 세계적으로 널리 회자되고 있는 말이다.

하나님의 은혜로 지난 70년 동안 여행을 즐겁게 하며 살아왔는데 잠시 숨을 고르며 걸어온 나에게 주어진 여행길을 뒤돌아보며 글로 남기게 되었다. 돌아보면 그분의 은혜가 아닌 것이 하나도 없고 모든 게 하늘로부터 부어진 힘으로 살았고 걸어올 수 있었음을 고백한다. 그래서 나의 인생의 모든 것은 두 개의 단어로 요약하고 고백하게 되는데 '은혜'와 '감사'다.

나의 인생길에서 내가 받고 누려온 모든 것 가운데 은혜를 빼놓고는 설명이 불가능하고 도저히 이해가 안 된다. 나는 잠에서 깨어나 눈을 뜨면서 자동반사적으로 감사를 드린다. 감사하지 않은 게 어디 있단 말인가? 감사할 줄 모르는 사람은 인간의 탈을 쓴 동물에 불과하다. 이렇게 말하는 게 너무 심하다고 생각하는 사람이 있다면 그야말로 아직 동물과에 속한 자이며 인간이기를 포기한 사람이 아닐까?

하늘로 머리를 두고 살면서 어떻게 은혜를 모르고 감사하지 않을 수 있단 말인가? 인간을 가리켜 그리스어로 '안드로포스'라고 하는데 "위를 바라보고 사는 존재"라는 말이다. 그리스인들은 인간의 본질에 대해 제대로 알고 있었던 것 같다. 비록 땅에서 살고 있지만 그 머리를 하늘을 향해 두고 위로부터 오는 힘을 힘입어 사는 존재가 바로 인간이다.

참으로 여기까지 오는 동안 감당할 수 없는 하나님의 은혜를 누리며 살아왔다. 사무엘 선지자처럼 나도 돌을 하나 취하여 나의 삶의 이정표를 하나 세우고 싶다. "사무엘이 돌을 취하여 미스바와 센 사이에 세워 이르되 여호와께서 여기까지 우리를 도우셨다 하고 그 이름을 에벤에셀이라 하니라"(삼상 7:12).

앞으로 몇 년을 더 여행하게 하실지 그것은 내 소관이 아니다. 이 세상의 여행을 마칠 때까지 나는 지금처럼 그분의 은혜를 힘입어 나에게 주어진 길을 기쁘게 갈 것이다. 여기에 동행하는 벗이 몇 명 있다면 더할 나위 없이 감사한 일이리라.

천진난만한 어린이 같은 삶을 깨끗하게 살다 간 천재 시인 '천상병'님의 "귀천"과 같이 나도 아름다운 이 세상의 소풍을 잘 살다 왔노라고 하나님께 인사드리고 싶다.

순회 선교사의 쓸모

귀천   _천상병

나 하늘로 돌아가리라.
새벽빛 와 닿으면 스러지는
이슬 더불어 손에 손을 잡고,

나 하늘로 돌아가리라
노을빛 함께 단둘이서
기슭에서 놀다가 구름 손짓하면은,

나 하늘로 돌아가리라
아름다운 이 세상 소풍 끝내는 날,
가서, 아름다웠더라고 말하리라.

앞으로 남은 날을 다 알 수 없지만 기쁘고 즐겁게 소풍처럼 살다 가기를 기도한다. 그리고 은혜를 날마다 감사하며 이런 삶을 허락하신 주님께 찬양과 영광 돌린다.

🌱 묵상과 적용

인생을 길게 살든 짧게 살다 가든 돌아보면 하나님의 은혜가 아닌 것이 하나도 없다. 이것을 아는 것이야말로 행복의 원천이 아닐 수 없음을 묵상하고 남은 날을 어떻게 살아갈 것인지에 대해서 서로 나눠보자.

🙏 기도

사랑하는 주님, 하나님이 창조하신 세상에 하나님의 형상을 닮은 인간으로 태어나서 하나님의 은혜를 힘입어 살게 하시고 하나님께 영광을 돌리게 하시니 감사합니다. 이제 남은 날들을 더욱 아끼고, 이 세상에서 하나님의 뜻을 이루며 살도록 도와주세요.

순회 선교사의 쓸모

인생
예찬

프랑스의 소설가인 '미셸 투르니에'는 "예찬(禮讚)할 줄 모르는 사람은 비참한 사람이며 그와는 친구가 되기가 어렵다. 나 그대를 예찬했더니 그대는 백 배나 많은 것을 돌려주었다. 고맙다. 나의 인생이여!"라고 그의 산문집 '예찬"(Celebrations)에서 말했다. 인생이란 어느 각도에서 보느냐에 따라서 아름다운 무지개가 될 수도 있고 반면에 흑백사진처럼 암울하게 변하기도 한다.

인생에 색을 입히는 것은 우리가 어떻게 사는가에 따라서 전혀 다른 빛깔로 다시 조명이 되는 것이다. 태초에 하나님 보시기에 좋으셨던 세상은 어쩌면 순백의 세상이었을지 모른다. 다만 우리가 어떻게 살았는지에 따라 형형색색 다른 빛깔이 덧칠해졌을 거라고 본다.

하나님은 아름다운 세상을 만드시며 기본적인 것만 만들어주시고 나머진 우리가 칠해가도록 하셨는데 사람에 따라서 각기 다른 것이다. "네 아름다움으로 말미암아 네 명성이 열방에 퍼졌으니 이는 내가 네게 준 영화로 말미암아 온전함이니라 주 여호와의 말이 니라"(겔 16:14).

　당신의 믿음과 삶은 어떤 색인가? 어두운가? 밝고 아름다운가? 시인 '헨리 워즈워스 롱펠로'는 그의 시 "인생 예찬"에서 우리의 삶을 이렇게 노래했다.

인생은 단지 헛된 꿈에 불과하다고 슬픈 노래를 내게 부르지 말라 잠든 영혼은 죽은 것이니
만물은 보이는 것이 전부가 아니다.

인생은 진실이고 인생은 진지하다 무덤이 인생의 종말일 수는 없다.
흙으로 돌아가라는 말은 영혼에 해당하는 말은 아니다.

향락도 슬픔도 우리가 가야 할 목적지는 아니다 내일이 오늘보다 낫도록 행동하라
그것이 길이다.

예술은 길고 인생은 짧다 우리의 심장이 튼튼하고 용맹하다 해도 둔탁한 북소리처럼 무덤으로 가는 장송곡을 연주한다.

이 세상 넓은 싸움터에서, 인생의 거친 야영장에서,
말없이 쫓기는 짐승이 되지 말고 싸워서 이기는 영웅이 되어라.
어떤 즐거운 미래도 믿지 말라 죽은 과거는 그대로 묻히게 하고
살아있는 지금 이 순간 행동하라 열정 속에서, 하늘 아래서

모든 위대한 이에게 배워라 우리가 숭고해질 수 있음을

그리고 떠날 때 시간의 모래 위에 발자국을 남길 수 있음을

그 발자국은 인생이라는 바다를 항해하다 쓸쓸히 난파당한

형제들에게 용기를 주게 될 것이니 우리 모두 일어나 일하지 않

으려나,

어떤 운명이라도 이겨 낼 용기를 가지고, 끊임없이 성취하고 계

속 추구하면서

일하며 기다림을 배우지 않으려나.

"소망의 하나님이 모든 기쁨과 평강을 믿음 안에서 너희에게 충만하게 하사 성령의 능력으로 소망이 넘치게 하시기를 원하노라"(롬 15:13). 당신에겐 찬란한 소망이 필요하다.

🌀 묵상과 적용

우리에게 주어진 인생이 얼마나 값지고 아름다운 것인지 돌아보고 인생을 살면서 그런 삶을 살도록 은혜를 베푸신 하나님의 사랑과 은혜를 묵상하고 함께 나눠보자.

🙌 기도

사랑하는 주님, 어제도 은혜롭게 보내게 하시고 새로운 날을 맞도록 하시니 너무 감사하고 기대가 됩니다. 오늘도 만나는 모든 이들에게 소망의 주님이 주시는 사랑과 은혜를 마음껏 나누게 하시고 하나님께 영광을 돌리며 행복하게 하소서.

런치
플레이션

'런치플레이션'(Lunchflation)이란 신종 용어가 회자되고 있는데, '점심'(Lunch)과 '물가상승'(Inflation)의 합성어로서 요즘 직장인들의 점심 식사비의 부담이 커지면서 생긴 신조어다.

세계 경기의 불안으로 인한 물가상승에다 러시아의 우크라이나 침공으로 인해 각종 곡물 가격과 식자재의 공급부족에서 오는 물가상승 작용으로 식당들의 음식 가격이 인상된 데 따른 부담을 담고 있는 용어이다. 사정이 이렇다 보니 경제적인 부담을 느끼는 직장인들은 가격부담이 적은 구내식당을 이용하거나 도시락을 집에서 싸 오는 형편이라고 한다. 요즘 최고 유행어로 자리 잡은 말인 "봉급 빼고 다 올랐다"라는 표현과 같이 금리, 환율, 기름값, 물가 등 오르지 않은 게 없을 정도로 고공 행진하는 물가로 인해 비상이 걸렸다.

1930년대 미국발 대공황이나 1970년대 세계적인 석유파동을 능가할지도 모른다고 전문가들은 미래에 대한 어두운 전망을 내놓고 있다. 기업은 물론, 일반 서민들은 치솟는 물가와 줄어드는 화폐 가치의 폭락으로 인한 2중고의 현상을 지혜롭게 대처하고 감당해야만 할 것이다.

> "사람이 감당할 시험 밖에는 너희가 당한 것이 없나니 오직 하나님은 미쁘사 너희가 감당하지 못할 시험 당함을 허락하지 아니하시고 시험당할 즈음에 또한 피할 길을 내사 너희로 능히 감당하게 하시느니라"(고전 10:13).

세상의 물가가 급등하는 인플레이션 시대를 살기 위해서는 그에 맞먹는 영적인 인플레이션이 일어나야 한다. 극심한 불안과 극도로 어려운 시련이 찾아올 때 어떻게 해야 할까? 넋 놓고 망연자실한 모습으로 실의에 잠겨서 신세타령이나 하려나? 아니면 고난과 맞서 헤쳐 나가려는가?

당연히 헤쳐 나간다고 할 것이다. 물론 그게 맞다. 망연자실한 모습으로 모든 걸 포기한 채 두 손 두 발 다 들은 전쟁 포로처럼 되면 안 되니까. 우리는 연약하고 사실상 힘이 없다. 그러나 우리에겐 성령의 능력과 주님의 사랑과 도우심이 있으므로 담대하게 믿음으로 힘써 싸우길 기원한다. "하늘은 스스로 돕는 자를 돕는다"라는 말과 같이. 하나님은 어떠한 난관이나 시련과 고난이 와도 오직 믿음으로 나갈 때 도와주시고 역사하신다.

"두려워하지 말라 내가 너와 함께 함이라 놀라지 말라 나는 네 하나님이 됨이라 내가 너를 굳세게 하리라 참으로 너를 도와주리라 참으로 나의 의로운 오른손으로 너를 붙들리라"(사 41:10).

 묵상과 적용

모든 게 널뛰기하듯 오르고 있는 이때, 우리의 믿음과 기도의 액셀러레이터를 깊이 밟고 시련의 때를 극복하고 나아가는 것에 대해서 묵상하면서 서로 격려하고 함께 나눠보자.

기도

사랑하는 주님, 갈수록 삶이 팍팍해지고 어려워지고 있습니다. 연약하고 힘없는 취약계층일수록 더욱 어렵고 힘들 텐데 이 난관을 모두가 힘을 합쳐서 지혜롭게 헤쳐 나가도록 대통령과 위정자와 국민이 하나가 되도록 도와주세요. 한국교회를 긍휼히 여겨주시고 어려운 가운데서 더욱 영혼 구원의 역사가 일어나도록 성령님 도와주시고 함께 하소서.

순회 선교사의 쓸모

잔머리
지수

세상에는 다양한 종류의 측정지수가 있는데, 예를 들면 지능지수 (IQ)와 감성지수(EQ), 태도지수(AQ), 및 창의력지수(CQ)와 관계지수 (NQ) 등 여러 가지가 있다. 이 중에서 억지로 만든 말이긴 하지만 '잔머리 지수'라는 말이 있다. 이는 말 그대로 진실하지 않고 머리를 굴려서 행동하는 것을 말한다. 다시 말하면 잔꾀를 부리는 사람을 가리켜 부정적으로 묘사한 말이다.

이런 부류의 사람은 우리 주변에서 얼마든지 만날 수가 있고 늘 존재하는 타입의 사람들을 지칭한다. 이런 사람은 순간은 잘 되는 것 같고 위기도 넘길지 모르나 수명이 길지 않다. 인간관계가 오래 가지 못하고 금방 깨지는 사람이다.

이들의 특징은 깊이가 없고 진득하지 못하며 잠깐은 열심히 하는 거 같고 뭔가 될 것 같은데 오래 가지 못해서 이내 싫증 내고 꾀를 피우며 남에게 슬쩍 떠밀거나 빠져나가는 유형이다. 이런 이들은 신뢰가 가지 않음은 물론, 어떤 중요한 일을 함께 도모할 수 없는 자들이다. 이런 사람은 어떤 조직이나 단체에서 선한 영향력을 끼칠 수 없으며 끝내는 사람들로부터 외면받게 되는 게 자명하다.

당신은 어떤가? 당신에게 가장 높은 지수는 무엇인가? 잔머리 지수가 높진 않은가?

"진실한 입술은 영원히 보존되거니와 거짓 혀는 눈 깜짝일 동안만 있을 뿐이니라"(잠 12:19).

그리스도인은 다른 무엇보다 '진실 지수'(TQ)가 높아야 한다. 물론 그리스도인은 '영성 지수'(SQ)도 높아야 하지만, 그것은 진실한 삶과 믿음이 뒷받침될 때만 가능하다.

인간적으로 볼 때 IQ도 높고 관계 지수(NQ) 또한 그런대로 좋은 편이지만 진실하지 못한 사람들이 많다. 이런 사람들이 지도자가 되면 그가 몸을 담고 있는 공동체는 어그러진 길로 갈 수밖에 없음은 불 보듯 뻔하다. 그런 사람들도 좋은 점이 한두 가지는 있게 마련인지라 사람들이 그런 것에 눈이 가리어 참모습을 보지 못하고 따라가는 경우를 종종 본다.

하나님의 사람들에게서 가장 중요한 것은 사람에 따라서 다르겠지만 나는 진실성이라고 본다. 설혹 지식이 좀 딸리고 능력이 없어도 겸손하고 진실하다면 하나님은 그런 사람을 반드시 쓰시고 도와주실 것을 믿는다. 그래서 나는 개인적으로 머리가 휙휙 빨리 돌아가는 사람보다 우직하고 말이 많지 않은 사람을 선호한다. 잔

순회 선교사의 쓸모

머리를 굴리는 사람들은 반드시 크게 공동체에 해를 끼치게 마련이니까.

"네가 진리의 말씀을 옳게 분변하며 부끄러울 것이 없는 일군으로 인정된 자로 자신을 하나님 앞에 드리기를 힘쓰라"(딤후 2:15).

묵상과 적용

이 세상엔 참으로 다양한 사람들이 있고 살아가는 방식과 처세도 다 다르다. 그러나 모든 신실한 하나님의 사람들은 겸손하고 진실성이 있는데 그것을 묵상하고 서로 나눠보자.

기도

사랑하는 주님, 머리가 좋은 사람보다 마음가짐이 바른 사람이 되게 해주시고 다방면에 지식이 많은 사람보다 태도가 진실하고 한결같이 꾸준한 사람이 되게 하시며 꾀가 많은 사람이 아니라 자신에게 주어진 길을 한결같은 모습으로 묵묵히 성실하게 가게 하소서.

전쟁

전쟁이 일어나면 그 여파로 세계 경제가 어려워지고 물가는 폭등하며 불안과 고통은 가중된다. 전쟁하는 동안에 삶과 죽음의 교차로에서 무고한 생명이 스러져가는 데 누가 책임질 건가? 국토파괴 및 인명과 막대한 재산손실 등 피해가 이만저만이 아니다. "장래의 전쟁은 승리로 끝나는 것이 아니라 상호 전멸로 끝난다"라는 버트런드 러셀의 말을 유념해야 할 것이다. 미국 남북전쟁 당시 남군의 사령관이었던 '로버트 에드워드 리' 장군은 "전쟁이 끔찍한 것은 잘 된 것이다. 그렇지 않았다면 우리는 전쟁을 좋아하게 되었을 것이다"라는 말을 남겼는데 전쟁에 대해 잘 묘사한 말이라고 본다.

타당한 전쟁이 있는지는 몰라도 모든 전쟁은 어느 편을 막론하고 불행이며 있어서는 안 될 악행에 불과하다. 전쟁은 그 어떤 말로 미화되어서도 안 되고 결코 용납되어서도 안 되는 반인륜적인 죄악이다. 세상에 옳은 전쟁이 있을까? 전쟁은 과연 누구를 위한 것인지 돌아보자. 전쟁 미치광이들의 놀음에 꼭두각시가 되어 춤취서 되겠는가? 전쟁은 고상한 목적에서 나오는 게 아닌, 욕심과 자만에서 비롯된 것이며 결국 남는 것은 희생과 고통, 눈물과 아픔이며 씻기 어려운 상처만 있을 뿐이다.

수많은 문화유적과 아름다운 자연이 파괴되며 생명은 주검으로 대체되고 살인 마수에 피 흘리며 죽어가게 되어 있다. "겪어보지 못한 자에게 전쟁이란 달콤한 것이다"(미상)라는 말과 "인류가 전쟁을 끝내지 않으면 전쟁이 인류를 끝낼 것이다"(존 F.케네디)라는 말을 깊이 되새겨보자. 모든 전쟁엔 다 나름대로 이유와 그럴싸한 명분이 있을지 모르나 그것은 지도자들의 욕심을 포장한 것에 불과하다.

'벤저민 프랭클린'이 말한 대로 좋은 전쟁, 나쁜 평화란 세상에 없는 법이다. 평화는 폭력에 의해서 유지될 수 없음을 알아야 한다. 몇 사람의 야욕으로 인해서 죽어나는 건 아무 죄 없는 군인들과 힘없고 약한 백성들 뿐이다. 전쟁 영웅들이 있긴 하지만 극소수에 불과하다. 그들도 전쟁 자체를 결코 찬성하거나 환영하지는 않았을 것이다.

"여러분 모두를 무사히 귀환시키겠다는 약속은 할 수 없다. 그러나 여러분과 전능하신 하나님 앞에 이것만은 맹세한다. 우리가 전투에 투입될 때 내가 가장 먼저 전장에 앞장설 것이고 전장을 떠날 땐 내가 가장 늦게 나올 것이며 누구도 남겨두고 오지 않겠다. 전사했든 생존했든 우리는 모두 다 함께 고국으로 돌아올 것이다"(영화 "위 워 솔저스"(We were soldiers)의 실제 주인공인 '해럴드 무어'(Harold G Moore) 중령이 베트남전 투입을 앞두고 그의 대대 병력에게 행한 연설 내용).

전쟁터에서 행한 말 중에 가장 멋진 말이 아닐까? 만일 전쟁하게 된다면 이렇게 멋진 지휘관이 되고 싶다. "말씀하시되 나를 따라오너라 내가 너희로 사람을 낚는 어부가 되게 하리라 하시니 저희가 곧 그물을 버려두고 버려두고 예수를 좇으니라"(마 4:19).

 묵상과 적용

당신은 전쟁을 찬성하는가? 어떤 이유로든 전쟁이 터지지 못하도록 최선을 다하고 그리스도인답게 평화를 사랑하고 일상에서 평화의 통로가 되는 삶에 대해 나눠보자.

기도

사랑하는 주님, 하나님이 창조하신 이 땅은 끊임없는 전쟁터로 변해버렸으며 세상은 가공할만한 거대한 화약고가 되었습니다. 어떤 말로도 그 어떤 이유로도 합리화될 수 없는 전쟁이 종식되게 하시고 주님께서 주시는 평화가 온전히 이 땅을 온전히 덮게 해주세요.

순회 선교사의 쓸모

좋은
친구

인터넷에서 "사람들에게 환영받는 비결 5가지"라는 글을 읽었는데 일리가 있어서 옮겨 본다.

1. 솔직하고 겸손한 사람이 되어라.

잘난체하는 사람치고 정말 잘난 사람 없다. 세상의 모든 사람은 누구나 솔직하고 겸손한 사람을 좋아한다. 누가 솔직하지도

않고 교만한데 좋아할까? 예수님께서 우리에게 배우라고 한 곳이 딱 한 군데 있는데 마태복음 11장 29절이다. "나는 마음이 온유하고 겸손하니 나의 멍에를 메고 내게 배우라 그러면 너희 마음이 쉼을 얻으리니".

주님께서 우리에게 배우라고 단도직입적으로 말씀한 것은 이곳 밖에 없다. 교회를 부흥시키는 법, 전도를 잘하는 법, 능력을 행하는 법, 사람을 변화시키는 법, 축복을 받는 법, 귀신을 쫓아내는 법 등 그 외의 어떤 것도 주님에게 배우라고 하지 않으셨다. 주님께서

우리에게 가르쳐주고 싶으셨던 것은 한 가지다. 겸손하라는 거다.

사실 오늘날 유능하고 똑똑하고 대단한 사람은 세상에 참 많다. 그러나 겸손한 사람은 드물다. 가물에 콩 나듯 진실하고 겸손한 사람을 만나는 게 쉽지 않다. 진심으로 겸손하기만 해도 하나님께 사랑받고 사람에게도 존경받을 것이다.

2. 남의 치부를 감싸주는 사람이 되어라.

남의 치부를 들추면 자기 치부도 드러난다. 사람은 이상하게 다른 사람의 약점이나 치부를 알고 싶어 하는 못된 습성이 있다. 그래야 그들에게 큰소리를 칠 수 있어서일까? 드라마나 영화를 보면 늘 서로의 약점을 잡고 그들의 치부를 들춰내는 데 혈안이 된 것을 본다. 당신은 어떤가? 다른 이에게서 배울 점을 찾고 겸손히 나보다 상대방을 높이는 것은 아무나 하는 일은 아니다. 깊은 인격과 아름다운 신앙이 뒷받침되지 않는 사람에겐 어려운 일이다. 남이 치부를 보일 때 그것을 덮어주고 감싸줄 줄 아는 사람이야말로 주님의 마음을 닮은 사람일 것이다. 바울 사도가 갈라디아교회에 한 권면을 읽어보자.

> "형제들아 사람이 만일 무슨 범죄한 일이 드러나거든 신령한 너희는 온유한 심령으로 그러한 자를 바로잡고 네 자신을 돌아보아 너희도 시험을 받을까 두려워하라 너희가 짐을 서로 지라 그리하여 그리스도의 법을 성취하라"(갈 6:1~2).

3. 자신의 노하우를 알려주는 사람이 되어라.

노하우를 알려주지 않으면 다른 사람에게 받지도 못한다. 인생을 오래 살다 보면 경험을 통해서 깨닫고 알게 되는 것들이 참으로 많다. 이른바 노하우가 쌓인다. 이런 것을 주변 사람들에게 나누는 것은 서로에게 얼마나 유익한 일인가? 그런데 어떤 사람은 다른 사람이 잘 될까 경계해서인지 자기가 가진 좋은 것들을 나누려고 하지 않는다. 얼마나 아쉬운가? 내가 가진 좋은 정보나 경험과 지식과 지혜를 함께 공유하면 사회적으로도 참 기쁘고 복된 일인데 욕심 많은 현대인이 자기만 알고 움켜쥐고 나누지 않으려고 한다. 진실한 그리스도인은 다른 이를 성공시켜 주는 것에서 기쁨을 찾고 즐거워해야 한다. 그러면 서로 시너지효과가 날 것이며, 사회적으로도 큰 축복이 아닐 수 없다. 우리 주 예수 그리스도께서는 세상에 오신 목적과 이유를 섬기려고 오신 것이라고 했다.

> "인자의 온 것은 섬김을 받으려 함이 아니라 도리어 섬기려 하고
> 자기 목숨을 많은 사람의 대속물로 주려 함이니라"(막 10:45).

4. 필요한 키맨을 적재적소에 소개해 주는 사람이 되어라.

좋은 사람을 소개해 주면 자기도 좋은 사람을 소개 받는다. 참으로 중요한 말이다. 좋은 사람을 가둬두지 않고 그가 필요한 적재적소에 소개해서 그로 하여금 최선을 다해 일하게 한다면 그 자신은 물론 그가 속한 기관 혹은 공동체가 얼마나 유익하고 발전이 될 것

인가? 공인중개사가 부동산을 필요로 하는 사람끼리 연결시켜 주고 매매하도록 돕는 것처럼 사람도 그렇게 잘 소개해 주는 일이 매우 중요하다고 본다. 그러면 사회가 훨씬 매끄럽고 순조롭게 잘 돌아갈 것이다. 예수 그리스도께서 하나님과 우리 사이의 중재자로 오셔서 우리에게 구원의 길을 제시하시고 영생의 길로 인도하신 것처럼. 우리도 세상에서 불신자들에게 복음을 증거하고 그들을 구원의 길로 인도하는 것과 은사를 따라서 필요한 곳에서 봉사하며 섬기는 삶을 살도록 돕는 일도 잘해야 한다.

> "하나님은 한 분이시요 또 하나님과 사람 사이에 중보도 한 분이시니 곧 사람이신 그리스도 예수라"(딤전 2:5).

5. 상대의 고민을 들어주는 사람이 되어라.

자신이 힘들 때 도와주는 사람은 평소에 잘했던 사람이다. 인생을 살다 보면 우리도 누군가의 도움을 필요로 할 때가 반드시 온다. 누구도 예외는 없다. 그런데 어려움을 당해도 돕는 사람이 없다면 당신이 평소에 그렇게 살았기 때문이다. 세상의 모든 이치는 심은 대로 거둔다는 것이다. "스스로 속이지 말라 하나님은 만홀히 여김을 받지 아니하시나니 사람이 무엇으로 심든지 그대로 거두리라 자기의 육체를 위하여 심는 자는 육체로부터 썩어진 것을 거두고 성령을 위하여 심는 자는 성령으로부터 영생을 거두리라"(갈 6:7~8).

무엇을 하든지 평소에 해야 한다. 갑작스러운 일이 발생했을 때 하는 것은 땜질식이다. 평소에 한결같은 모습으로 말없이 다른 이를 섬기며 돕는 삶을 사는 것은 결국 자기를 위하여 선을 쌓아놓는 것이나 진배없다. "선지자의 이름으로 선지자를 영접하는 자는 선지자의 상을 받을 것이요 의인의 이름으로 의인을 영접하는 자는 의인의 상을 받을 것이요 또 누구든지 제자의 이름으로 소자 중 하나에게 냉수 한 그릇이라도 주는 자는 내가 진실로 너희에게 이르노니 그 사람이 결단코 상을 잃지 아니하리라 하시니라"(마 10:41~42). 당신이 좋은 친구가 되어주고 좋은 친구들이 주변에 있다면 세상은 살만할 것이다.

묵상과 적용

이 세상에서 소금과 빛처럼 살아가려면 먼저 우리가 아름다운 본을 보이고 삶 속에서 열매를 맺어야 하며 선한 영향력을 끼쳐야 한다. 이것에 대해 함께 나눠보자.

기도

사랑하는 주님, 우리에게 주어진 삶을 사는 동안 그리스도인으로서 본을 보이고 그리스도의 향기를 드러내며 말과 혀로 아니라 실천하며 살도록 해주세요.

여섯 가지
권면

사도 바울이 빌립보교회에 보낸 권면의 말씀 가운데 마지막으로 하신 내용을 나누고자 한다. 바울 사도는 "끝으로"라는 말씀으로 빌립보교회 형제들에게 권면했는데 이 말은 지금까지 말씀하신 것을 종합하여 결론적으로 권면한다는 말과 같다.

직접적으로는 빌립보교회 성도들을 향한 말씀이지만 오늘 이 시대를 살아가는 우리에게 주시는 권면으로 받아야 마땅하다. 그는 빌립보 4장 8절 마지막에서 "이것들을 생각하라"라고 했는데 '마음속에 잘 간직하라'라는 의미다. 그저 한 번 스쳐 가는 생각이 아니라 깊이 사려 깊게 마음에 두고 집중하라는 명령이다. 이 여섯 가지 덕목들은 참으로 유효적절한 것으로 본다. 바울 사도는 '그리스도인의 이상'을 설명하기 위해 6개의 형용사를 동원하고 있다.

첫째, 무엇에든지 참되어야 한다.

'참되다'라는 말이 헬라어로 '알레데'인데 생각이나 언행을 포함

한 모든 삶의 내용에서 '진실한'것을 가리키는 것이다. 그게 그리스 도인의 당연한 모습이기 때문이다. 그리스도인은 말씀 그대로 무 엇을 하든지 참되게 해야 한다. 그래야 하나님께 영광을 돌릴 수 있기 때문이다. 사실 모든 그리스도인이 참된 것은 아니다. 이렇게 말하는 나 자신도 참되지 못한 모습이 많이 있음을 고백한다. 그리스 도인들이 언행에서 진실로 참될 수만 있어도 하나님의 영광은 더 많이 더 널리 퍼지고 선한 영향력을 끼칠 수가 있을 것이다. 당신은 어떤가? 그래서 바울 사도는 무엇에든지 참되라고 첫 번째로 권면 하고 있다.

둘째, 무엇에든지 경건해야 한다.

'경건'이란 헬라어로 '셈나'인데 '경외하다'라는 의미의 '세보'에 서 유래한 고어로 매우 존경받는 것을 가리키는 말이다. 그리스도 인은 고상하고 선함과 도덕적으로도 존경받아야 한다. 일부만 경 건한 것이 아니라 무엇에든지 경건해야 함을 사도는 강조하고 있 다. 그리스도인에게 경건이란 선택이 아니라 반드시 필수적이며 공통의 요소가 되어야 한다. 그리스도인이 하나님과 사람 앞에서 진실로 경건한 삶을 살수만 있다면 하나님의 나라와 그의 영광이 더욱 널리 퍼지고 아름다운 열매로 나타날 것이다.

셋째, 무엇에든지 옳아야 한다.

'옳음'이란 헬라어로 '디카이아'인데 하나님과 인간관계에서도 옳아야 한다는 가르침이다.

그리스도인도 인간이기에 항상 옳을 수만은 없을 것이다. 그래서 바울 사도는 더욱 힘주어 무엇에든지 옳아야 한다고 명령하고 있다. 다시 말해 옳지 못한 일에 동조하거나 그편에 서지 말라는 의미다. "악에게 지지 말고 선으로 악을 이기라"고 하셨는데 그리스도인들이 옳지 못하면 악한 영과 싸워서 이길 수가 없기 때문이다.

넷째, 무엇에든지 정결해야 한다.

'정결'은 헬라어로 '하그나'로서 모든 종류의 순수성을 총칭하는 단어다. 정결한 생각, 정결한 말, 정결한 행동, 정결한 일 등 모든 것을 포함하는 말이다. 이는 그리스도인들의 모습 자체를 강조하는 것이다. 정결한 삶을 추구하며 믿는 그리스도인들의 공통점은 욕심의 포로가 되지 않는다. 영적인 순수함과 삶의 순수성을 잃지 말아야 하며 어떤 일을 하든지 동기와 행위에서 정결해야 한다는 개념이다. 여기서 말하는 정결은 환경적이고 면보다는 영적인 상태나 혹은 태도를 강조하고 있는 말씀이다. 하나님과의 관계는 물론이거니와 사람과의 관계에서도 마찬가지다.

다섯째, 무엇에든지 사랑할 만 하라고 한다.

'사랑함'이란 헬라어로 '프로스필레'인데 신약에서는 이곳에 단 한 번 나오는 말이다.

그리스도인은 한마디로 "사랑하는 사람"이라고 하겠다. 우리 주 예수께서 십자가에 달리시기 전날 밤 마가네 집에서 최후의 만찬을 하신 후에 제자들에게 하신 당부의 말씀이 바로 "내가 너희를 사랑한 것 같이 너희도 서로 사랑하라"라는 것이었다(요 13:34). 그것이 제자 됨의 표시이며 사람들이 그런 우리를 그리스도의 제자로 알아준다는 것이다. 세상 사람들과 다른 점이 바로 '사랑하는 것'이다. 이는 인간적이고 통속적인 사랑을 가리키는 게 아니라 예수 그리스도께서 십자가에서 희생하신 것 같이 우리도 그런 사랑을 하라는 것이다. 이는 대가를 바라지 않는 헌신적이고 지고지순한 사랑을 가리킨다. 그렇게 할 때 하나님과 사람을 기쁘게 할 수 있기 때문이다.

여섯째, 칭찬할 만 하라고 한다.

'칭찬'은 헬라어로 '유페-마'인데 매력 있는 이라는 의미이다. 그리스도인은 매력적이어야 한다. 누구 앞에서나 칭찬받을 정도로 인격이나 언행에서 매력적일 필요가 있다. 그것이야말로 그리스도인으로서 마땅히 갖춰야 할 아름다운 덕목이다. 사실 현대의 그리스도인 가운데는 세상에서 비난받고 전혀 매력을 주지 못하는 이들도 얼마나 많은가? 그리스도인들이 고상한 행동으로 좋은 평판을 얻는 것을 일컫는다.

초대교회 성도들은 한마디로 '칭찬 듣는' 이들이었다. 그들의 삶과 언행이 아름답고 모범이 되었기 때문에 많은 이들에게 선한 영향력을 끼치며 칭찬을 들었다. 그래서 교회는 자연스럽게 부흥되고 성장할 수 있었다. 오늘날의 교회들과 대비되는 모습이다. "하나님을 찬미하며 또 온 백성에게 칭송을 받으니 주께서 구원받는 사람을 날마다 더하게 하시니라"(행 2:47).

이는 진정 부러운 모습이 아닐 수 없다. 오늘날 세상이 여러 가지로 교회를 공격하고 그리스도인들이 신앙생활 하기에 어려운 부분이 많은 것은 사실이지만 교회 스스로 잃어버린 것들로 인한 시험과 고충도 많은 것이 사실임을 부인할 수 없다. 과연 아니라고 반박할 수 있을까? 교회가 교회다움을 잃어버린 것이다. 그 결과가 오늘날 무기력해진 기독교의 모습으로 나타난 것으로 본다.

바울 사도는 "이것들을 생각하라"(빌 4:8b)라고 강조했는데 앞서 말씀하신 내용들을 생각하며 그 생각에 책임을 지며 그리스도인다운 삶을 살라고 주문한다. 이는 높은 데 뜻을 두고 그렇게 행함으로 세상의 빛이 되는 자리까지 끌어 올릴 수 있기 때문이다. 바울 사도는 9절에서 "내게 배우고 받고 듣고 본 바를 행하라"라고 하셨는데 '행한다'라는 말이 "프라쎄테"로서 "습관처럼 행하라"라는 내용이다. 어떤 것이든지 습관화가 되어야 자기 것이 될 수 있고 생활화가 되는 법이다. 바울 사도는 여섯 가지 덕목을 말씀한 후에 생각하고 행하라고 주문하신 것이며 그 삶의 본이 되라는 명령한 거다.

사도 바울은 여섯 가지 덕목들을 그들의 삶 속에서 실천하지 않고 생각만 하라고 이런 요구를 하신 것이 아니다. 빌립보 교인들이 '배운 것'을 충성스럽게 고수하고, 확고하게 지키며, 그들의 삶이 먼저 그것들에 의해 지배되고 변화 받도록 하라고 촉구한다. 그리고 더 나아가 자기에게 듣고 받은 대로 행동하며 실천하라는 것이다. 복음의 진리가 단지 고상한 말로만 표현되어서는 안 되며 항상 삶 속에서 나타나야 한다는 것을 강조하신 것이다. 실천하지 않는 신앙은 공허한 메아리에 불과하기 때문이다.

 묵상과 적용

세상에 있는 비신자들은 우리의 모습과 삶을 보고 하나님의 유무를 생각하고 판단한다는 것을 생각하고 구체적으로 어떻게 살 것인지에 대하여 묵상하고 서로 나눠보자.

 기도

사랑하는 주님, 초대교회 신자들은 세상의 빛이 되었으며 믿지 않는 사람들에게 칭찬받았고 자연스럽게 사람들을 주께로 인도하는 힘이 되었듯이 우리도 그렇게 살도록 도와주세요.

포기암

어디선가 읽었는데 암(癌) 중에 최고로 나쁜 암은 '포기암'이라고 한다. 포기하고 체념하는 것이 그만큼 나쁘다는 것을 가리키는 말이다. 우리는 부족하고 연약한 존재다. 그래서 어떤 일을 하다가 중도에 포기하고 싶을 때가 있을 것이다. 그러나 절대로 포기해서는 안 된다. 실수할 수 있고, 넘어질 수는 있어도 체념하고 포기할 권리가 우리에겐 없다.

지금 가는 길에 문제가 주어졌거나 장애가 가로막고 있어도 오직 믿음으로 담대하게 앞으로 나아가야 한다. 그러면 반드시 길이 열리고 살길이 주어질 것이며 감당할 힘과 피할 길을 열어주실 것이다. "사람이 감당할 시험 밖에는 너희에게 당한 것이 없나니 오직 하나님은 미쁘사 너희가 감당치 못할 시험 당함을 허락지 아니하시고 시험 당할 즈음에 또한 피할 길을 내사 너희로 능히 감당하게 하시느니라"(고전 10:13).

"용감한 군인에게는 적의 총탄도 피해간다"라는 말이 있다. 용

순회 선교사의 쓸모

감하다고 해서 총알이 그를 못 맞추지는 않을 것이다. 그러나 죽음을 두려워하지 않고 목숨을 내놓고 싸우는 사람은 총알도 피해 갈 정도로 안전이 보장된다는 의미리라. 따라서 우리를 둘러싼 현실이 제아무리 골리앗 같이 버티고 가로막고 있어도 소년 다윗이 전능하신 만군의 하나님을 신뢰하고 담대하게 나아가서 골리앗을 쓰러뜨린 것처럼 우리도 그런 믿음으로 나아가야만 한다. "우리는 뒤로 물러가 멸망할 자가 아니요 오직 영혼을 구원함에 이르는 믿음을 가진 자니라"(히 10:39).

지금 포기하고 싶은가? 일어나 달려갈 때다. 살아계신 하나님을 바라고 부활하신 예수 그리스도를 의뢰함으로 승리하시길 축복한다. "많은 인생의 실패자들이 자신이 얼마나 성공에 가까이 있었는지를 모른다(토머스 에디슨).

끝까지 가보는 거야
아무리 힘들어도 포기하지 않고
가는 거야

걷다가 답답하면 달리기도 하고
달리다가 넘어지면
다시 일어나면 되는 거야

뛰다가 숨차면 잠깐 쉬어가기도 하며

앞만 보고 가는 거야

힘들 땐 하늘을 올려다보며
투정도 부리고 지나가는 구름과도
눈인사하며 묵묵히 내 길을 가는 거야

후회 없이 끝까지 가보는 거야

　(괜찮은 위로 - 김정한)

"승자는 한 번 더 시도해본 패자다" _조지 무어 주니어

 묵상과 적용

사탄은 우리에게 "너는 안돼"라며 좌절하게 하고 포기하게 유혹한다. 이것을
깊이 묵상하고 어떤 이유로든 쉽게 절망하거나 포기하지 말고 믿음으로 담
대하게 사는 것을 나눠보자.

기도

사랑하는 주님, 삶이 고달프고 힘들고 어려워도 오직 믿음으로 죽으면 죽으
리라는 각오로 나아가도록 도와주세요. 죽음을 이기시고 부활하신 주님을
바라보고 순종하게 하소서.

순회 선교사의 쓸모

희망

사람을 가리켜서 "희망하는 존재"(Homo Esperans)라고 말하는데 이는 철학에서 인간을 정의할 때 즐겨 쓰는 표현으로 '그리스 신화'에 나오는 "판도라의 상자"(Pandora's box)에서 기인한 내용에서 나왔다. 결혼한 판도라가 태어날 때 선물로 받은 상자를 호기심을 참지 못하고 열었다가 그 속에 있던 모든 것이 세상으로 빠져나가서 세상이 험악해졌다는 것이다. 놀란 판도라가 급하게 상자를 닫았는데 그 안에 있던 희망만은 빠져나가지 않았다고 한다. 그래서 사람들은 상자에서 빠져나온 악한 것들이 괴롭혀도 희망만은 절대로 잃지 않게 되었다는 것이다.

다시 말해 인간은 어떤 상황 가운데서도 희망을 잃지 않는 존재이며 또 그렇게 살아야 한다는 뜻을 담고 있는 것이다. 인간이 다른 피조물과 달리 위대할 수 있는 것 가운데 하나가 바로 희망을 품고 사는 존재이기 때문이 아닌가?

희망이 있는 한 사람들은 어떤 고난이나 장애물을 만날지라도 다시 일어서고 새롭게 변화될 수 있음을 우린 믿는다. "나의 영혼아 잠 잠히 하나님만 바라라 대저 나의 소망이 저로 좇아 나는도다"(시 62:5).

다시   _ 박노해

희망찬 사람은
그 사람이 희망이다.

길 찾는 사람은
그 사람이 새 길이다

참 좋은 사람은 그 자신이
이미 좋은 세상이다

사람 속에 들어 있다
사람에서 시작된다

다시
사람만이 희망이다

어려운 상황이 되고 무슨 문제를 만나도 단 하나 희망을 붙들고 지킬 수 있다면 그대는 반드시 다시 일어서고 새로운 길을 의연하게 갈 것이다. 지난날 깊은 상처가 있다거나 이해할 수 없는 고통이 닥쳤다고 해도 희망이 있으면 다시 살 것으로 믿는다. 성경은 우리

순회 선교사의 쓸모

에게 소망이 있으면 부끄럽지 않다고 약속하고 있다. "소망이 부끄럽게 아니함은 우리에게 주신 성령으로 말미암아 하나님의 사랑이 우리 마음에 부은 바 됨이니"(롬 5:5).

바울 사도는 우리에게 세 가지 영원히 있을 것을 "믿음, 소망, 사랑"이라고 했는데 그 가운데에 소망이 있다. 이는 소망의 믿음, 소망을 주는 사랑을 하라는 가르침으로 이해하고 싶다. 십자가에서 죽으신 후에 다시 사신 예수님이 우리의 유일한 소망이시다. 당신은 희망의 사람인가? 그럼 됐다. 다른 건 몰라도 절대로 희망의 줄은 놓지 마시길 바란다. 거기에 길이 있고 아름다운 미래가 기다리고 있기 때문이다.

"위대한 희망이 가라앉는 것은 해가 지는 것과 같다. 그것은 인생의 빛이 사라진 것이나 다름 없다. 매일 희망이라는 태양이 떠오르게 하자"(헨리 워즈워스 롱펠로).

📖 묵상과 적용

오늘도 새 아침이 밝았으며, 새 하루가 시작되었다. 당신은 매일 어떤 마음으로 하루를 맞이하고 시작하고 있는지 자신을 돌아보고 함께 나눠보자.

🙏 기도

사랑하는 주님, 아무리 힘이 들고, 고난과 시련을 겪고 있어도 믿음과 소망과 사랑을 간직하게 하시고, 다시 일어서게 해주세요. 사망을 이기시고 부활하신 주님의 능력과, 성령님의 도우심을 의지함으로 담대하게 나아가고 능히 감당하도록 도와주시옵소서.

3부

목회
이야기

70에
쓰는 책

올해 내 나이 만으로 70이 되었다. 아니 벌써 어느새 70이라니? 몇 년 전부터 주변 사람들에게 "더 나이 들기 전에 책을 내라"라는 말을 자주 들었다. 그때마다 손사래를 치며 훌륭한 분들이 쓴 책도 안 읽고 안 팔리는 시대인데 책의 홍수 시대에 나까지 물을 흐리면 되나 하는 마음으로 사양하고 그동안 용기를 내지 못했다. 그러다가 작년부터 여러 사람을 통해 책을 써보라는 권유를 받은 터에 그동안 써둔 글을 한 번 정리해보려는 마음이 들어서 70줄에 들어선 즈음에 겨우 용기를 내어 책을 만들게 되었다.

나는 목회를 할 때 매주 주보에 칼럼을 써서 교우들과 나누었으며 따로 새벽예배 후에 매일 글을 써서 나누기 시작했는데 그게 벌써 13년째에 이르고 있다. 매일 이른 새벽에 전 세계에 있는 지인들과 나눠왔는데 정확하게는 모르나 기천 명은 받는 것으로 알고 있다. 부족하기 짝이 없는 글이지만 받아주고 또 다른 이들에게 나눠주기도 하는 많은 분에게 지면을 빌어서 감사를 드리고 싶다.

본래 타고난 글솜씨가 있는 것도 아니기에 책으로 엮어서 세상에 내놓는 것이 대단한 결심이 필요했음을 고백하고 싶다. 70이 되면서 그동안의 삶에 매듭을 짓는 심정으로 책을 쓰게 되었다. 70은 성경에서 매우 중요하게 다뤄지는 특별한 숫자이다. 단순히 69 다음에 오는 수가 아니고 70이라는 수가 가지는 영적인 그리고 상징적인 의미가 함축된 수라서 그 의미를 살려서 책을 내려는 마음도 갖게 되었다.

'70'은 '수메르어'나 '아카디아어'에서 '온전함'과 '전체'를 뜻한다고 한다. '우가릿어'에서는 '완성' 혹은 '완결'을 의미하는데 7은 하늘의 완전수를 상징하는 3과 땅의 수를 가리키는 4의 결합이다. 그러니까 하늘과 땅의 완전수가 합쳐진 의미 있는 수라고 할 수 있다. 그런 의미에서 볼 때 7은 대단히 중요한 수가 아닐 수 없다.

그러한 7에다 세상의 만수를 가리키는 10을 곱한 수가 70이 되니까 70이라는 수는 매우 중요함을 담고 있다. 성경에서 70년은 처절한 고통과 심판 아래 있던 이스라엘의 회복을 약속하는 기쁨과 축복의 수로 여겨진다. 그래서 하나님은 이스라엘 백성들에게 70년의 때가 차면 본국으로 다시 돌아올 것을 예언하고 있다. "여호와께서 이와 같이 말씀하시니라 바벨론에서 칠십 년이 차면 내가 너희를 돌보고 나의 선한 말을 너희에게 성취하여 너희를 이곳으로 돌아오게 하리라"(렘 29:10).

70되는 해에 책을 낼 수 있게 하신 하나님의 은혜에 깊이 감사와 찬양을 드린다. 나의 지난 70년 인생은 그다지 내놓을 것도 없

순회 선교사의 쓸모

고 보잘것없어 부끄럽기 짝이 없지만 용기를 내어 세상에 내놓는다. 작은 바람이 있다면 이 책을 읽는 누군가에게 다소나마 위로가 되고 약간의 깨달음이 되며 작은 길잡이라도 된다면 더할 나위 없이 기쁘고 감사한 일이겠다. "책은 인생의 험준한 바다를 항해하는 데 도움이 되게 남들이 마련해 준 나침반이요 망원경이고 육분의고 도표이다"(제시 리 베넷).

🔄 묵상과 적용

자기의 삶을 돌아보고 정리하면서 한 권의 책으로 엮는 일도 해볼 만한 것 같다. 그렇게 함으로 자기의 삶을 정리하고 글로 남겨질 수 있는 것에 대해 나눠보자.

🤲 기도

사랑하는 주님, 부족한 죄인인 내가 구원받은 것만도 평생 갚을 수 없는 커다란 은혜인데 글로서 책을 쓰게 하시니 감사드리며 남은 생애를 부끄럽지 않게 살게 하소서.

목회는
계주다

나는 한 십 년 전까지만 해도, "목회는 마라톤과 같다"라는 말을 만나는 이에게 했는데 "마라토너의 심정으로 골인 지점까지 체력 안배를 하고 페이스 조절도 하면서 끝까지 잘 달려야 한다"라고 동역자들에게 조언도 했다. 그러나 그 이후로는 그렇게 말하지 않고 "목회는 마라톤이 아니라 계주와 같다"라는 말을 한다.

마라톤이 끝까지 혼자서 하는 경기라면 계주는 그와 반대로 한 팀을 이뤄서 달리는 경기다. 마라톤은 혼자만 잘하면 되지만 계주는 자기 혼자 잘하기보다 팀 전체가 함께 조화롭게 달려야 하는 경기다. 마라톤은 자기 능력만 있으면 우승도 하고 월계관도 쓸 수 있다. 그러나 계주는 아무리 혼자 탁월하게 달릴 수 있어도 팀 전체가 함께 잘 달리지 못하면 우승과는 거리가 멀다.

육상 경기에서 손에 땀을 쥐고 보는 경기가 계주이다. 아무리 첫 번 주자가 잘 달렸어도 후발 주자에게 바통 터치를 잘못하거나 이어 달리는 선수가 잘 못 뛰면 빛을 가리기 때문이다. 우리는 계주

순회 선교사의 쓸모

경기에서 그런 광경을 자주 목도한다. 그래서 계주 경기는 끝날 때까지 맘을 놓을 수 없다. 계주에서 가장 중요한 것 중의 하나가 바통 터치다. 잘 달리다가도 바통 터치를 잘못해서 경기의 결과가 뒤바뀌는 경우가 얼마나 많은가?

이는 비단 계주 경기에만 해당하는 게 아니다. 인생에서도 동일하게 적용되는 것이며 특히 목회자들에게서 많이 볼 수 있다. 한평생 목회를 잘해놓고 후임자에게 바통 터치를 제대로 하지 않거나 후임자가 그 바통을 바로 이어받지 못해서 그동안 달려온 목회가 금이 가고 빛을 잃어버리는 경우가 비일비재하다. 이런 안타까운 현실을 주변에서 얼마든지 볼 수 있다.

특히 개척자나 오랜 시간 한 교회를 섬겨온 목회자들일수록 여기에 더 많이 포함되는 것을 보게 된다. 자기 자신도 모르게 교회가 자기 것처럼 생각될 수 있기 때문이다. 그들이 흘린 땀과 눈물을 생각하면 그런 생각이 드는 게 결코 이해가 안 가는 것은 아니다. 개척 초창기부터 밥을 굶어가며 온갖 고생을 감수하면서 오늘의 교회를 반석 위에 올려놓기까지 그들이 한 수고는 얼마든지 칭찬받고 박수받아 마땅하다.

그러나 그렇다고 해서 그 교회가 그들의 것은 아니지 않은가? 많은 목회자가 평소에 입버릇처럼 말한다. "교회는 주님의 것이라고". 그렇다면 그렇게 믿고 말한 대로 주님께 맡기고 한평생 달려온 길을 후임 주자에게 맡기고 바통을 넘겨주는 게 옳지 않을까?

많은 목회자가 은퇴할 때가 가까워지면 비슷하게 하는 말들이 있다. "나 아직도 젊어". "몇 년은 끄떡없이 더 할 수 있어". "성경이 이제야 새롭게 보여". "설교와 목회가 무엇인지 이제야 알 것 같아" 등등. 새로운 변명거리와 합리화의 구실을 목소리 높여 말하는 분들을 본다.

맞다. 그 말이 전혀 틀린 말은 아니라고 본다. 나도 어느 정도는 공감하기 때문이다. 실제로 은퇴를 앞두고도 젊은이 못지않은 노익장을 과시하며 풍부한 경륜과 쌓아진 지혜로 몇 년은 더 목회를 잘 할 수 있는 분들이 사실 많다. 단지 어떤 법으로 정해진 테두리 때문에 옷을 벗는 게 안타까운 분들도 많은 게 솔직한 고백이다. 그런 분들을 보면 인간적인 동정이 인다. 그래서 쥐고 있던 바통을 놓지 않으려고 몸부림을 치는 분들도 있는 것 같다.

그러나 "박수받을 때 떠나라"라는 말과 같이 아무리 달릴 힘이 남아 있고 또 잘 달릴 수 있다고 해도 후발 주자에게 미련 없이 바통을 넘겨줘야만 하듯이 목회도 그렇게 하는 것이 좋지 않을까 생각한다. 하나님께서 우리에게 허락하신 구간만 잘 뛰었으면 내가 아무리 잘 달릴 수 있고 달릴 힘이 남아 있어도 다음 주자에게 바통을 온전히 넘겨주어야 한다. 그래서 나는 목회는 마라톤이 아니라 계주라고 보는 이유다.

바울 사도는 그의 편지 곳곳에서 신앙생활을 '달리기'에 비유한 것을 많이 볼 수 있다. "내가 이미 얻었다 함도 아니요 온전히 이루었다 함도 아니라 오직 내가 그리스도 예수께 잡힌 바 된 그것을 잡으려고 좇아가노라. 형제들아 나는 아직 내가 잡은 줄로 여기지 아

순회 선교사의 쓸모

니하고 오직 한 즉 뒤에 있는 것은 잃어버리고 앞에 있는 것을 잡으려고 푯대를 향하여 그리스도 예수 안에서 하나님이 위에서 부르신 부름의 상을 위하여 좇아가노라"(빌 3:12~14).

영적인 경기장에 들어선 계주 선수의 심정을 갖고 나에게 주어진 구간을 최선을 다해서 멋지게 달리고 그 후엔 아름답게 떠나가는 뒷모습을 보여주기를 바란다. 자기 몫을 다한 나뭇잎들이 미련 없이 낙엽이 되어서 어디론가 자취도 없이 사라져 가듯이 그렇게 살 수는 없는 걸까? 그 누구도 결코 호언장담할 수 없겠지만 우리는 그렇게 살다 갔으면 좋겠다는 바람을 가져본다.

그런데 주변에서 보면 그렇게 하지 못해서 자기가 애써 이룩해 놓은 공동체를 무너지게 하고 어렵게 만들어서 중간에 연약한 지체들이 교회를 떠나고 주님 앞에 회의적인 태도를 갖게 만들고 있음을 보면서 너무 마음이 아프다. 누가 책임질 건가?

여기서 인천상륙작전의 주인공 '맥아더' 장군이 52년간의 군 복무를 마치고 1951년 4월 19일 미국 상하 양원 합동회의에서 했던 연설문의 마지막 내용이 생각이 난다. "노병은 결코 죽지 않는다. 다만 사라질 뿐이다"(Old soldiers never die, They just fade away). 아름다운 퇴장을 하는 목회자들이 많아지길 간절히 염원한다.

묵상과 적용

말과 행동이 따로 노는 경우가 있는데 특히 은퇴를 앞둔 목회자들에게서 그런 모습을 많이 보게 된다. 자신이 말한 대로 멋지고 감동스럽게 은퇴하는 것을 나눠보자.

 기도

사랑하는 주님, 은퇴하면 끝이 아니라 새로운 시작임을 알게 해주시고 은퇴준비를 잘해서 은퇴 이후에 제2의 인생을 은혜롭고 활기차게 살아가도록 도와주세요.

순회 선교사의 쓸모

복되도다

인도의 전설적인 식인 호랑이 사냥꾼으로 알려진 '짐 코벳'에 의하면 "자신이 걸어가는 길에 있는 것들에 관심이 없는 사람은 목적지에 도달해서도 행복하지 못하다"라고 했는데 전적으로 공감이 가는 말이다. 현대인들은 거의 '목적 지향적'인 삶을 살고 있다. 자신이 정해 놓은 어떤 목적을 이루면 그것이 성공이라고 생각하고 우쭐대거나 과시를 하는 사람들을 주변에서 종종 본다.

물론 소기의 목적을 이룬다는 것은 기쁨이고 즐거움을 주는 것은 사실일 것이다. 그러나 목적을 이루기 위해서만 살다 보면 과정의 소중함을 놓치는 경우도 많음을 알아야 하는데 그런 사람들은 과정을 무시하거나 소홀히 하는 경우가 대부분이다. "목적이 수단을 정당화하지 못한다"라는 말처럼 목적도 중요하지만 그 목적에 이르는 과정이나 수단과 방법 또한 못지않게 중요함을 알아야 한다. 목적 중심적인 사람들은 그 목적을 위해서라면 잘못된 수단이나 방법도 서슴지 않고 정당화시키며 궤변을 늘어놓고 억지로 합리화시키는 실수를 저지른다.

이는 하나님의 사람들의 삶의 자세나 가치관과는 거리가 먼 것이다. 하나님의 사람들은 목적보다 인생을 살아가는 겸손한 태도와 신실한 방법과 과정을 더 중시하기 때문이다. "시인이 될 수 없다면 시가 돼라."는 말이 있는데 시적 능력은 부족하다고 해도 시와 같은 삶을 살아낼 수 있다면 그 또한 얼마나 귀하고 값진 것인가?

시바 여왕과 솔로몬의 만남은 이미 오래전에 여러 번 영화화되기도 했는데 시바 여왕의 태도와 그녀가 했던 말을 함께 묵상하고 우리 삶에 대입하고 적용하고자 한다. 역대하 9장 1절에서 "그가 솔로몬에게 나아와 자기 마음에 있는 것을 다 말하매"라고 한다. 솔로몬을 처음 만난 자리에서 시바 여왕은 자기 마음에 있는 것을 다 말한 것이다.

일국의 여왕이 외국을 방문해서 정상회담을 하는 자리 같은 데서 처음 본 그 나라의 정상에게 자기의 속마음을 다 털어놓는다는 게 요즘 상식으로 이해가 잘 안된다. 속마음은 그렇다 쳐도 문무백관들과 기자들의 눈이 두려워서라도 적당히 체면을 차리고, 의례적인 외교 용어로 객관적인 내용만 주고받는 게 상례인데 시바 여왕은 그렇지 않았다.

목회자인 우리 입장에서 볼 때 솔로몬이 부럽기까지 하다. 그가 얼마나 신뢰할만했으면 시바 여왕이 마음을 열고 숨김없이 다 말하도록 만들었을까? 꼭 왕과 여왕이 아닌 지극히 평범한 일반 서민들이라도 처음 본 자리에서 자신의 마음을 열고 자기 마음에 있는 것을 다 말하는 것은 사실상 거의 불가능에 가깝다.

몇 년을 같이 신앙생활을 하고 오랜 시간을 만나고 속마음 한 번 털어놓지 않는 신자들이 오늘날 교회 안에 얼마나 많은가? 심지어 같은 가족 간에도 진정한 대화 없이 함께 사는 타인 같은 식구들이 점점 늘어만 가는 요즘 세상에서 자기 속에 있는 다 말하게 하는 모습이야말로 너무 귀하고 아름답게 보인다. 솔로몬도 그렇지만 그렇게 마음으로 열고 말할 수 있었던 시바 여왕의 진솔한 모습이야말로 정말 칭찬해주고 싶다.

또 그렇게 만들었던 솔로몬이야말로 오늘날 목회하거나 혹은 지도적인 자리에 있는 우리가 본받아야 할 부분이다. 당신은 사람들이 당신을 찾아와서 자기의 속마음을 다 털어놓을 만한 믿음과 영향을 주고 있는가? 사람들은 자기가 신뢰하지 못하는 대상에게 절대로 마음을 열지도 않고 또 다 말하지는 않는 법이다.

2절에는 솔로몬이 그가 묻는 말에 모르는 것이 없이 다 대답하였다. 하나님께서 주신 지혜의 선물을 받은 그였기에 정말 부러운 모습이 아닐 수 없다. 목회할 때 성도들로부터 여러 종류의 질문을 받을 때가 있었다. 그럴 때마다 속이 시원하도록 답해주지 못하고 돌려보낸 일도 솔직히 많다. 그럴 때마다 나의 부족함이 드러나고 안타까웠던 적이 많았는데 솔로몬의 모습을 보니 우리와 차이가 있는데 "지혜의 근본이신 하나님을 경외하는 것"(잠 9:10)이 비결임을 알게 된다. 시바 여왕은 "자기 나라에서 솔로몬의 행위와 지혜에 대하여 들은 소문이 진실하다"(5절) 라고 고백했다.

우리는 어떤 소문이 났으며 사람들이 보기에 어떤 행위를 하고 있을까? 과연 행위와 소문이 들은 대로 일치하는 삶을 살고 있는가? 어떤 이들은 소문은 대단한데 막상 만나보면 정반대거나 소문과는 다른 모습과 행동을 보이는 사람들이 있다. 특히 목회자들과 정치인들 가운데 그런 사람들이 제법 된다. 솔로몬은 소문대로 지혜롭게 행동했으며 그렇게 살고 있음을 시바 여왕에게 보여줬다. 신앙은 곧 말이 아닌 삶이다. 말은 화려하고 그럴싸하게 하지만 행동과 삶은 전혀 그렇지 못한 사람이 되지 않도록 주의해야 한다.

진실한 신앙은 '언행일치' 또는 '신행(信行)일치'여야 한다. 이율배반적인 모습은 하나님의 영광을 가리는 것이며 다른 이들에게도 본이 되지 않는다. 지도자들에게 의외로 이런 모습이 많이 있는데 대표적인 그룹이 예수님 당시에 바리새인들과 서기관과 장로들이었다.

그들은 말은 뻔지르르하게 하지만 행위로는 하나도 본이 되지 않았다. 그래서 예수님은 "그들의 말하는 바는 행하고 지키되 그들의 행위는 본받지 말라 그들은 말만 하고 행하지 않는다"(마 23:4) 라고 지적하셨다. 오늘날 21세기 바리새인들이 얼마나 많은가? 강단 위에서와 강단 아래서의 모습이 전혀 다른 목회자들과 지도자들이 너무도 많은 세상이 되었다. 적어도 솔로몬은 소문과 삶이 일치됨을 보여주었는데, 그것이 시바 여왕에게 감동이었던 것이다.

그녀는 6절에서 "내가 그 소문을 믿지 않았는데, 와서 보니 소문보다 더하도다"라고 감탄했다. 이 정도는 되어야 참된 지도자가 아닐까? 신자들이 교회에 와서 "내가 교회 오기 전에 목사님에 대해서 들은 것보다 실제로 뵈니까 훨씬 더 좋으시네요"라든지. "내가 생각했던 것보다 직접 만나니까 더 훌륭하시네요"라는 고백을 듣는 삶을 살고 싶다. 이런 목회자들이 늘어갈 때 땅에 떨어진 기독교의 위상과 추락한 목회자의 위신을 바로 세울 수 있을 것이다.

시바 여왕의 눈과 입을 통해서 평가되고 고백 된 솔로몬의 삶과 모습은 최상급이라고 해도 과언이 아닐 것이다. 나는 세계 곳곳을 다니며 순회 선교하고 있는데 그러다 보니 자연스럽게 많은 선교사와 지도자들을 대하게 된다. 그런데 경험에 의하면 크게 세 부류로 나뉘는 것을 본다.

하나는 소문보다 훨씬 못 미친다는 것이고, 두 번째는 소문 정도에 가까운 삶과 사역을 하는 것이며, 마지막으로 소문에 듣던 것 보다도 훨씬 아름답고 감동적으로 사역하며 존경받기에 합당한 삶을 사는 분들이 있다는 것을 보게 되었다.

당신은 상, 중, 하, 세 부분으로 나눈다면 스스로 평가할 때 어디에 해당되는가? 그리고 당신 스스로 생각하는 것처럼 다른 이들도 그렇게 평가할 것으로 믿는가? 우리가 그런 평가나 조사를 해 본 적은 없지만 아마도 실제로 평가하고 조사하면 다른 평가를 받는 분들이 제법 많을 것으로 여겨진다. 무엇보다 주님 보시기에도 그럴 수 있으면 좋겠다.(고후 13:5)

바울 사도는 "내가 그리스도를 본받는 자 된 것 같이 너희는 나를 본받는 자 되라"(고전 11:1)고 당당히 주문한다. 우리도 이럴 수만 있다면 얼마나 좋을까요? 언제쯤 이런 설교를 담대하게 할 수 있을까? 지금도 그렇게 사는 분들이 더러 있겠지만 솔직히 많지는 않다. 이런 목회자들과 지도자들이 그리운 시대다. 당연한 것이지만 당연하지 않은 시대로 변질된 것이므로 다시 잃어버린 존경과 신뢰를 회복해야 할 사명이 우리에게 있다.

시바 여왕은 감동스러운 고백을 한다. "복되도다 당신의 사람들이여, 복되도다 당신의 신하들이여, 항상 당신 앞에 서서 당신의 지혜를 들음이로다"(7절). 이런 찬사를 들을 만한 지도자가 된다면 얼마나 영광스러울까? 우리가 섬기는 교회의 성도들은 복된가? 우리와 함께 일하는 동역자들은 복된가? "나는 목사님과 함께 동역함이 정말 축복입니다. 행복합니다. 목사님을 만난 것이 내 인생 최고의 복입니다"라고 고백할 수 있을까?

시바 여왕은 "당신의 하나님 여호와를 송축할지로다"라고 최고의 찬사를 보낸다(8a 절). "하나님이 당신을 기뻐하시고 그 자리에 올리셔서 당신의 하나님 여호와를 위하여 왕이 되게 하셨도다"라고 이어서 고백했다. 과연 누가 이런 찬사를 들을 수 있을까? 당신은 들어본 적이 있는가? 우리로 인하여 하나님 여호와를 송축하리라고 고백하게 한다면 그는 진실로 아름다운 그리스도인의 삶을 사는 사람이며 "그리스도의 향기"(고후 2:15)와 같은 사람이다.

시바 여왕의 마지막 감동스런 고백으로 오늘 말씀을 맺고자 한다. "당신의 하나님이 이스라엘을 사랑하사 영원히 견고하게 하시려고 당신을 세워 그들의 왕으로 세워 정의와 공의를 행하게 하셨다"(8b 절). 우리도 이런 사람으로 세워진 것을 모두에게 보일 수 있기를 바란다.

다른 사람이 당신을 보고 하나님을 송축하며 당신을 목회자나 영적 지도자로 세운 것은 바로 한국교회와 대한민국을 사랑하셔서 영원히 있게 하시려는 섭리와 계획이었다고 고백하게 하는 그리스도인이요 하나님의 사람으로 살아가기를 주님의 이름으로 도전하며 축복한다. 한국교회 안에 이러한 목회자들이 세워지고 그들이 지도자가 되어서 이 땅과 민족을 섬김으로 하나님의 영광으로 가득한 나라와 미래를 보게 되길 간절히 소망하며 기원한다.

오래전에 하버드대학 총장을 지내신 분이 "현대의 젊은이들은 네 가지 즉, 흔들 깃발, 불러야 할 노래, 가져야 할 꿈, 따르고 싶은 지도자"라고 했는데 참 공감이 간다. 따르고 싶은 존경받는 지도자가 되기를 이제부터라도 간구하며 실천하기를 다짐한다.

🔅 **묵상과 적용**
사람들이 따르고 존경하는 지도자의 모습에 대해서 묵상하고 우리가 그런 지도자가 되려면 어떤 것을 준비하고 실천해야 하는 것에 대해 나눠보세요.

🙏 **기도**
사랑하는 주님, 주님의 리더십은 한마디로 섬기는 종의 리더십이신 것처럼 우리도 아름답게 섬김으로 사람들에게 영향력을 끼치는 종의 삶을 살게 해주세요.

건강한 교회

사람 중에는 병든 사람이 있고 건강한 사람이 있듯이 교회도 이와 같다. 건강한 교회가 있는가 하면 그렇지 못하고 병든 교회가 존재한다. 중병을 앓는 교회도 있지만 잔병치레를 많이 하는 교회도 세상엔 의외로 많다.

당신이 섬기는 교회는 어느 쪽에 해당하는가? 아주 건강하다. 그냥 그렇다. 중병이다. 잔병을 앓고 있다. 네 개중 어디에 해당이 되는가? 사람은 누구나 건강하기를 원한다. 병들고 아프고 앓기를 바라는 사람이 누가 있을까? 교회도 동일하다. 어떤 교회든지 건강하고 행복하기를 바랄 것이다. 그러기 위해서 오늘 바울사도가 전해주는 말씀을 통해서 자가 진단해보고, 건강 이상 유무를 확인해보길 바란다.

예수 그리스도께서 이 세상에 세우신 것은 단 하나밖에 없는데 바로 교회다(마 16:18). 주님이 말씀하신 교회는 "에클레시아"인데 건물이 아니라 구원받은 사람들의 모임(공동체)이다.

순회 선교사의 쓸모

이것보다 중요한 게 세상에 있던가? 그래서 주님은 학교를 세우거나 병원 혹은 선교단체를 세우신 적이 없다. 오직 주님의 유일하고 지대하신 관심은 교회였다. 바울 사도는 그 교회를 "주님의 몸"이라고 선언한다(엡 1:23).

어거스틴은 "하나님을 아버지로 교회를 어머니"로 표현했는데 이 말은 교회는 어머니와 같은 사랑과 자비와 용서와 믿음과 신생(新生)이 있는 곳이라는 뜻이다. 사람에게 몸이 있으며 그 몸의 건강을 소중하게 다루듯이 주님에게 몸이 있는데 이 땅에 세워진 교회들이다. 세상에 존재하는 모든 교회(이단을 제외한)는 주님에게 속한 것이다. 세상에서 유일무이한 주님의 몸이니까.

인간의 공통점은 자기 몸을 끔찍이 위하는 것이다. 그래서 자기 육체를 관리하고 건강관리를 위해서라면 고가의 보약이나 건강보조식품 등 돈을 아끼지 않고 챙겨 먹거나 상당한 시간과 정성을 들여 건강관리를 하는 것을 주변에서 많이 본다. 죄인인 인간의 몸을 위해서도 그렇게 노력하건만 하물며 주님의 몸을 위해서 우리는 더욱 최선을 다해 간수하고 돌아보며 건강하고 행복하도록 기도하고 힘써야 한다.

예수 그리스도께서는 주의 몸 된 교회를 위해서 네 가지 직분을 허락하셨는데 사도, 선지자, 복음 전하는 자, 목사와 교사다(엡 4:11). 이 중에서 사도와 선지자는 교회가 세워지고 성경이 기록되면서 더 이상 존재하지 않는 직분이 되어서 오늘날은 목사와 교사 그리고 집사가 추가 되었다(행 6:1~6, 딤전 3:8).

이상과 같은 직분은 무엇을 위해서 필요한가? 직분 자체를 위해서가 아니라 주님의 몸인 교회를 위해서 존재하는 섬김의 직분이라는 것이다. 목회자들은 슈퍼맨이 아니며 그럴 필요도 없다. 그럼 목회자의 주된 역할은 무엇인가? 목회자 혼자서 북 치고 장구 치고 다 하는 게 아니라 교인들이 받은 은사를 따라서 아름답게 봉사하고 섬기도록 훈련하고 돕는 역할이다. 이것이 기존의 견해와는 다른 부분이다.

그래서 '엘튼 트루블러드'는 첫 번째 종교개혁이 사제들의 손에 들려 있던 성경을 일반 성도들의 손에 들려준 것이라면 두 번째 종교개혁은 성직자들의 손에 들린 사역을 성도들에게 돌려줘야 한다"라고 했는데 이 말에 전적으로 동감한다. 문제는 아직도 많은 주의 종들이 사역이 마치 자기들의 전유물인 것처럼 내려놓지 못하고 있는 게 현실이다.

사도 바울은 엡 4:12절에서 "성도를 온전하게 하여"라고 했는데 온전이란 말이 헬라어 원어로 "카타르티스몬"이라는 단어인데 부러진 뼈를 맞추다, 찢어진 그물을 깁다, 혹은 훈련하고 준비 시키다라는 의미를 가지고 있다. 목회자들이 할 일이 바로 이것이다. 성도들이 주님의 몸 된 교회를 바르게 섬기고 아름답게 봉사하도록 영적으로 잘 훈련해서 하나님의 일하는 데 부족함이 없도록 구비시키는 일을 해야 한다.

좋은 지도자는 열 명의 몫을 혼자 다 하는 사람이 아니라 열 명의 사람에게 일을 나누어 주는 사람을 말한다. 그게 공동체에 훨씬 더 유익하기 때문이다. 이태리의 경제학자이며 사회학자였던 '빌프레도 파레토는 1896년에 발표한 그의 자료에서 소수의 20%가 다수의 80%보다 많은 부를 소유하거나 혹은 생산과 소비를 담당하는 것을 발표했는데 오늘날 일명 "파레토 법칙"으로 불리는 말이 되었으며 다른 말로 "2080 법칙"이라고도 부른다.

그런데 기존의 교회를 볼 때 다수의 교회가 '파레토 법칙'에 해당이 되고 있다는 사실이다.

20%에 해당하는 사람은 몇 가지의 직분을 갖고 이리 뛰고 저리 뛰며 분주하게 봉사하느라 일에 치여서 지쳐 있고 기쁨이 없는 고역 같은 신앙생활을 하는 경우가 많다. 안식일이 아니라 '안 쉴 일'이 되어서 교회 가는 게 부담스럽고 이것이 쌓이다 보면 문제가 터지게 된다.

목회자들이 이것을 빨리 깨닫고 성도들을 자유롭게 풀어줘야 한다. 주님께서 나사로의 무덤에 가셔서 "나사로야 나오라" 라고 외치셨을 때 죽었던 나사로가 수족을 베로 동인 채로 나올 때 그것을 보고 있던 사람들에게 "풀어 놓아 다니게 하라"(요 11:44)고 말씀하신 것을 기억하고 즉각 실천해야 한다. 그래야 교회가 건강해지고 아름답게 세워지기 때문이다.

이렇게 할 때 주님의 몸인 교회가 바르게 세워져 갈 수 있다. 바울 사도는 "머리가 되신 그리스도에게 자라 가라"고 주문한다. 육신의 성장은 20세가 되기 전에 멈추지만 영적인 성장은 제한이 없다. 교회 또한 마찬가지다. 계속해서 자라가야만 한다. 여러분의 교회는 어떤가? 아름답고 건강하게 꾸준히 자라고 있나? 성숙한 교회로 발돋움하고 있는가? 혹은 성장이 멈춘 교회는 아닌가?

주의 몸인 교회가 건강하게 계속해서 자라가려면 엡 4:16 말씀 대로 온몸이(교회) 각 마디(각 기관을 의미)를 통하여 도움을 받아야 하는데 이것은 굉장히 중요한 의미이다. 그동안 거의 모든 교회는 교회가 각 마디를 도와야 한다는 게 기존 상식처럼 되었는데, 성경은 각 마디가 온몸을 도와서 그 몸(주의 교회)을 자라게 하라는 것이다. 여러분의 교회는 어떤가? 몸에 도움을 주는 마디들인가? 아니면 몸의 도움만 받는 마디들인가?

두 번째 중요한 것은 "각 지체의 분량대로 역사하여 몸을 자라게 하라"는 것이다. 집에는 여러 종류의 그릇이 있지만 크기와 용도가 각각 다르다. 교회에도 다양한 그릇들이 필요한데 각 지체의 분량대로 역사할 때 주님의 몸이 아름답고 건강하게 자랄 수 있는 것이다. 당신은 어떤 그릇인가? 분량만큼 역사하고 있는가? 자신이 속한 공동체인 주님의 몸을 건강하게 자라게 하고 있는지 스스로 돌아보고 점검해 보자.

세 번째 중요한 것은 사랑으로 스스로 세워가야 한다는 것이다. 주님의 몸은 억지로나 의무감으로만 아니라 사랑으로 스스로 세우는 것이다. 그럴 때 교회가 가장 건강하고 아름답다. 교회를 교회되게 하는 가장 중요한 힘은 "사랑"이다. 말세의 특징 가운데 하나가 "사랑이 식는 것이다"라고 주님께서 말씀하셨다(마 24:12). 아무리 세상이 험악해지고 갈수록 죄가 많아져도 사랑이 이기지 못할 것

순회 선교사의 쓸모

은 없기 때문이다(고전 13:4~7). "아직도 세상을 이끄는 가장 중요한 것은 사랑이라고 믿는다"(마틴 루터 킹 목사). 말세가 가까울수록 가장 필요한 것은 서로 사랑하는 것이다(벧전 4:8). 건강한 그리스도의 몸을 세우는 것이야말로 우리 모두에게 부여된 아름다운 사명이다.

묵상과 적용

교회의 진정한 모습과 기능에 대해서 묵상하고 오늘날 건강한 교회가 되는 것에 대해서 자기가 섬기는 교회를 겸손히 돌아보고 주님이 원하시는 교회에 대해서 서로 나눠보자.

기도

사랑하는 주님, 주님께서 이 세상에 세우기를 원하셨던 성경적인 교회가 세워지도록 도와주세요. 한국교회가 복음적이고 성경적인 교회에서 벗어난 부분들을 과감히 버리고 초대교회의 아름다운 모습을 본받는 교회가 될 수 있도록 성령님 역사하시옵소서.

은퇴와
미련

은퇴를 앞두고 있거나 은퇴한 사람의 공통점이 있다면 "미련"을 쉽게 떨치지 못하는 것이라고 생각한다. 주변에서 은퇴하는 사람들을 보거나 얘기를 들어봐도 대동소이하다. 일반인들도 그렇겠지만 목회자로 은퇴한 나의 경우에 비춰봐도 그렇다. 예컨대, 은퇴할 때가 가까워지는 목회자는 "이제야 목회가 무언지 좀 알 것 같다. 앞으로는 더 잘 할 수 있을 것 같다"라고 생각하는 것이다.

"요즘은 성경이 다르게 보인다. 전에 보지 못하던 성경의 참맛을 알 것 같다"라고 말한다. "나 아직 건강해서 십 년은 너끈하게 더 할 수 있어. 왜 나보고 나가라는 거야?"라며 자리에 대한 미련이 남아서 쉽게 마음을 내려놓지 못하고 정리하지 못하는 것을 본다.

솔직하게 말하면 지난 40년 동안 목회하면서 보이지 않던 성경이 보일까? 그러고 싶은 미련이 커서 그런 생각이 드는 것을 착각하는 것은 아닐까? 그동안 수많은 기회를 하나님이 주셨는데 그때 못하던 사람이 나이가 들어서 목회하면 저절로 잘될까? 글쎄다.

순회 선교사의 쓸모

답은 미련이란 유혹의 덫에 걸리지 않는 것이다. 욕심의 그물에 걸리면 거기서 빠져나오기 쉽지 않음을 알아야 한다. 그런데 많은 사람이 여기에 걸려서 허우적대는 것을 심심찮게 본다. "날아가는 새는 뒤 돌아보지 않는다"라는 제목의 책에 있듯이 미련이 남아서 자꾸만 뒤를 돌아보며 하소연하려는 것이다. 아무리 생각해도 그건 정말 아닌데도 말이다. "오직 각 사람이 시험을 받는 것은 자기 욕심에 끌려 미혹됨이니 욕심이 잉태한즉 죄를 낳고 죄가 장성한즉 사망을 낳느니라"(약 1:14~15).

미련의 다른 이름은 "집착"이라고 할 수 있다. 집착을 사전에는 "어떤 것(일)에 마음이 쏠려서 잊지 못하고 매달림"이라고 정의하고 있다. 집착의 유의어로는 "애착, 집념, 미련"이 있으며, 상위어(上位語)로는 고집 등이 있고, 하위어(下位語)엔 "고정, 고착이나 아집" 등이 있다.

아무리 좋은 것이라고 해도 미련을 떨쳐버리지 못하거나 집착하는 것은 보기에 좋지 못할 뿐만 아니라 건강한 관계도 될 수 없다. 추해 보이거나 초라한 욕심으로 비치기 일쑤다. "삶의 목표가 행복이 되었더니 행복에 대한 집착이 생기고 행복한 순간에도 행복을 바라며 곧 불행해진다"라는 말이 있는데 완전 공감이 된다. 모래를 꽉 쥐면 쥘수록 단단히 뭉치긴커녕 손가락 사이로 빠져나가기 마련이 아닌가? 움켜쥐기만 하지 않아도 그대로 손바닥 안에 있을 텐데 말이다. "새 두 마리를 한데 묶어보라. 네 개의 날개를 갖는다고 하더라도 날지 못한다"라는 '수피 명언'이 있는데 동감 되는가? 많은 목회자가 "욕심을 버리라"라고 설교하면서 정작 자기 자신은 그렇게 하지 못하는 것을 본다.

기도하는 그리스도인들이 "다 내려놓게 해달라"라고 그럴듯하게 간구하지만 실제론 더 움켜쥐려고 하진 않는지 궁금하다. 인간적 욕심을 "하나님의 비전"이라는 그럴싸한 이름으로 포장하는 건 아닌지 정직하게 자신에게 물어봐야 한다.

신앙은 말이 아니라 삶으로 보이는 건데 말은 잘하지만 행동이 따라주지 않으면 공허한 메아리에 불과할 뿐이다. "내가 사람의 방언과 천사의 말을 할지라도 사랑이 없으면 소리 나는 구리와 울리는 꽹과리가 되고 내가 예언하는 능이 있어 모든 비밀과 모든 지식을 알고 또 산을 옮길만한 모든 믿음이 있을지라도 사랑이 없으면 내가 아무것도 아니요"(고전 13:1~2).

때가 되면 아무 말 없이 있던 자리에서 내려와 어디론가 자취도 없이 사라지는 나무에게 배우고 싶다. 하나님의 형상을 닮은 사람이 일개 나무만도 못해서야 되겠나. 미련과 욕심을 버리지 못해서 자신이 평생을 일군 공동체를 위기에 빠뜨리고 착하고 순수한 성도들에게 상처를 주고 무엇보다 하나님의 영광을 가린다면 그 책임을 어떻게 질려고 그러나?

미련을 버리지 못하면 미련한 인생이 되고야 말 것이다. 어떠한 핑계나 억지 합리화로 자기를 변호하고 자리를 내려놓지 못하는 우를 범하지 않기를 간구한다. 가슴을 치고 후회하기 전에.

순회 선교사의 쓸모

묵상과 적용

지금 자신의 인생에서 가장 내려놓기 힘든 게 무엇인지 묵상하고 정직하게 자신을 돌아보면서 아직도 버리지 못한 미련과 욕심이 있다면 솔직하게 서로 얘기하고 용기 있게 내려놓아 보자.

 기도

사랑하는 주님, 말과 행동이 일치하는 삶을 살도록 도와주시고 겸손하게 미련을 두지 않고 당당하고 멋지게 갈 길을 가게 하소서. 인생의 마지막이 아름다운 석양 같게 하소서.

부끄럽지
않게

담임 목회를 은퇴한 지 5년 되는 지금. 지난 5년 전을 회상하며 지난날을 추억하니 그저 감사한 마음이 내 안에서 샘솟듯 함을 느낀다. 그것은 전적으로 주님으로부터 온 것이며 위로부터 부어주시는 감당할 수 없는 백골난망의 은혜일 뿐이다. 은퇴를 앞두고 내가 하나님께 드렸던 기도는 크게 두 가지다.

하나는 은퇴할 때 하나님 앞에서나 성도들 보기에 부끄러움 없이 깔끔하게 은퇴하는 것이며 그러기 위해서 어떠한 조건도 내걸지 않고 아무런 부탁도 하지 않으며, 인간적인 어려움 등을 조금도 말하지 않고, 조용히 아름답게 은퇴하게 해달라는 거였다.

그렇게 마음을 먹은 것은 평소에 늘 갖고 있던 생각이었으며 선배들을 보면서 더 강하게 가지게 된 나의 소신 때문이다. 선배 목회자들이 은퇴하는 과정에서 교회와 밀당하는 것을 보고 들으며 나는 절대 저러지 말아야겠다고 결심했기 때문이다. 그런 일로 인해 자존심도 버리며 자신이 평생을 바쳐서 목회한 공동체가 어려움을

순회 선교사의 쓸모

겪고, 교우들이 나뉘고 사탄에게 시험의 빌미를 주는 것을 곳곳에서 보았다.

다시 말하면, 은퇴 이후의 삶의 준비가 충분히 되어 있지 않은 목회자들이 은퇴 후의 삶에 대해 걱정하면서 교회에 지나친 요구를 하는 경우가 비일비재한 것이 현실이다. '얼마를 달라'. '아파트를 해달라'. 혹은 '은퇴 전에 받던 봉급의 몇 %를 달라'라고 한다든지 대우에 관한 것을 협의하는 과정에서 전혀 덕스럽지 못하고 지극히 초라해지는 모습을 보고 들었기 때문이다. 심하게 표현하면 추해지기까지 하니까.

심지어 그런 과정에서 평생 쌓아온 존경과 덕스러운 모습을 한꺼번에 잃어버리고 물건 흥정하듯 자신의 가치를 스스로 깎아내리는 서글프고 안타까운 현상을 너무도 많이 대하면서 나는 절대 그렇게 하지 않고 은퇴하겠다고 굳게 다짐한 것이다.

은퇴가 얼마 남지 않았을 무렵, 비교적 젊은 장로님이 나에게 "목사님, 우리가 무엇을 도와드리면 되겠느냐?" 하고 물은 적이 있는데 "나는 그동안 여러분의 사랑과 섬김을 받으며 마음껏 선교하고, 기쁘게 사역했던 것만으로도 너무 감사하고 아무것도 바라는 게 없다"라고 진심 어린 마음으로 대답했다.

사실 나는 은퇴를 1년 정도 앞두고 인간적인 걱정이 없었던 것은 아니다. 왜냐하면 곧 1년 후면 은퇴해야 하며 그러면 지금 사는 교회 사택을 당연히 비워주고 어디론가 가야 하는데 살 집이 준비되어 있지 않아서였다. 그동안 모아놓은 돈이 별로 없었기 때문이다. 그럼 그때까지 뭘 했느냐고 반문할지 모르나 우리 부부는 물질을 쌓아두는 것은 하나님을 불신하는 것이나 마찬가지라는 생각으로 살아온 탓에 기실 모아둔 돈이 거의 없었다. 혹시 돈이 조금 모이면 선교사님들이나 개척교회를 위해서 드리고 기쁨으로 섬겼기 때문이다. 그 점에 대해선 지금도 전혀 후회가 없다.

이 얘기를 하면서 생각나는 게 있는데 첫 목회지 충주에서 사역할 때 교회에서 우리가 살 집을 사주었다. 새로 건축된 새 아파트인데 24평형이었다. 그 집에서 채 2년도 살지 못하고 두 번째 목회지 원주로 갔다. 그런데 원주로 가기 전에 아내가 내게 이렇게 말하는 것이다. "여보, 우리가 살던 아파트 교회에 반납했어요". 재정 집사님에게 말했더니 "그 집 목사님께 드린 거니까 갖고 가세요" 했다는 거다. 그 말을 듣고 "아니에요. 그 집은 우리가 갖고 갈 수 없어요. 성도들의 귀한 헌금으로 산 건데 우리가 가질 수 없어요."라고 재정부에 말했다고 나중에 내게 말한 것이다.

'부창부수'(夫唱婦隨)라고 했던가? 나도 그 말을 듣고 즉시 "여보 잘했어요. 나도 같은 생각이야"라고 진심으로 격려해줬다. 솔직하게 지금만 같아도 절대로 안 그랬을 것 같다. 그런데 그때는 우리 둘 다 아무런 다른 생각 없이 그렇게 하고 충주를 떠났는데 다시 생각해봐도 너무 잘했다고 생각한다. 한 점 부끄럼 없이 감사한 일이다.

나는 은퇴를 앞두고 앞으로 살 집에 대해 아내와 얘기할 기회가 있을 때마다 이렇게 말했다. "당신이 그렇게 아무 욕심 없이 기쁘게 아파트를 반납하고 왔는데 설마 하나님이 우리 살 집을 안 주시겠어? 그리고 돈이 생기면 개척교회나 선교사들 돕고 섬겼으니까 분명 주님께서 우리를 합당한 곳으로 인도해 주실 거라고 나는 믿어"라고.

물론 우리가 그런 계획을 하면서 주님을 섬기고 누군가를 돕고 집을 반납한 건 결코 아니다. 진심 어린 마음으로 했으니까 하나님이 책임져주실 거라는 어리광 같은 믿음에서 나온 고백이었을 뿐이다. 그런데 정말 신실하신 하나님은 우리가 생각한 것보다 훨씬 좋은 집을 주셨고 지금 너무 행복하게 살고 있으니 내 믿음이 틀리지 않았다(아직도 집을 구할 때 받은 은행 대출금을 조금씩 갚고 있지만).

두 번째는 은퇴 이후에 할 일을 허락해 달라는 거였다. 언젠가 집에서 T.V를 보는데 은퇴 이후의 삶에 대한 특강을 하는 프로를 보게 되었다. 알고 본 것은 아니고 마침 그 프로가 방영되고 있어서 은퇴할 때가 얼마 남지 않은 나인지라 유심히 보게 됐는데 강의 내용은 크게 네 가지였다.

은퇴 후에 가장 중요한 것은 할 일이 있어야 한다는 것. 둘째, 그 일을 할 수 있는 건강. 셋째, 최소한의 경제력. 넷째, 친구처럼 지낼 수 있는 배우자라는 거다. 평범한 내용이면서도 틀린 게 하나도 없는 당연한 거라서 지금도 마음에 새겨져 있다. 그래서 하나님 은퇴 후에 기쁘게 인생의 후반전을 드릴 수 있는 일하게 해달라고 기도했는데 나는 평생을 선교하는 일에 헌신했고 그 일을 할 때 너무 행복하고 보람을 느끼고 있어서 "세계를 순회 선교하면서 남은 생애를 드리고 싶습니다."라고 기도하고 있었는데 은퇴를 2년 앞두고 침례교해외선교부(FMB) 이사회에서 필요에 의해 세계순회선교사 제도를 만들었고 거기에 내가 부합함으로 인해서 담임 목회를 은퇴하고 동시에 제1호 침례교단 세계순회선교사로 임명받게 되었으니 얼마나 영광인가?

한 치의 오차도 없이 정확하게 역사하시는 하나님은 부족한 나를 위해서 너무도 소중한 세계순회선교사의 삶으로 헌신할 수 있는 자리로 부르셨다. 그리고 지난 5년 동안 행복하게 세계를 순회하며 보람있게 사역하고 있다. 감리교단의 창시자인 존 웨슬리 목사님이 "세계는 나의 교구다"라고 하셨는데 평소에 그 말을 좋아해서 설교할 때 가끔 인용했었다. 그런데 지금은 그 말이 나의 고백이 되었고 그렇게 살고 있다.

현역으로 일할 때보다 훨씬 더 바쁘게 그러면서도 매우 보람있게 선교지를 돌아보고 선교사들을 만나며 필요에 따라 적절하게 일하고 있는데 거의 쉴 틈이 없을 정도로 한해가 언제 가는지 모를 정도로 열심히 최선을 다해 사역하고 있다. 건방진 소리같이 들릴지 몰라도 "나만큼 행복한 목사 있으면 나와봐"라고 소리치고 싶도록 주님께서 붙들어 써주시니 그저 한량없는 은혜에 감사할 뿐이다. 주여, 찬양을 받으소서!

다른 건 몰라도 은퇴를 전후해서 내가 가장 잘한 일이 있다면 전혀 인간적인 계획이나 욕심을 부리지 않고 모든 걸 주님께 맡기고 잡음 하나 없이 은퇴한 일이다. 주님 보시기에나 동역자들 앞에서도 떳떳하게 말할 수 있어서 정말 감사하다.

세상에 존재하는 수많은 종류의 모델 중에, 목회와 선교의 모델도 필요하고 은퇴자와 은퇴 후의 아름다운 삶에 대한 모델도 있어야 하는데 내가 감히 그렇게 되고 싶다.

묵상과 적용

세상 모든 일에는 시작할 때가 있지만 끝날 때도 온다. 어떤 직장도 영원한 것은 없다. 하던 일을 멈추고 내려놓을 때가 오는데 그것을 준비해야 한다. 사람은 떠날 때가 멋있어야 하는데 그렇게 되기 위해 구체적으로 다짐하고 그것을 나눠보자.

기도

사랑하는 주님, 창세가 있고 말세가 있듯이 모든 일에는 마지막이 있고 끝을 맺을 때가 오는데 아름답고 의미 있는 마무리를 하도록 도와주시고 은혜롭게 살게 하소서.

세 부류의
장수

삼국지에 나오는 내용 중에 "맹장불여지장, 지장불여덕장"(猛將不餘 智將, 智將不餘德將)이란 말이 있는데 개인적으로 이 말을 좋아해서 내가 설교할 때 가끔 인용하는 내용이다. 용맹한 장수는 지혜로운 장수만 못 하고 지혜로운 장수는 덕을 가진 장수만 못 하다는 뜻이다. 이는 지도자를 세 부류로 나누어 말하고 있는데 지도자가 갖춰야 할 덕목 중에 최고는 '덕'이라는 것이다. 이 세 가지를 한 몸에 지니고 있다면 그야말로 금상첨화일 것이다. 그런 지도자를 말할 때 '성웅 이순신' 장군을 대표적으로 가리키는데 이의가 없을 것으로 본다.

국제 정세가 숨 가쁘게 돌아가고 격렬한 파도처럼 요동치는 난세에 이런 지도자가 절대 필요하다. 국가는 물론이거니와 사회 혹은 교회도 아름답고 선한 영향력을 가진 지도자를 만나는 일이 쉽지 않은 시대인 것 같다.

뉴스를 보면 늘 싸우는 모습만 보여주는 정치권의 추한 모습, 사

순회 선교사의 쓸모

회 각계각층 지도자들이 연출하는 치졸한 민낯은 염증을 느끼게
한다. 세상의 소금과 빛이 되어야 할 교회의 지도자들 또한 여기서
크게 다르지 않은 것을 볼 때 너무 아쉽다.

예수님께서 "너희 중에 큰 자는 너희를 섬기는 자가 되어야 하
리라"(마 23:11) 말씀하신 대로 참된 지도자는 겸손히 섬기는 리더십
이 있어야 한다. "지도자는 길을 알고, 길을 가고, 길을 제시하는 사
람입니다"(존 C. 맥스웰).

진정한 명장은 상대를 상하게 하지 않고 항복을 받아낸다는 말
이 있다. 이는 싸우지 않고 이기는 법을 가리키는 말인데 싸우지 않
고 이기는 가장 효과적인 방법이 뭘까? 서로 당연하게 주장하고 있
는 전선(戰線) 자체를 물리치라는 말이다

팽팽하게 맞서고 있는 것을 거두고 한 발 뒤로 물러나서 자신의
욕심을 과감하게 사심 없이 내려놓으면 해결된다. 손자가 싸우지
않고 적(상대방)을 굴복시키는 것을 최상의 전략으로 삼았던 것을
본받아 나라를 경영하고 기업이나 교회를 이끌면 바람직하겠다.

왜냐하면 모든 싸움은 반드시 쓰라린 대가를 지불하고 회복하
기 어려울 정도로 큰 희생을 치러야 하기 때문이다. "백 번 싸워 백
번 이기는 것이 선 중의 선이 아니라 싸우지 않고 적의 군대를 굴복
시키는 용병이 선 중의 선이다"(百戰百勝, 非善之善者也, 不戰而屈人之兵, 善
之善者也)라는 손자의 말에 너무 공감이 간다. 지도자의 자리에 있는
이들이라면 반드시 숙고해야 할 내용이 아닐까?

"아무 일에든지 다툼이나 허영으로 하지 말고 오직 겸손한 마음으로 각각 자기보다 남을 낮게 여기고"(빌 2:3).

"잘못을 찾지 말고 해결책을 찾으십시오" _헨리 포드- Henri Ford

📍 묵상과 적용

지식보다 지혜를 구하고 지혜보다 덕을 구하는 자세에 대해서 묵상하고 당신은 어디에 해당하는지 돌아보며 덕을 가진 자세를 갖는 것에 대해 나눠보자.

🤲 기도

사랑하는 주님, 영적 지도자로서 지성과 영성, 덕성을 함양하게 하시고 모두를 가슴에 품고 사랑으로 섬기며 공동체를 이끌게 해주세요. 자신보다 교회를 우선하게 하시고 교회보다 하나님의 나라와 영광을 드러내게 해주세요.

순회 선교사의 쓸모

직무 유기

직무유기죄(職務遺棄罪)라는 말이 있는데 공무원이 정당한 사유 없이 맡겨진 직무 수행을 거부하거나 직무를 유기하는 죄를 말한다. 비단 공무원만 아니라 하나님의 일을 하는 종들도 직무 유기에 대한 것을 적용한다면 모르긴 몰라도 해당하는 사람이 다수(多數)가 있을 것으로 생각된다.

직무 유기는 직장의 무단 이탈, 또는 직무를 의식적으로 포기하며 공동체에 피해 끼칠 가능성이 있는 태만한 행동을 일컫는다. 목사로서 평생을 살아오면서 느낀 것은 내 경험에 의하면 바쁘게 일하려면 한도 끝도 없이 바쁘지만 태만하고 요령을 부리려면 또한 얼마든지 태만할 수 있는 게 목회인 것 같다. 더군다나 목회는 일반 직장과 달라서 상사가 있다든지 감독자가 있는 게 아니라서 누구의 눈치도 보지 않는다. 그래서 목회하는 모습이 천차만별임을 얼마든지 볼 수 있다.

옛날 침례신학교 부흥회에 강사로 오셨던 고(故) 이상근 목사님이 "목회자가 공무원처럼 아침에 정시에 출근해서 8시간 근무하고 정시에 퇴근하듯이 그렇게만 일해도 인정받는 목사는 될 것이다" 라고 했던 말이 가끔 생각난다. 맞는 말이라고 동감이 간다.

하나님께서 우리에게 맡겨주신 직분과 사명이 얼마나 소중하고 귀한 것인가? 우리가 자격이 있어서 목사 혹은 선교사나 주의 일을 하는 사람이 된 것이 아니라 주님께서 은혜로 충성스럽게 여겨서 맡기신 거룩한 직분을 수행함에 최선을 다함이 마땅하다.

> "나를 능하게 하신 그리스도 예수 우리 주께 내가 감사함은 나를 충성되이 여겨 내게 직분을 맡기심이니 내가 전에는 훼방자요 핍박자요 포행자이었으나 도리어 긍휼을 입은 것은 내가 믿지 아니할 때에 알지 못하고 행하였음이라"(딤전 1:12~13).

하나님의 일에 부르심을 받은 모든 종은 신앙과 사명의 대선배이신 사도 바울의 고백과 같이 우리 생명을 아끼지 말고 최선을 다해 드리는 삶을 살아야 한다.

> "나의 달려갈 길과 주 예수께 받은 사명 곧 하나님의 은혜의 복음 증거하는 일을 마치려 함에는 나의 생명을 조금도 귀한 것으로 여기지 아니하노라"(행 20:24).

다시 말하거니와 우리가 복음을 전하는 사명자로 부르심을 받은 것은 우리에게 자격이 있어서가 아니라 전적인 하나님의 은혜라는 것이다. 이것을 안다면 하나님의 일을 할 때 어찌 최선을 다하지 않겠는가? 만일 하나님의 일을 맡아놓고도 태만하거나 불성실하다면 그것이야말로 직무 유기에 해당하는 것이다.

그런데 요즘 젊은 목회자들을 보면 다 그런 것은 분명히 아니지만 너무 꾀를 부리고 성실하게 사역하지 않는 이들을 본다. 솔직히 일반 직장인들이나 사업하는 사람을 보면 얼마나 노력하고 최선을 다해 열심히 사는가? 그런데 목회자들은 대다수가 세상 직업을 가져보지 않았거나 사업 전선에서 일해본 경험이 없어서 그런지 너무나 유약하고 힘든 일을 감당하지 못하고 어려워하는 것을 볼 때 실로 안타깝기 그지없다.

그래서 작은 교회를 목회하면서도 열심을 내지 않고 큰 교회 시스템만 도입해서 흉내를 내거나 정성을 기울이지 않는 것을 보면 너무나 답답함을 느낀다. 같은 죄인인 내가 봐도 그런데 선한 목자이신 우리 주님이 보실 때 오죽할까?

우리 선배들은 굶기를 다반사로 하고 금식이 아니라 굶식하면서 사역했고 기본적인 삶의 보장도 받지 못한 채 숱한 고난과 시련 속에 사역했는데 솔직히 오늘날 목회 환경이 얼마나 좋은가? 그런데도 힘들다고 불평한다면 부끄러워해야 한다.

복음을 전한다고 뺨을 맞아보길 했나? 욕을 먹길 했나? 예수 믿는 것 때문에 감옥에 가기를 했나? 예수 이름으로 어떤 고난을 겪었는지 자신을 돌아볼 때 떳떳한가? 당신은 최선을 다하는 목회를 하고 있나? 부끄러울 게 없는 일꾼으로 살고 있는가? 마지막으로 바울 사도가 한 말을 한 번 더 인용하고 싶다. 나에게도 하는 말이다.

"네가 진리의 말씀을 옳게 분변하며 부끄러울 것이 없는 일군으로 인정된 자로 자신을 하나님 앞에 드리기를 힘쓰라"(딤후 2:15).

🍃 묵상과 적용

먹든지 마시든지 무엇을 하든지 다 하나님의 영광을 위하여 하라는 말씀에 비추어 나 자신을 돌아보고 하나님과 자신에게 부끄럽지 않은 삶에 대해 나눠보자.

🙌 기도

사랑하는 주님, 하나님 보시기에 부끄럽지 않은 일꾼으로 바로 서게 하시고 맡겨주신 사명을 위하여 목숨이라도 드리는 심정으로 날마다 최선을 다해 섬기게 해주시고 직무를 유기하는 죄를 결코 범하지 않도록 항상 각성하고 깨어 있도록 도와주세요.

순회 선교사의 쓸모

유통기한

어느 식당에 갔다가 재미있는 글을 봤는데, 일리가 있어 옮겨본다.

> "친구를 만나 할 말 네 가지"
> * 불러줘서 고맙고
> * 만나줘서 감사하며
> * 기억해줘서 기쁘고
> * 잊지 않아 줘서 행복하다

우리도 친구 만날 때 자주 사용하면 좋겠다. 평소 좋아하는 후배 목사로부터 "부흥회를 해달라"라는 전화를 받았다. 십여 년 전에도 부흥회를 인도했던 교회인지라 무척 기쁘게 감사했는데 기억하고 잊지 않고 다시 초청해주니 더욱 고마운 일 아닌가. 나를 다시 불러 주는 교회가 아직도 많으니 주님의 크신 은혜일 뿐이다.

주님의 일에 부름을 받고 끊임없이 쓰임을 받는 것만큼 기쁘고 행복한 일이 세상에 있을까? 그래서 요즘 나는 너무 행복하다. "나만큼 행복한 목사 있으면 나와보라고 해"라고 세상에 외치고 싶다. 이는 진심이다. 이런 행복을 주신 주님의 은혜가 백골난망이라고 자주 고백한다. "푯대를 향하여 그리스도 예수 안에서 하나님이 위에서 부르신 부름의 상을 위하여 좇아가노라"(빌 3:14).

후배 목사의 전화를 받고 드는 생각은 "유통기한"이라는 단어였다. 유통기한(流通期限)은 특정 제품이 제조 후에 시중에 유통될 수 있는 기한을 말하는데 일반적으로 식품 등에 많이 사용되는 말이지만 의약품에는 '사용기한'이라는 말로 표기되어 있는데 비슷한 뜻으로 올해부터는 '소비기한'이라는 용어로 사용하기로 했다고 한다.

이 말을 하는 이유는 나는 사용기한이 과연 얼마나 될까? 하는 생각이 불현듯 들어서였다.

은퇴한 지 만 5년이 되었는데 주님께서 보시기에 쓸모 있다고 여기셔서 곳곳에서 말씀을 전할 수 있는 다양한 기회를 주시니 그저 감사할 뿐이다. 계속 사용해 주세요! 할 수 있다면 주님 앞에 가는 그날까지 행복하게 쓰임을 받는 게 간절한 나의 바람이다. 복음이 영원하듯이 나의 삶의 유통기한은 영원하신 주님께 가는 날이기 때문이다.

"녹슬어 없어지지 않고 닳아서 없어지는" 사명자로 살다 가는 것이 나의 소망이자 변치 않는 목표다. 그래서 나의 진정한 유통기한은 이 땅의 삶을 마치는 때다. "나의 달려갈 길과 주 예수께 받은

순회 선교사의 쓸모

사명 곧 하나님의 은혜의 복음 증거하는 일을 마치려 함에는 나의 생명을 귀한 것으로 여기지 아니하노라"(행 20:24).

 묵상과 적용

모든 일에는 때가 있는데 하나님의 일을 하고 말씀을 전하는 일도 언젠가는 끝날 때가 올 것을 명심하고 남은 생애 동안 어떤 태도로 말씀을 전할 것이지 나눠보자.

 기도

사랑하는 주님, 한번 밖에 살 수 없는 이 세상에서 영원한 하나님의 나라와 복음을 전하는 사명자로 살게 하시니 감사합니다. 나의 생명 다하는 그 날까지 성실하게 달려가며 주의 사랑을 마음껏 증거할 수 있도록 도와주세요.

채송화

지금은 거의 찾아보기 힘든 꽃이 되었는데 우리 어린 시절에는 '채송화'가 집집마다 많이 있었다. 옛날 단독 주택 시절 장독대 주변에는 거의 자그마한 채송화가 피어 있었다. 우리 집 장독대 주변에도 앙증맞은 채송화가 무리 지어 피어 있었는데 사랑스럽고 소박한 꽃으로서 요즘 아이들은 잘 모르는 꽃이다.

고등학교 일학년 재학 시절에 가세가 기울어진 우리 집은 생활고가 버거웠다. 그래서 새벽에는 조선일보(당시엔 조간이었음)를 저녁엔 동아일보를 돌리면서 학교를 다녔다. 그러다 보니 중고등학교 시절엔 수학여행도 못 가고 때로는 소풍도 가지 못했다.

지금은 시스템이 다른 것으로 아는데 그 당시만 해도 신문 배달원이 직접 수금도 해야 했는데 이게 만만하지 않았다. 수금이 잘 안될 때가 많았는데 그러면 신문사 총무에게 혼나기 일쑤였고 내가 받아야 할 수입에서 그만큼 손해를 감수해야만 했다.

그런 일이 계속되면서 나는 점점 학교생활이 싫어졌고 인생 자체에 흥미를 잃었다. 당시는 수업하다가도 선생님이 수업료 못 낸 사람 가방 싸서 집에 가서 수업료 갖고 오라며 돌려보내기도 했는데 이게 너무 창피하고 열등감을 느끼게 되었기 때문이다.

그래서 늘 고민하면서 사춘기 학창 시절을 보내곤 했었던 나는 인생의 근원적인 질문 "인생은 무엇인가?", "사람은 왜 사는가?", "공부의 목적과 의미는 무엇인가?", "인간은 어디서 와서 어디로 가는 존재인가?" 등. 제법 철든 사람의 생각과 물음을 던지면서 학창 생활을 이어가고 있던 어느 날 학교에서 돌아와 마당에 있었던 나를 누군가가 부르는 것이었다.

"형윤아!"

분명 나를 부르는 소리였다. 그러나 아무도 보이지 않았다. 다시 소리가 들렸다. "형윤아"

아무리 찾아봐도 사람의 그림자도 없는데 나를 누가 부른 것이다. 세 번째 소리가 또 들려 왔다.

"형윤아!"

나는 조심스레 소리 나는 방향을 유심히 살폈다. 놀랍게도 장독대 사이에 피어 있는 작은 채송화가 나를 부르는 것을 발견했다. 깜짝 놀란 나에게 채송화가 말을 걸었다.

"너는 젊은 애가 왜 그렇게 핏기가 없고 소심하며 의기소침하게 움츠리고 사느냐"라는 거다. 나는 솔직하게 얘기했다.

"집이 가난하고 때론 먹을 것조차 없고 학비도 못 내고 기본적인 삶도 보장 안 된 이 세상을 살기가 싫다. 그리고 내가 왜 이 세상을 살아야 하는지 분명한 이유도 잘 모르겠다"

내 말을 들은 채송화는 놀랍게도 하나님에 대해서 얘기하며 나보고 하나님을 믿으면 내가 달라질 거라는 거였다. 하나님이 만물을 만드셨는데 나보고 그 하나님을 만나보라는 것이다. 그러면서 "나를 보라"라는 것이다. "나를 하나님이 만드셨기에 매년 똑같은 시기에 같은 모양으로 피는 것"이라고 했다. 우리 집에 있는 채송화나 학교에 있는 채송화나 다른 지역에 있는 채송화가 다 같은 것을 보면 모르느냐는 것이다. "이는 일정한 법칙이 있으며 그 법칙을 만드신 분이 조물주 하나님"이시라고 했다. 그래서 그 말을 듣고 일리가 있다고 생각한 나는 "네 말대로 하나님이 계신다면 나도 그분을 만나고 싶다"라고 말하고, 채송화에게 하나님을 믿겠다고 약속했다.

막연하게 하나님을 믿기로 한 나는 "하나님이 어디 계실까?" 생각하다가 하나님은 교회에 계실 거라는 생각이 미치자 나는 교회에 너무 가고 싶어 견딜 수가 없었다. 그래서 다음 날 아침에 학교에 가자마자 같은 반 친구를 찾아가서 "네가 교회에 다니는 것 같은데 네가 다니는 교회에 갈 테니 데려가 달라"라고 했는데, 그게 나의 첫 교회인 충주성결교회였다. 거기서 침례신학교를 들어올 때까지 신앙생활을 했다.

이런 말을 하면 어떤 이는 내가 과장 되었거나 혹은 지어낸 이야기로 들릴지도 모른다. 결코 조금도 그렇지 않다. 고등학교 1학년 때 친구 집에 갔었는데 책꽂이에 "성 프랜시스 전(傳)이 있어서 빌려다 단숨에 읽었는데 거기 이런 내용이 나온다. 프란시스가 숲속으로 들어가서 혼자 묵상하고 기도하는 시간을 가질 때 프랜시스가 찬양하고 설교하면 숲에 사는 맹금류가 와서 양처럼 꼬리를 흔들며 보았다는 말이 나온다. 그리고 프랜시스가 해와 달과 별 그리고 나무를 보며 사랑으로 노래하며 대화하는 장면도 나오는데 나는 다 그대로 믿어졌다. 나도 그랬기 때문이다. 지금도 나는 꽃을 보면 그때의 추억이 감동스럽게 떠오른다. 그래서 꽃을 더 사랑하고 함부로 꺾지 않고 강단에도 꽃을 장식하지 않는다.

하나님의 역사하심은 참으로 다양하다. 측량할 수 없는 방법으로 하나님의 때에 자신을 계시하시고 하나님만의 방법으로 자기 뜻을 이루어 가신다. 이것을 가리켜서 '일반 은총' 혹은 '일반 계시'라는 말로도 풀이된다. "옛적에 선지자들로 여러 부분과 여러 모양으로 우리 조상들에게 말씀하신 하나님이"(히 1:1). 당신도 꽃과 대화해 본 적이 있는가?

🌿 묵상과 적용

하나님은 획일적이거나 한 가지 방법으로만 역사하시지 않으며 다양한 방법을 통해서 역사하시고 사람을 구원하시는 것에 대해 묵상하고 자기가 구원받은 것에 대해서로 나눠보자.

🙏 기도

사랑하는 주님, 어느 면으로나 도저히 구원받을 자격도 없는 죄인인 우리를 무한한 사랑으로 구원해 주시고 자녀 삼아 주셔서 감사드립니다. 세상 모든 사람을 구원하기 원하시는 주님의 다양한 손길에 감사드리고 우리도 그렇게 복음을 전하게 해주세요.

눈물의
부흥회

지금부터 거의 30년 전쯤으로 기억하는 아직도 잊지 못하는 교회
가 있는데 전남 여천에 있는 여천침례교회다. 오래전 김대경 전도
사님이 개척한 교회인데 개척 1주년 기념 부흥회를 하면서 나를 초
청한 거다. 여천공단이 조성되면서 생긴 도시가 여천인데 그때 막
여천에 개발붐이 일어나면서 신도시가 형성될 때 여천침례교회도
개척된 것이다.

　전라도에서는 침례교회를 거의 이단시하던 시절인데다 개척 교
인 하나 없이 맨주먹으로 시작한 교회이니 얼마나 어려울지 충분
히 상상이 갈 거다. 나는 생전 처음으로 여천침례교회를 물어물어
찾아갔다. 그때는 지금처럼 자가용도 없어서 버스를 타고 늦게 도
착한 나는 겨우 교회에 갈 수 있었다.

　허름한 골목 2층 상가 건물에 세 들어 있던 교회는 한눈에 봐도
연약한 교회로 보였다. 예배당에 들어가서 보니 장의자가 양쪽으
로 나뉘어 있었는데 한 줄에 의자가 열 개씩 모두 20개가 놓여 있었

다. 뒤에 앉아서 보니까 모두 열두 명이 모여 있었다.

재미있는 것은 사람들이 많게 보이게 하려고 한 줄에 한 명씩만 앉혀 놓았는데도 불구하고 여덟 개가 비어 있었다

열두 명 중에 어린아이가 두 명이었고 전도사님 부부 포함 어른은 열 명이었다. 나는 잠시 기도하는 중에 이런 생각이 들었다. "주님, 제가 비록 아무리 무명한 목사이지만 명색이 심령부흥회인데 애들까지 열두 명밖에 모이지 않았는데 부흥회가 될까요?"라는 생각이 들었다. 그러자 주님께서 마음에 이런 깨달음을 주셨다. "이놈아, 너는 성경도 모르느냐? 마태복음 18장 20절에 너희 중에 두세 사람이 내 이름으로 모인 곳에 나도 함께 있겠다고 하지 않았느냐?"라는 말씀으로 훈계하셨다.

그러고 보니 비록 전도사님 아이들까지지만 열두 명이나 모였으니 주님이 말씀하신 것보다 여섯 배나 많이 모인 것이다. 그래서 첫 시간부터 정말 열심히 말씀을 전했다. 마치 1,200명이 모인 것처럼 온몸이 땀에 젖도록 혼신의 힘을 다해서 설교했는데 양복에 소금기가 앉을 정도로 했다. 신기한 것은 말씀을 들으면서 전도사님을 비롯해서 모든 교인이 울면서 말씀을 들은 것이다. 아이들도 울었는데 그건 아마 자기 부모가 우니까 덩달아 따라서 운 것 같다.

그때는 하루에 세 번 새벽, 오전, 저녁 집회를 했다. 그것도 목요일 저녁까지. 3박 4일 동안 겨우 열두 명에 불과한 성도들과 함께 천국 부흥회를 기쁘게 했는데 마지막 시간에는 20명이나 모여서 예배를 드렸다. 12명에서 20명이 되었으니 얼마나 많이 부흥된 것

인가? 여덟 명이 더 온 것이다. 그런데 신기한 것은 새벽에도 오전에도 저녁에도 모든 교인이 다 모였고, 매시간 눈물을 흘리면서 말씀을 듣는 것이다. 그런 모습을 보면서 나도 눈물과 땀으로 범벅된 설교를 했고, 몸은 파김치가 될 정도였으며 목이 다 잠기게 되었지만 너무 기쁘고 행복한 집회를 했던 기억이 아직도 새롭다.

집회를 다 마치고 떠나는 날, 나는 김 전도사에게 물었다. "왜 그렇게 울었느냐고?" 그랬더니 "선배님이 오셔서 너무 열심히 집회를 인도해 주셔서 고마워서 울었고, 말씀에 은혜를 받아서 울었으며, 그동안 이단 소리를 들으면서 힘들었는데 격려받고 감사해서 울었고, 힘들고 서러웠지만 집회를 통해 위로받아서 울었다는 것이다. 그야말로 눈물의 부흥회가 된 것이다.

지금까지 전 세계를 다니면서 수많은 곳에서 말씀을 전하고 집회를 인도했어도 여천침례교회만큼 가슴에 깊이 새겨진 교회도 몇 안 된다. 참으로 인상적인 교회를 통해서 나의 집회 철학이 생기기도 한 것 같다. 어느 교회에 가도 교회 규모나 숫자를 보지 말고 기쁘게 최선을 다해 집회하는 자세를 갖게 되었다. 다시 여천침례교회 같은 교회에서 집회해도 변함없이 그렇게 하고 싶다.

순회 선교사의 쓸모

🧭 묵상과 적용

오늘날 모든 것이 사이즈와 숫자로 저울질 되고 판단하는 때에 비록 적지만 하나님 보시기에 순수하고 아름다운 모습을 잃지 않고 교회다운 교회의 모습을 간직한 교회가 되는 것에 대해서 함께 나눠보자.

🙏 기도

사랑하는 주님, 자본주의에 물든 시대에 교회들도 수와 양으로 모든 것을 판단하고 차별하는 실수를 저지르고 있음을 봅니다. 우리는 그러지 않게 하시고 순수한 모습으로 주님의 교회를 세우고 성경적인 교회를 이루게 해주세요.

그럴 수
있지

첫 목회지 충주에서 있었던 일이다. 교인이 학생과 청년들 중심이었고 장년은 몇 명 되지 않을 때였다. 대구에서 이사를 왔다며 한 가정이 등록했다. 그때만 해도 지금 같은 목회 관이 정해지기 전이었기에 아무나 등록하면 그대로 받아주던 때였다.

부인이 먼저 나왔고 이어서 남편도 나왔는데 경상도 사나이의 굵직한 목소리를 가진 사람인데 그의 말에 따르면 자기는 '어깨 생활'을 했다고 했다. 다시 말하면 깡패 생활을 한 적이 있다는 것이다. 그래서 그런지 몰라도 말이 거칠고 자기 성질대로 안 되면 즉석에서 화를 내고 툭하면 언성을 높이는 스타일이었다.

부인은 말수도 별로 없고 겸손하며 기도하는 사람임에 비해서 남편은 전혀 그렇지 않았다. 딱히 직업도 없는 그는 교회에서 회의할 때마다 자주 사람들과 부딪혔다. 그 이유는 자기주장이 강해서 자기 의견대로 안 되면 사사건건 시비조로 말하고 자기 말이 관철될 때까지 고집을 부리는 자세를 갖고 있어서 회의가 제대로 진행

순회 선교사의 쓸모

될 리 없었다. 나도 그 집사님 때문에 자주 힘들어했다.

지금은 절대 그렇지 않으나 그때는 교인 한 명이 새로울 때인지라 다른 곳에서 집사였다고 하면 그대로 집사로 받아줬는데 이게 화근이 될 줄 몰랐다. 그래서 몇 안 되는 교인 대표로 집사 회의할 때 그 집사도 참석했고 그의 강성 태도로 인해서 회의가 길어지거나 분위기가 어색해질 때가 많았다.

하루는 어떤 가정이 특별헌금을 100만 원을 했다. 지금부터 약 40년 전이니까 지금 물가로 환산하면 500만 원 정도 될 것 같다. "교회에 필요한데 써 달라"라는 헌금자의 취지를 살려서 어디에 쓸 것인지 집사 회의에서 상의했다. 그런데 아니나 다를까 자기주장만 고집하며 다른 이들의 의견을 묵살하고 억지를 부리고 있었다. 그래서 내가 "이번엔 집사님이 양보하시는 게 좋겠다"라고 했는데 벌떡 일어서더니 나를 째려보면서 "느그들끼리 다 해쳐 먹어"라고 경상도 억양으로 큰 소리로 화를 냈다.

나는 그날은 참지 않았다. 그때가 벌써 다섯 번째였기 때문이다. 네 번째까지는 참았는데 그 모습을 본 새 가족이 교회를 떠난 적도 있었기 때문에 더 이상 묵과하지 않기로 마음먹고 있었던 터였다. 교회가 작으니 따로 회의실이 없어서 예배 끝난 다음에 예배당에서 회의했다. 그러다 보니 예배당을 오가는 학생과 청년들이 그 모습을 다 보곤 했다. 그날 회의하는 것을 어머니와 아내도 보았다.

나는 화가 났지만 억누르고 참으면서 올려다보며 "다 해쳐 먹으라니?"라고 맞받았다. 그러자 그 집사는 "어, 이게"라며 주먹을 쥐는 게 보였다. 나도 지지 않았다. "이게라니?" 그 집사는 한술 더 떠서 "이 자식이"라며 나를 곧 한 대 칠 기세로 욕을 했다. 나도 질세라 벌떡 일어서서 "이 자식이라니?"하고 응수했다. 이내 난리가 났다. 주일에 예배드린 자리에서 회의하다가 담임목사와 집사 간에 대판 싸움이 벌어질 기세였으니 말이다. 집사들은 "목사님이 참으세요. 지는 게 이기는 거예요"라며 나를 말리고 그 집사를 데리고 밖으로 나갔다. 그 광경을 어머니가 보셨는데 충격을 받아서 한 달간 싸고 드러누우실 정도였다.

회의고 뭐고 난장판이 된 셈이다. 나는 너무 화가 났다. 도저히 견딜 수 없던 나는 자전거를 타고 거리로 나갔다. 바람이라도 쐬어야지 답답하고 화가 난 가슴이 진정될 것만 같았다. 길을 가다가 한때 교회를 같이 다니던 고등학교 친구를 만났는데 그가 내 얼굴을 보더니 "형윤아! 무슨 일 있냐?"라고 내 이름을 부르며 걱정스레 물었다. "나는 자세히 다 말할 수는 없었지만 친한 친구인지라 솔직하게 얘기했다. 예배 후에 교회에서 회의하다 의견 충돌로 교인하고 다투고 바람 쐬러 나온 거야"라고 했더니 그가 대번에 이렇게 말했다. "야! 너는 같은 하나님을 믿으면서 이러냐! 조용기 목사님은 교인 2~30만 명(1985년 그 당시 여의도 순복음교회 교인 추정)이나 거느리는데 너는 고작 100명도 안 되는(학생들 포함) 적은 교인 하나 건사 못해서 싸우고 이짓을 하며 다니고 있냐?"라고 나를 직설적으로 조용히 혼내주었다.

나는 그때 그 친구 말이 하나님의 음성으로 들렸다. 신기하게도 이내 내 맘이 고요히 가라앉았다. 그래서 자전거를 몰고 다시 교회

순회 선교사의 쓸모

로 갔다. 그리고 내 서재로 들어가서 붓을 꺼내 집에 있던 화선지에 다 "그럴 수 있지"라는 내용을 큰 글씨로 쓰고 다시 밖으로 나갔다.

돌아보니 그 집사님(나보다 열 살이 연상이심)이 이해되었다. 원래 먹은 마음은 없이 교회 일하다가 그런 건데 의견이 서로 다를 수 있잖아? 성격이 급해서 그렇지 그 사람은 뒤끝은 없잖아. 다 교회를 위한 거지 다른 건 아니잖아 등등 그래서 그가 불쌍하게 생각이 들었고 그의 행동이 옳은 것은 아니지만 이해가 되었다.

"그럴 수 있지"라며.

그때부터 나의 목회 철학 중의 하나가 "그럴 수 있지" 목회다. 몰라서 그럴 수 있지, 배우지 못해 그럴 수 있지, 생각이 다르고 고집이 세서 그럴 수도 있지 등등.

나는 "그" 자로 시작되는 목회 철학 몇 가지를 중요하게 마음에 담고 평생 목회했다. "그럴 수도 있지", "그럼에도 불구하고", "그리 아니하실지라도", "그것까지도", "그냥" 등이다. 이런 마음가짐으로 평생 살아왔고 사람을 대했으며 목회했는데 지금 생각해도 잘한 일이라고 여겨진다. 내가 잘했다기보다 그런 태도가 목회에 많은 도움이 되었기 때문이다.

그날 저녁 나는 아내에게 "여보 갈 데가 있어"라고 말하자 곧 눈치를 채고 "당신은 그런 수모를 당하고도 갈 생각이 드냐?"라며 자기는 안 가고 싶다고 했지만 내가 고집을 부렸다. "당신은 아무 말 안 해도 되니까 그냥 옆에만 있으면 된다"라며 설득해서 저녁때 그 집사님 집으로 갔다. 있는 돈 없는 돈 다 끌어모아서 그 집 애들(어린 딸들) 과자와 과일을 사서 들고 갔다. 지금처럼 핸폰은 커녕 전화도 없던 집인지라 간다는 연락도 없이 우리가 방문하자 그 부인은 어쩔 줄 몰라 했고 큰소리쳤던 집사도 안절부절못했는데 아무것도 모르는 어린 딸들은 과자만 보고 좋아했다.

나는 그 집사님 등을 어루만지며 "집사님 다 이해한다. 우리가 교회 일하려고 그랬지 다른 뜻이 있는 것 아니지 않느냐. 없던 일로 할 테니 미안해하지 마시라"라고 위로했다. 제대로 얼굴도 못 드는 그 부부를 잠시 찾아보고 돌아오는 내 발걸음이 가벼웠다. 이상한 것은 그때로부터 한 달 후에 그 집사님 가정은 갑자기 왔던 곳으로 돌아가게 되었다. 그래서 자연스레 그 일이 마무리되었다. 돌아간 그 집사님은 그 후 내게 두 통의 사과 편지를 보내왔는데 일부러 답장은 하지 않았다. 다 지난 일이라.

그로부터 약 10년의 세월이 흐른 어느 날 주일 예배에 그 집사님의 부인 집사님이 참석하셨다. 머리에 상중(喪中)임을 알리는 핀을 꼽고 오셨는데 자기 남편이 얼마 전 하늘나라로 가셨다는 것이다. 그래서 늦게라도 대신 사과드리러 왔다고 하셨다. 그러고 보니 내가 편지 답장하지 않은 게 좀 미안하다는 생각이 들었다. 혹시라도 나중에 천국에 가서 만나면 미안할 것 같아서였다.

내 평생의 목회에서 가장 험한(?) 경험이었다. 그러나 그 일로 말미암아 내게는 중요한 깨달음이 있었는데 하나는 절대로 아무나 등록 신자로 받지 않는다는 것과 다른 데서 받은 직분이라도 그냥 바로 인정하지 않고 일정 기간을 두는 것이다. 그리고 무엇보다 "그럴 수도 있지"라는 중요한 기둥 하나가 세워진 것이다.

주님도 나를 보고 그러시겠지. "그럴 수 있단다". "예. 주님, 알아주셔서 고맙습니다."

 묵상과 적용

교회를 다니며 헌신할 때 중요한 태도에 대해서 묵상하고 자기의 모습을 돌아보며 주님이 기뻐하시는 충성된 일꾼의 모습에 대해서 나눠보자.

 기도

사랑하는 주님, 주님께서 세우시고 원하신 교회의 모습과 교회 일꾼의 사명과 역할에 대해서 바로 알게 하시고 말없이 겸손하게 섬김을 실천하며 살게 해주세요.

어쩌다

'어찌하다가'의 준말이 '어쩌다'인데 우리 삶에 자주 쓰이는 용어이다. '어쩌다 어른'이 되었다거나 '어쩌다 보니 지금 이 자리까지 왔다'라는 식으로 말을 하는 경우가 많다. 더러는 '어쩌다 보니 교인이 되어 있었다'라고 말하는 신자들도 있다. 얼떨결에 교회 다닌다는 사람도 있구요. 우스갯소리로 얼떨결에 목사가 되고 선교사가 되었다고 한다. 당신은 어떤가?

어쩌다는 말은 특별히 신경 쓰지 않았는데 어느 날 보니까 이렇게 되어 있더라는 의미와 같다. 계획한 것도 아니고 마음먹은 것도 결코 아닌데 결과적으로 그렇게 되었다는 인정 같은 것이다. 어쩌다 되었는지는 몰라도 분명한 것은 지금 그렇게 되었음을 받아들이고 그에 맞는 최선의 삶을 살아야 한다는 것이다. 우리 삶에 우연은 없기 때문이다. 인생의 주관자시며 섭리하시는 하나님의 계획을 지금은 다 볼 수도 없고, 또 알 수도 없지만 언젠가는 반드시 알게 될 것이다.

바울 사도의 고백은 그런 면에서 공감이 간다. "우리가 이제는 거울로 보는 것같이 희미하나 그때에는 얼굴과 얼굴을 대하여 볼 것이요 이제는 내가 부분적으로 아나 그때에는 주께서 나를 아신 것 같이 내가 온전히 알리라"(고전 13:12).

어쩌다 만난 인연, 어쩌다 겪은 사건 속에 녹아 있는 하나님의 섭리와 인도하심을 알게 하시고 온전히 순종하기를 원한다. 어떻게 하다 보니 여기까지 왔는데, 분명한 것은 모든 게 '에벤에셀'의 은혜의 손길이었다는 것이다. 우리가 볼 때는 우연히 여기까지 온 것처럼 보일지 모르지만, 필연적인 주님의 섭리와 인도하심이었음을 믿고 감사해야 한다.

물론 지금도 우리의 좁은 머리와 가슴으로 이해할 수 없는 고통과 담을 수 없는 아픔이 있음을 안다. 그럼에도 불구하고 우리와 함께하시는 하나님을 깊이 신뢰하고 의지하면서 나아갈 때 하나님의 살아계심을 친히 경험하며 누리게 될 것이다.

하나님은 우리의 머리로 다 이해하거나 계산될 수 없는 분이시다. 우리 머리로 다 이해가 되면 그건 신앙이 아니라 과학의 틀에 하나님을 집어넣거나 가두려는 것에 불과하다. 하나님은 토론이나 이해의 대상이 아니라 신앙의 대상이시다. 인생을 살면서 우리의 이해의 범주를 넘어서는 사건이나 경험하게 될 때가 많다. 그리고 어쩌다 이렇게 되었나 또는 얼떨결에 여기까지 왔나 하는 생각에 사로잡힐 때가 분명히 있다. 누구도 예외가 없을 것이다. 이럴 때 우리가 취할 수 있는 것은 모든 것을 있는 그대로 받아들이고 "왜"

가 아니라 "어떻게"를 물어야 한다는 거다.

요한복음 9장에는 예수께서 길을 가시다가 날 때부터 소경 된 사람을 만나시는 장면이 있다. 그때 제자들이 주님께 "이 사람이 소경으로 난 것이 뉘 죄로 인한 것입니까?"라는 질문을 했는데 주님께서 "이 사람이나 그 부모가 죄를 범한 것이 아니라 그에게서 하나님의 하시는 일을 나타내고자 함이라."(요 9:3)라고 말씀하신 것을 본다. 사람들은 어떤 문제나 고난 앞에 서면 예외 없이 "왜"라고 따지듯 기도하거나 물어온다.

주님의 대답 속에서 우리가 알아야 할 것은 왜가 아니라 '어떻게'다. 어떻게 하면 하나님의 영광을 드러낼 수 있는지? 어떻게 하는 것이 그리스도인 다운 처신인지? 어떻게 해야 문제 속에서 최선의 삶을 살 수 있을지?를 찾는 것이야말로 우리가 가져야 할 바른 태도이기 때문이다.

어쩌다 여기까지 왔으며 어쩌다 그런 일이 벌어진 것 같지만 보이지 않는 하나님의 계획 속에 우연이 아닌 필연적인 섭리와 주권하에 지금 오늘을 살고 있음을 알아야 한다. 이제부터 질문을 바꾸도록 하자. 어떻게 하면 기쁘게 하나님의 영광을 드러낼 수 있는지요?

순회 선교사의 쓸모

🗨 묵상과 적용

어쩌다 오늘을 맞이한 것이 아니라 하나님의 인도하심과 섭리로 말미암아 여기까지 온 것을 돌아보며 앞으로 어떤 태도로 하나님의 영광을 드러내며 살 것인지 묵상하고 나눠보자.

🙌 기도

사랑하는 주님, 하루하루가 주님의 계획안에 있음을 믿습니다. 걸음마다 자국마다 주님의 영광만 나타내고 주님의 이름 앞에 합당한 삶을 살아드리는 삶이 되기를 기도합니다.

이름을
부르세요

요한복음 10장 3절에서 주님은 목자들에게 해야 할 일을 말씀하셨
는데 이름을 부르는 것이라고 하셨다. 이름을 부르되 '각각' 부르라
는 것이다. "문지기는 그를 위하여 문을 열고 양은 그의 음성을 듣나
니 그가 자기 양의 이름을 각각 불러 인도하여 내느니라"(요 10:3).

내가 목사 안수를 받기 위해서 준비하며 기도할 때 하나님께서
나에게 주신 말씀이 바로 요한복음 10장 1~4절이다. 이 말씀을 통
해서 나의 목회 관이 분명하게 정해졌는데 그중 하나가 '이름을 부
르는 것'이다. 그때부터 나는 교회의 모든 교우들의 이름을 기억하
고 부르기 시작했다. 어린이 유치부까지 이름을 다 외우고 각각 이
름을 불러 주었다. 이름을 혹시 모르면 이름부터 물어보고 그의 이
름을 불러 주었다.

평생 40년 동안 세 교회에서 목회했는데 세 교회의 교인들 이름
을 다 알고 일일이 불러 주었다. 특히 어린아이들 이름도 언제나 기
억하고 교회에서 볼 때마다 그들 이름을 부르며 기도해 주었다. 그

순회 선교사의 쓸모

러면 신기하게도 어린아이도 자기 이름을 부르며 기도하는 기도를 좋아하고 보채지 않고 잘 듣는 것을 항상 느꼈다. 그리고 그 부모들은 너무 좋아하며 자기가 기도 받는 것보다 더 좋아했다.

목자로서 자기에게 맡겨진 양들 이름을 아는 것은 필수라고 생각한다. 어떤 목회자는 "자기는 이름 외우는 것에 은사가 없다"라고 말하는데 조심스러운 말이지만 그건 구차한 변명에 지나지 않는다고 생각한다. 물론 교인이 기천 명이 되면 머리가 좋지 않은 사람은 다 외우긴 힘들 것이다. 그건 인정하지만 겨우 몇백 명도 안 되는 교인들 이름을 다 기억하지 못한다면 그것은 머리의 좋고 나쁨이 아니라 마음과 태도의 문제가 아닐까?

조심스러운 말이지만 양의 이름을 모르는 목자는 목자가 아니라고 생각한다. 수천 명, 수만 명이 모이는 대형교회 목회자들은 단지 좋은 설교자 혹은 유능한 행정가나 탁월한 지도자는 되겠지만 참 목자는 아닐 것이다. 이름을 모르거나 못 외우면 목사가 아니거나 목회자의 자격이 없다고 말을 하려는 게 아니다. 양을 대하는 목회자의 마음과 태도에 대해서 강조하고자 말한 것이니 오해가 없기를 바란다.

양의 이름을 부르기 위해서 전제되는 것은 당연히 양의 이름을 알아야 한다. 이름을 모르는데 어찌 부를 수 있을 건가? 목자에게 주어진 사명은 맡은 양들 이름을 하나하나 부르면서 기도하고 꼴을 먹이며 돌보아주는 것이라고 본다.

단지 막연하게 얼굴 정도만 아는 것과 그의 이름을 기억하며 부르는 사이는 차이가 크다. 다정하게 이름을 불러 주는 사이가 된다면 얼마나 좋을까? 전 국민을 대상으로 하면 윤동주의 "서시" 다음으로 널리 애송되는 시가 김춘수의 "꽃"이라고 하는데 이 시는 시인들조차 즐겨 암송하는 시라고 한다.

내가 그의 이름을 불러 주기 전에는
그는 다만 하나의 몸짓에 지나지 않았다.

내가 그의 이름을 불러 주었을 때
그는 나에게로 와서 꽃이 되었다.

내가 그의 이름을 불러 준 것처럼
나의 이 빛깔과 향기에 알맞은
누가 나의 이름을 불러 다오
그에게로 가서 나도 그의 꽃이 되고 싶다.

우리들은 모두 무엇이 되고 싶다
너는 나에게 나는 너에게
잊혀지지 않는 하나의 눈짓이 되고 싶다.

날마다 양들을 위해서 기도할 때 그들의 이름을 부르며 그들을

순회 선교사의 쓸모

생각하고 기도할 때 얼마나 실감이 나며 더 사랑하는 마음가짐으로 부르짖을 것인가? "누구든지 주의 이름을 부르는 자는 구원을 얻으리라"(롬 10:13). 일평생 양들의 이름을 하나하나 부르며 기도하고 인도하는 목자가 되고 싶다.

묵상과 적용

하나님께서 죄인 된 우리를 기억하시고 날마다 부르시는 것처럼 우리도 누군가의 이름을 부르면서 기도하고 복음을 전하는 삶에 대해서 서로 나눠보자.

기도

사랑하는 주님, 선한 목자이신 주님께서 양들 이름을 부르시며 인도하시는 것과 같이 우리에게 맡겨진 생명을 생각하고 그들의 이름을 부르며 기도하게 해주세요.

추천사

나는 그동안 여러 차례 다른 분이 쓴 책에 추천사를 써 본 경험이 있다. 그동안 내 이름으로 낸 책이 한 권도 없었기 때문에 추천사를 써달라고 부탁한 적은 없지만 다른 분들의 책에는 여러 번 썼다. 이번에 생애 처음으로 책을 쓰니까 나도 몇 사람에게 추천사를 받을 수 있을 것이다.

추천사는 일단 '저자'에 대해서 잘 알거나 그와 좋은 관계에 있는 사람이 쓴다. 저자를 믿을 수 있고 그가 쓴 책에 대한 신뢰도가 있지 않으면 쓸 수 없는 게 추천사라고 생각한다. 그래서 추천사는 소설처럼 꾸미거나 지나치게 과장 되어서도 안 되고 드라마처럼 각색해서도 안 되며 진솔하게 써야 한다고 믿는다. 혹시 당신이 누구에게 추천받는다면 당신을 아는 사람들이 기쁘게 추천사를 써줄 만한 삶을 살기를 기원한다. 나 또한 당연히 그래야 하리라.

사도 바울은 로마서를 기록해서 '뵈뵈'에게 들려 보내면서 이렇게 당부하며 그 이유를 부연 설명하고 있다. "내가 겐그레아 교회의 일군으로 있는 우리 자매 뵈뵈를 너희에게 천거하노니 너희가 주 안에서 성도들의 합당한 예절로 그를 영접하고 무엇이든지 그에게 소용되는 바를 도와줄지니 이는 그가 여러 사람과 나의 보호자가 되었음이니라"(롬 16:1~2). 바울 사도 같이 위대한 하나님의 사람에게 직접 인정받고 강력하게 추천받은 뵈뵈 집사가 부럽기도 하다. 그녀는 보통 이상의 삶을 살아온 훌륭한 주의 종이기 때문이다.

추천에는 크게 두 종류가 있는데 '자천'이 있고 '타천'이 있다. 우리가 알고 인정하는 것은 바로 타천이다. 다른 사람이 인정하고 추천하는 것이야말로 진정한 추천이다. 당신은 다른 이들에게 추천받을 만한 삶을 살고 있는가? 아니면 자천하면서 착각 속에 살고 있지는 않은가? "이로써 그리스도를 섬기는 자는 하나님께 기뻐하심을 받으며 사람에게도 칭찬을 받느니라"(롬 14:18). 우리는 어디서나 인정받고 누구에게나 칭찬 듣는 삶을 살기를 기원한다. "네가 진리의 말씀을 옳게 분변하며 부끄러울 것이 없는 일군으로 인정된 자로 자신을 하나님 앞에 드리기를 힘쓰라"(딤후 2:15).

나에 대해서 과분할 정도로 기꺼이 추천사를 써주신 분들께 머리를 숙여 감사드린다.

묵상과 적용

세상에는 수많은 종류의 추천과 그에 따른 추천사가 있을 것이다. 누군가를 추천하기도 했을 테고 또 추천받기도 했을 텐데 어떤 추천을 받고 싶은지 서로 나눠보자.

기도

사랑하는 주님, 우리 자신을 볼 때 추천받을 만한 인격이나 삶을 살았다고 자부하기에는 너무도 부족하고 부끄럽기 그지없습니다. 앞으로 남은 생애는 기쁨으로 추천받을 수 있는 그리스도인으로 살게 하시고 인정받는 삶을 살게 해주세요.

순회 선교사의 쓸모

유일무이한
휴가

해마다 휴가철이 되면 국내외로 바캉스를 가거나 산과 바다로 휴양지를 향해 휴가를 가는 사람들을 볼 때마다 영원히 잊을 수 없는 우리 가족의 첫 번째 휴가가 생각난다. 큰딸이 초등학교 6학년이고 둘째 딸이 4학년일 때, 생애 처음으로 우리 가족 네 식구가 여름휴가를 떠났다.

그때 마침 발간되어서 시중에서 인기를 끌며 읽히던 유홍준 교수가 쓴 "나의 문화유산 답사기"라는 책을 읽고서, 그 책을 갖고 의기양양하게 차를 몰고 휴가를 떠났다. 그 책에 보면 '한국의 3대(大) 유명한 한정식집이 소개되어서 기왕이면 그 식당에 가서 밥을 먹으려고 책에 나온 전화를 걸어서 물어물어 찾아갔다. 지금부터 만 30년 전의 일이다. 그때만 해도 지금처럼 인터넷이 많이 보급되지 않았던 시절이라 책을 의존했다.

그 유명하다는 집은 전라도를 대표하는 한정식집으로 전남 강진 땅에 있었는데 마침 저녁때쯤 도착해서 식당에 들어가 거하게 한 상(床)을 주문했다. 커다란 상에 가득 먹음직스럽게 차려진 식사를 맛있게 먹고 강진에서 순천으로 갔는데 여관방에 들어가자마자 우리 가족은 돌아가면서 변기에 머리를 대고 밤새도록 토하면서 고통을 당했다. 나와 아내와 큰딸 셋은 죽을 맛이었는데 유독 둘째 딸만 괜찮은 거였다. 그토록 유명하다고 책에까지 실린 음식점에서 여름에 조심하지 않고 상한 음식을 내놓은 걸 모르고 먹었다가 그 사건이 난 거였다.

둘째 딸이 괜찮은 이유는 우리가 하도 맛있게 먹으니까 엄마 아빠 많이 드시라고 양보하고 자기는 된장국만 몇 숟갈 먹었다는데 그게 그 아이를 살린 것이다. 그렇게 둘째는 어릴 적부터 속이 깊었다. 큰딸도 어릴 때부터 속이 넓고 이해심이 참 많았는데 둘째 아이는 그래서 화(?)를 모면한 거다.

밤새도록 변기와 씨름하고 탈진한 우리 가족은 겨우겨우 운전해서 곧바로 집으로 돌아왔는데 그게 우리 네 식구의 처음이자 마지막 휴가였다. 그때 이후로 지금까지 네 식구끼리 휴가는커녕 어디 여행을 가본 적이 없는데 가끔 딸들에게 너무 미안한 마음이 든다. 그래도 잘 참아준 딸들 고맙다. 이제는 나이가 많이 든 우리 네 식구 하루만이라도 다 같이 여행 갔으면 좋겠다.

목회하느라 늘 바쁘게 최선의 삶을 살았던 나는 아이들에겐 빵점은 아니어도 좋은 점수는 받지 못할 아빠임에는 틀림없을 것 같다. 개척 시절 형편이 넉넉지 못했던 우리는 집에 T.V도 없었다. 아이들 교육상 바람직하지 못하다는 이유로 아예 드려놓지 않았고,

아이들에게 어릴 때부터 늘 책을 읽는 것을 강조했었다. 다행히도 착한 딸들은 잘 따라와 줬으며, 특히 둘째는 어릴 적에 책을 많이 읽어서(성경도 많이 읽었음) 글을 곧잘 썼는데 독서의 영향이 큰 것 같다. 학교는 물론, 시 백일장에 나가서 곧잘 우수상을 받아오곤 했다.

아이들만 집에 두고 밤늦게까지 심방을 다니고 집에 오면 어린 딸들이 자기들끼리 밥을 먹고 방에 누운 채로 잠이 들어있곤 했다. 그게 그때는 당연하다고 생각했지만 지금 생각하면 얼마나 아이들에게 보이지 않는 희생을 강요하고 억지를 부린 것인가 하고 후회 내지는 미안하기 이를 데 없다.

한동안 "아빠, 놀아줘요" 하던 아이들도 "아빠 바뻐"라는 말을 계속 들어서 그런지 언젠가부터 부탁하는 것을 포기한 채 "아빠, 바빠, 나뻐"라고 말하는 것을 듣고 너무 미안했다. 그렇게 나의 목회는 계속되었고 딸들은 어느새 부쩍 커버렸다. 지금 다시 그때로 돌아가면 아빠가 잘해 줄 텐데 라는 부질없는 생각을 한다. 이제라도 다시 한번 고백하고 싶다. 사랑하는 딸들, 아빠가 미안했어. 그리고 고마워!

다 그런 것은 아니겠지만 옛날엔 거의 그랬다. 가족의 희생을 담보로 목회하면서 그게 당연하다고 생각했는데 얼마나 위험한 발상인가? 가정을 희생하면서 하는 목회를 주님도 칭찬하실까? 잘 참아준 가족들이 고맙기도 하지만 그러지 못하고 아픔을 겪는 목회자 가족들도 많다. 그들에게 특별한 긍휼과 위로가 함께 하시길 기원한다. 가정 목회에 성공해야 참 성공적인 목회가 아닐까?

묵상과 적용

하나님은 교회를 만드시기 전에 가정을 먼저 만들어주셨다. 우리는 교회를 최우선시하지만 하나님은 가정을 중시하신다. 당신의 가정은 화목하고 행복한지 나눠보자.

 기도

사랑하는 주님, 우리에게 아름다운 가정을 주셔서 감사드립니다. 하나님을 아버지로 모시고 그리스도 안에서 믿음으로 하나 된 가족으로서 늘 행복하게 살게 해주세요.

순회 선교사의 쓸모

짧은
가방끈

나는 흔히 말하는 가방끈이 짧아서 박사학위가 없다. 대신 우스갯소리로 회자 되는 학위가 있는데 박사학위보다 높다는 '밥사학위'를 갖고 있다. 이는 어느 사전에도 없는 말로 밥을 잘사는 사람에게 붙여진 신조어라고 하겠다.

오래전 어느 글에서 읽었는데 "행복이란 누구를 만나든지 밥을 살 수 있는 정도의 여유가 있는 것"이라는 내용이었다. 누가 한 말인지는 정확하게 기억나지 않으나 너무 공감이 가서 그때 이후로 자주 써먹는 말이기도 하다. 그런 면에서 본다면 스스로 자위하는 말이기도 하지만 나는 분명 밥사학위 소지자인 것은 맞다.

그 글을 읽은 후로 기도라기 보다는 새로운 소망이 하나 더 생겼는데 평생 누구를 만나든지 밥을 살 수 있게 해달라는 거였다. 그리고 지금까지 그것을 실천하면서 살고 있다. 특히 선교사들을 만나면 거의 내가 밥을 사고 있는데 여간 기쁜 게 아니다. 아마 모르긴 몰라도 나를 한 번이라도 만난 선교사들은 내가 사는 밥을 다 먹었다고 해도 과언이 아니다.

나는 목회를 40년을 했는데 38년 동안 일반교회를 세 곳 섬겼고, 고아원과 기술학교에서 특수목회를 2년 했다. 목회하는 동안에도 밥을 사거나 집에서 해주었던 기억은 셀 수 없을 정도로 많았으니 어떻게 보면 목회가 아니라 '먹회'를 했다고 해도 틀린 말은 아니라고 본다.

사실 지금은 먹는 문제로 인해 걱정하는 시대는 아니라서 밥을 못 먹는 사람은 없지만 목회 초년병 시절엔 밥을 먹지 못하는 개척교회 목회자들도 제법 되었고 교인 중에도 떳거리가 없어서 금식이 아닌 '굶식'을 하는 사람도 있던 시절이었기에 유난히 밥을 많이 나누었던 것 같다.

그러다 보니 함께 어울려 밥을 먹는 게 나에게는 대단히 중요한 일종의 사역이 되었고, 밥을 먹으면서 정이 두터워지고 관계가 좋아지는 것을 항상 느끼곤 했다. 그래서 나는 누굴 만나면 꼭 밥을 먹자는 주문을 하고 밥상 모임을 즐겨 갖고 있다. 식탁의 교제를 통해서 격의 없는 말도 나누고 서로의 고락을 솔직하게 주고받기도 한다.

그러다 보니 나에겐 밥상공동체가 여럿 있는 편이고 밥사학위를 십분 잘 활용하고 있다. 사람들은 언젠가부터 이런 나를 '밥사목사님'이라는 영예스러운 호칭을 새로 붙여 주었는데 나는 진실로 이 호칭이 너무 맘에 들고 또 기쁘다. 그리고 그 호칭에 맞는 삶을 종신토록 살기를 염원한다. 옛 어른들이 "먹는 것이 남는 겨"라고 말했는데 그 말이 딱 맞다. 함께 먹는 것만큼 중요한 것도 세상엔 많지 않은 것 같다.

우리는 친하게 여기는 사람들에게 종종 "우리 밥 한번 먹자"라는 말을 건네곤 한다. 여기서 밥은 그냥 단순한 밥이 아니다. '나는 너를 좋아해' 혹은 '너와 가까워지고 싶어'라는 의미가 들어 있는 말이기 때문이다. "우리 언제 밥 한번 먹읍시다. 내가 쏠게요".

 묵상과 적용

주님께서도 식사하시는 자리에 초대를 많이 받으셨는데 그 자리에서 벌어진 일과 유명한 가르침이 많이 나온 것을 알 수 있다. 그것에 대해서 묵상하고 함께 나눠보자.

 기도

사랑하는 주님, 우리도 사랑하는 마음으로 식사 자리를 만들고 사람들을 초대해서 교제하며 섬김을 통해서 주님의 사랑과 가르침을 나누도록 해주세요.

손 흔드는
목사

40년의 목회 가운데 절반에 해당하는 20년 동안 한결같이 꾸준하게 한 것 중 하나가 매일 새벽마다 교회 앞에서 '손을 흔드는 일'이었다. 그래서 자연스레 붙여진 별명이 "손 흔드는 목사"였다. 두 번째 사역지였던 원주교회로 부임하자마자 이튿날부터 바로 한 일이 예배당 앞에 서서 새벽예배 때마다 손을 흔들었는데 나 스스로 그렇게 했다. 이유는 거창한 데 있지 않고 단순한 동기에서 시작한 일이다.

고단하게 살면서 새벽예배를 드리러 오시는 성도들을 축복해 드리고 위로하고 싶은 마음에 새벽 첫 시간부터 밖에 서서 손을 흔들며 맞이해준 것이다. 5시에 시작되는 새벽예배보다 한 시간 일찍이 교회에 나가서 4시부터 불을 밝혀놓고 춥든지 덥든지 교우들이 올 때마다 환영하고 축복하며 반갑게 맞이했다. 그랬더니 새벽예배 나오시는 성도들이 더 많아졌다.

교우들을 기다리면서 교회 앞을 지나가는 모든 차와 사람을 향해 손을 흔들며 축복을 보냈다. 진심으로 그렇게 했다. 처음엔 이상하게 보던 사람들도 시간이 흐르면서 서로 손을 흔들며 반갑게 축복해주고, 또 진심이 담긴 격려를 나누게 되었다.

일년 365일 날마다 그렇게 했더니 택시를 모는 분들이나 타 교회를 다니는 분들과 길거리를 청소하는 환경미화원들에게도 두루 알려지게 되었고 좁은 원주 시내의 여러 교회가 알게 되었던 것 같다. 그래서 기독교 서점이나 시장 같은 데서 얼굴을 마주치고 소개하다 보면 "아! 그 손 흔드는 목사님이시지요?"라며 인사를 건네왔다.

원주가 워낙 작은 지방 도시라서 소문이 빨리 퍼졌던 것 같고 나는 손 흔드는 목사로 소문이 났으며 그게 나의 트레이드마크 같이 되었다. 원주교회에서 만 8년을 손을 흔들며 새벽예배를 드렸고 정말 행복하게 목회했다. 그 후 서울로 임지를 옮기고 나서도 원주에서 하던 것처럼 똑같이 새벽에 한 시간씩 일찍 일어나서 은퇴할 때까지 그 일을 계속했다. 돌아보니 만 20년 동안 꾸준하게 했는데 그야말로 하나님의 은혜가 아닐 수 없다. 그만큼 건강했고 열정이 있도록 도와주신 때문이다.

특히 서울제일교회는 마포구 아현동 큰 길가에 있는데 한강 변에서 불어오는 칼바람이 겨울에는 대단히 세게 불어왔다. 얼마나 바람이 센지 교회 바깥에 있는 무거운 유리로 된 현관문이 바람에 저절로 열릴 정도였으니 말이다. 외국 선교지에 가는 경우를 제외하곤 20년을 한결같이 기쁨으로 감당했는데 야곱 생각이 가끔 났다. "야곱이 라헬을 위하여 칠 년 동안 봉사하였으나 그를 연애하는 까닭에 칠 년을 수일 같이 여겼더라"(창 29:20).

자화자찬으로 들릴지 모르지만, 나의 장점 가운데 하나가 무엇을 하면 꾸준하게 오랫동안 한결같이 묵묵히 하는 습관이 있다. 이런 습관이 몸에 배었다고나 할까? 한평생 목회하는 동안 항상 느낀 것인데 목회자가 무엇을 하든지 힘들거나 어려워도 중단하지 않고 꾸준히 하는 게 매우 중요하다. 교인들은 목회자의 그런 모습을 보고 무한 신뢰를 보내며 지지해 주고 따라오는 것을 자주 경험했다.

혹시, 다시 목회한다고 해도 나는 똑같이 손을 들고 환영하고 축복하면서 예배드리고 기쁨으로 사역하길 원한다. 지금 생각해도 너무 행복한 추억이다.

 묵상과 적용
주님께서 우리를 사랑하시되 끝까지 사랑하셨다는 말과 같이 우리에게 맡겨진 사람이나 일을 한결같이 기쁨으로 감당하고 변함없는 모습으로 헌신하는 것을 나눠보자.

기도
사랑하는 주님, 먹든지 마시든지 무엇을 하든지 다 하나님의 영광을 위하여 하라는 말씀대로, 언제나 하나님을 기쁘시게 하는 태도로 살아갈 수 있도록 성령님 도와주세요.

순회 선교사의 쓸모

어떤
주례사

나는 지금까지 결혼식 주례를 350여 회 이상 했다. 그러다 보니 경험을 통해서 다양한 주례사를 하게 되었는데 그 가운데서 인상적인 주례사의 내용을 소개하고자 한다.

오래전, 코미디언으로 널리 알려진 '비실비실 배삼룡'씨가 후배 코미디언 조남선 씨의 결혼식 주례사를 하게 되었을 때 있었던 유명한 일화가 있다.

단상에 오른 배삼룡 씨가 앞에 서 있는 신랑 신부를 향해 "내가 지금부터 무슨 말 하려는지 알지?"라고 물었을 때 신랑이 "예" 대꾸했는데, "그럼 그렇게 살어" 그 한마디 하고는 내려갔다고 한다. 이게 지금까지 인류역사상 가장 짧은 명주례사로 전해지고 있다. 생각할수록 재밌고도 여운이 있는 내용이다. 그래서 나도 가끔 그 말을 인용해서 주례사를 할 때가 있는데 하객들 반응이 좋다.

어느 글에서 읽은 걸로 기억하는 내용 중에 "신랑과 신부는 서로 각기 다른 하늘 아래 태어났지만 이제부터는 같은 하늘을 보며 같은 지붕 아래서 살게 되었다"라는 글도 주례사 도입부에서 자주 인용하곤 했다. 내용이 의미가 깊기 때문이다.

소설가 '생텍쥐페리'가 그의 책 '어린 왕자'에서 "세상에서 가장 힘든 일이 뭔지 아니? 그건 사람의 마음을 얻는 일이란다"라는 대화가 나오는데 나는 그 내용으로 주례사를 할 때가 있다. "오늘 신랑 신부는 세상에 가장 힘들다는 서로의 마음을 얻어서 이 자리에 섰다"라는 말로 이어가면 객석의 호응이 뜨거운 것을 느낀다.

생텍쥐페리는 또 다른 책에서 "사랑이란 서로 마주 보는 게 아니라 같은 방향을 바라보는 것"이라는 말을 했는데 "오늘 결혼해서 부부가 된 신랑 신부는 서로 다른 곳을 보고 살아왔지만 앞으로 천국 가는 그날까지 같은 방향을 바라보고 살기로 했다"라는 멘트를 하면 진한 감동의 물결이 인다.

'네비게이토 선교회'를 창시한 미국의 '도슨 트로트맨'은 결혼에 대해서 "이 사람이 아니면 죽어도 결혼을 못 할 것 같은 사람"을 만나기 전에는 성급하게 결혼하지 말라고 조언을 해주었다. 그런데 사람들은 너무 급하게 결혼하고 너무 빨리 헤어져 버리는 실수를 범하고 있다. "집을 세우는 것은 남자지만 가정을 세우는 것은 여자"라는 말처럼 남편과 아내 둘의 조화가 절대로 필요한 게 가정이고 인생이니까. "믿음, 소망, 사랑 이 세 가지는 항상 있을 것인데 그중에 제일은 사랑이라"(고전 13:13).

지금까지 내가 살아 온 43년을 뒤돌아보니 한 마디로 기적 같은 은혜와 축복이다.

묵상과 적용

서로 다른 남녀가 만나서 한평생을 산다는 일이 결코 쉬운 일은 아니다. 아무리 사랑해서 결혼해도 모험이 아닐 수 없다. 가정을 이루게 하신 하나님께 감사하며 하나님의 뜻 가운데 가정을 이루고 사는 것에 대해서 구체적으로 묵상하고 나눠보자.

기도

사랑하는 주님, 오늘날 깨져가는 가정이 급속도로 늘고 있습니다. 그리스도인들이 행복한 가정의 모델이 되게 해주시고 가정을 통해서 천국의 비밀을 맛보게 해주세요.

장례식
소감

한평생 목회하면서 가장 많이 한 일 중 한 가지가 장례식을 하는 것이었다. 이는 목회자로서는 뗄 수 없는 중요한 사역 중 하나이다. 장례식은 고인을 추모하기 위한 것도 있지만 어떻게 보면 유족들을 위한 예식이라고 보는 게 맞다.

사실 돌아가신 고인은 장례식을 어떻게 하든지 관심도 없을 뿐 아니라 모른다. 세상을 떠나신 고인이 무얼 알겠는가? 장례식을 통해서 유족이 위로받기도 하고 복음을 전할 좋은 기회가 되기도 한다. 그러므로 장례식을 정성껏 잘 준비해서 할 필요가 있다. 자연스럽게 전도할 수 있는 분위기가 형성되어 있고 가족들과 조객들의 마음이 열려있기 때문이다.

그래서 40년 목회하는 동안 나는 다른 것도 최선을 다했지만 교우 가정의 장례식을 최선을 다해 섬기고 인도했다. 외국에 가 있지 않으면 내가 처음부터 끝까지 다 집례했다. 교회가 크지 않기 때문에 가능한 것도 분명히 있지만 내가 진심으로 스스로 원해서였다.

순회 선교사의 쓸모

그리스도인의 장례식의 공통점이 있는데 우는 사람이 거의 없다는 것이다. 그리스도인이라고 다 똑같은 것은 아니지만 대다수 천국의 소망이 있어서 슬프게 울 이유가 없는 것이다. 다만 고인이 일찍 세상을 떠났거나 혹시 불의의 사고나 어떤 불행을 당해서 마음이 괴롭고 슬플 경우는 예외다. 그리스도인일지라도 인간적으로 당연히 슬프기 때문이다.

보통 장례식장에 가면 "아이고" 하면서 우는 시늉이라도 대개는 내는데 그리스도인 가정은 모두 울고 있기는커녕 감사하는 모습으로 장례식을 준비하고 조문객들을 맞이하는데 그것은 조상이나 부모도 몰라보는 무례함 때문이 아니라 천국에 대한 분명한 소망이 있기 때문이다.

영생의 구원에 대한 확고한 믿음이 있기에 슬퍼하며 애통할 이유가 없는 것이다. 이별의 슬픔이 커도 재회의 소망으로 고인을 보내드릴 수 있는 것이다. "너희는 마음에 근심하지 말라 하나님을 믿으니 또 나를 믿으라 내 아버지 집에 거할 곳이 많도다 그렇지 않으면 너희에게 일렀으리라 내가 너희를 위하여 처소를 예비하러 가노니"(요 14:1~2).

비록 우리 곁을 떠나가신 고인을 생각하면 그리움으로 인해 가슴이 아프고 먹먹할 수 있지만 그런다고 돌아가신 가족이 다시 돌아오실 수는 없다. 그리스도인은 세상에서도 열심히 살아야 한다. 그러나 이 세상은 영원토록 거할 곳이 아니며 나그네들이 잠깐 거하고 영적 순례자들이 머무는 처소일 뿐임을 알고 이 세상에 미련을 크게 두고 있지 않으므로 세상을 떠난 것에 대해서 아쉬움이나 두려움 같은 것은 별로 없다.

한마디로 인생은 나그넷길이다. 나그네는 한곳에 머무르지 않으며 지나간다. 세상에서 가장 확실한 것은 누구든지 한 번은 반드시 죽을 때가 온다는 것이며 가장 불확실한 것은 언제, 어디서, 어떻게 죽을지 아무도 모른다는 것이다. 그러므로 다른 무엇보다 죽음을 준비하고 살아야 한다. "한 번 죽는 것은 사람에게 정하신 것이요 그 후에는 심판이 있으리니"(히 9:27).

 묵상과 적용

우리도 언젠가는 죽는다. 사람은 누구나 다 죽는 게 정해진 이치다. 다만 그 날과 그때가 언제인지 모를 뿐이다. 죽음이 올 때 어떤 마음과 태도로 맞이할 것인지 나눠보자.

 기도

사랑하는 주님, 우리도 항상 죽을 준비를 하고 살아가게 해주세요. 나도 예외가 아니라는 걸 인정하고 겸손히 받아들이게 해주세요. 우리에겐 죽음이 마지막이 아니라 새로운 삶의 시작이며 하나님 나라에서의 영원한 삶으로 아름답고 초대받는 것임을 알게 해주세요.

순회 선교사의 쓸모

부흥을
주옵소서

현대인은 사이즈가 작고 숫자가 적으면 작다고 단정을 짓는 오류를 너무 쉽게 범하고 있다. 그거야말로 지극히 인본주의적이고 자본주의식 평가 방식에 물이 들은 세속적인 증거라고 볼 수 있다. 언제 주님께서 숫자를 세시고 규모를 헤아리며 사람이나 공동체를 다루고 평가를 하신 적이 있던가? 그렇다면 주님은 실패한 목회자의 전형인가?

요즘은 부흥회라는 말을 듣기도 힘든 때가 되었다. 언제부턴가 우리 입에서 부흥이란 단어가 사라졌다. 그러나 지금이야말로 그 어느 때 보다 부흥이 절실히 요구되고 사모가 된다. 그냥 흔한 습관적인 부흥이 아닌 진정으로 놀라운 부흥을 보기를 원한다. 우리 모두 간절히 하나님의 때에 하나님의 방법으로 부흥이 임하기를 바라고 간구하기를 바란다.

"일을 행하는 여호와, 그것을 지어 성취하는 여호와, 그 이름을 여호와라 하는 자가 이르노라 너는 내게 부르짖으라 내가 네게 응답하겠고 네가 알지 못하는 크고 비밀한 일을 네게 보이리라"(렘 33:2~3).

모든 것이 다 그렇지만 부흥의 주체는 다름 아닌 여호와 하나님이시다. 부흥은 인간이 만드는 것이 아니다. 하나님께서 강력하게 위로부터 성령의 기름을 부어주셔야지만 참된 부흥이 일어나게 되어 있다. 그러므로 우리는 더욱 겸손히 하나님께 엎드려 간구해야 한다. "그러므로 너희가 그리스도와 함께 다시 살리심을 받았으면 위엣 것을 찾으라 거기는 그리스도께서 하나님 우편에 앉아계시느니라 위엣 것을 생각하고 땅엣 것을 생각지 말라"(골 3:1~2).

주여! 우리에게 부흥을 주옵소서! 진정 하나님의 방법으로 하나님이 주시는 부흥을 경험하며 누리기를 원한다. "십자가가 없는 교회에 부흥이 있을 수 없다. 만약 있다면 그것은 마귀의 부흥일 것이다"(우찌무라 간조).

"교회의 참 부흥은 나 자신과 하나님과의 관계가 회복되고 사람들과의 교제가 회복됨을 의미한다"(존 브라운). 세속적이고 자본주의적인 수량화된 인간적인 부흥이 아닌, 하나님이 원하시고 인정하시는 성경적이고 복음적인 부흥의 불길이 새로 불고, 교회가 새로워지는 부흥이 필요한 때다.

묵상과 적용

부흥에 대한 참된 의미에 대해서 묵상하고 세속화되고 교회가 무기력해지고 있는 현대에서 참된 부흥이 임하려면 무엇이 필요한지 우리 자신을 돌아보고 함께 나눠보자.

기도

사랑하는 주님, 우리에게 하나님이 주시는 부흥이 너무도 필요합니다. 이대로 가다가는 교회가 세상으로부터 외면당하고 세상에 끌려가는 인본주의적 교회가 판을 칠 것입니다. 이제라도 하늘로부터 임하는 부흥을 경험하게 도와주시고 성령님께서 역사하시어 잠든 영혼을 깨우게 하시고 죽은 믿음을 각성하게 하셔서 하나님의 나라와 그의 영광을 찬란하게 드러내도록 도와주시고 역사하시옵소서.

사라지는
학교와 교회

학령인구 감소에 따라서 폐교되는 학교가 과거에는 농어촌 지역에서 주로 생겼지만 최근엔 서울 지역으로도 확산이 되고 있다. 지난 2018년부터 지금까지 서울에서 초등학교와 중학교 4곳이 문을 닫았는데 내년에는 도봉고등학교가 통폐합으로 사라진다고 한다. 아니 서울에서 이런 일이 벌어질 줄 누가 꿈이나 꿨을까?

1990년 996만 명이던 학생 수가 올해 520만 명에 그쳤다고 하니까 심각한 문제다. 지난해 합계 출산율이 0.7로 추정된다는데 이는 역대 최저치며 세계 최고다.

"그동안 사랑해 주셔서 감사드립니다"

폐업하는 식당 같은 데서나 볼법한 이 문구가 학교 정문에 걸렸다고 하니 정말 기막힌 현실이다. 서울 한복판에서 벌어진 일인데 할 말을 잃게 된다. 문을 닫는 학교는 서울에서도 앞으로 계속해서 늘어날 전망인데 정말 걱정이다.

통계청에 따르면 1982년 이후 전국에서 문을 닫은 초중고교가

순회 선교사의 쓸모

무려 2,473개 학교에 달했다고 하니 매우 우려된다. 엊그제 들은 말인데, 어느 목사님이 경상도 시골 교회로 부임해갔는데 그 목사님이 늦둥이가 있었다고 한다. 그 지역 사람들이 아기를 보려고 교회로 왔다고 한다. 그 지역에서 그 해 아기가 한 명도 태어나지 않았다는 것이다. 그래서 무척 신기했나 보다. 아기를 보기가 어려워진 나라 대한민국! 英 옥스퍼드 인구문제 연구소는 "한국, 지구상에서 가장 먼저 사라질 나라"라고 2006년도에 발표했다. 이게 현실이 되지 않기를 간절히 바란다. 그러나 아쉽게도 그럴 기미가 아직은 안 보인다. 점점 현실이 되고 있을 뿐이다. "예수께서 이르시되 어린아이들을 용납하고 내게 오는 것을 금하지 말라 천국이 이런 사람의 것이니라 하시고"(마 19:14).

한국교회도 영향을 받고 있어서 이미 교회학교가 아예 없는 교회들이 전국교회의 6, 70%가 넘는다고 한다. 정말 쓸쓸하고도 가슴 아픈 통계다. 다음 세대가 급격하게 사라지고 있는데 이는 곧 한국교회의 미래를 예견하는 처참하고 암담한 현실이 아닐 수 없다.

대한민국과 한국교회는 전 세계에서 가장 깊고 큰 고령화의 늪에 빠졌다. 늪은 강이나 바다와는 다르다. 바다와 강에 빠지면 몇 초 만에 대번 가라앉지만 늪은 다르다. 빠졌다고 바로 죽진 않는다. 다만, 그 늪에서 나오지 못하고 허우적거리다가 서서히 빠져서 죽는 곳이 늪이다.

지금 우리나라는 거대한 블랙홀과 같은 고령화의 늪에 빠져 있다. 도무지 헤어날 줄을 모르고 막연한 낙관론과 안일의 늪에 빠져 있다. 여기서 벗어나지 못하면 그냥 그걸로 끝이다. 정확한 통계는 모르나 한국교회도 유럽의 교회들처럼 문을 닫고 있다. 사라지는 교회들이 많아지는 것이다. 한국교회의 미래가 실로 걱정된다. 그렇다고 걱정만 하고 앉아 있을 때가 아닌데 출구가 잘 보이지 않는다는게 더 걱정이다. 이스라엘 백성들은 애굽에서 고된 종살이 하면서도 아기들을 낳았다는데… "이스라엘 자손은 생육이 중다하고 번식하고 창성하고 심히 강대하여 온 땅에 가득하게 되었더라"(출 1:7).

이 얼마나 부러운 말인가. 이와 같은 은혜가 우리나라에 임하길 간절히 사모한다. 이제는 라헬이 야곱을 향하여 절규하며 외쳤던 고백을 우리가 해야 할 때인 것 같다. "라헬이 자기가 야곱에게 아들을 낳지 못함을 보고 그 형을 투기하여 야곱에게 이르되 나로 자식을 낳게 하라 그렇지 아니하면 내가 죽겠노라"(창 30:1).

🍃 묵상과 적용

우리나라의 미래가 밝지 않은데 어떻게 해서라도 다음 세대가 많아지고 한국교회 안에 다음 세대들이 늘어갈 수 있기 위해서 할 수 있는 것들을 함께 나눠보자.

🤲 기도

사랑하는 주님, 세계에서 가장 빨리 초고령화 사회가 되고 있는 이 나라를 긍휼히 여기시고 다음 세대를 부흥시킬 수 있도록 역사하시어 노인 천국이 아니라 다음 세대의 주역들인 어린이와 젊은이들이 믿음을 계승하도록 도와주시길 간구합니다.

순회 선교사의 쓸모

독서
모임

나는 사랑하는 형제 목회자 몇 명과 함께 '목회자를 위한 독서 모임'을 7년 전에 시작했다. 매월 돌아가면서 모이는데 함께 상의해서 읽을 책을 선정하고 독후감을 A4용지 한 매에 요약해 갖고 와서 돌아가면서 함께 나누는 방식으로 진행한다.

비록 한 권의 책이지만 열이면 열, 깨닫고 받아들이는 것이 각각 달라서 나누다 보면 굉장히 풍성함을 느끼게 된다. 그래서 한 권이지만 여러 권을 읽은 것 같다. 책의 내용에다 자기 경험과 가치관까지 곁들여서 나누니까 훨씬 더 좋은 것은 덤이다.

그래서 독서 모임이 기다려진다. 책은 물론이거니와 독서 모임에 오는 목회자들이 참 좋다. 그래서 모임이 더 사는 것 같다. 아무리 좋은 책이라도 나누는 사람들이 하나가 되지 못하면 분위기도 삭막해지고 어색할 텐데 우리 모임은 그런 게 전혀 없다.

젊었을 때는 책이 좋아서 책에 묻혀 지낸 시간도 조금 있다. 그러나 나이가 들면 들수록 책도 좋지만 사람이 더 좋다고 생각한다.

나만의 생각인지 모르지만 적어도 나는 그런 생각이 날이 갈수록 든다. 책은 마음만 먹으면 언제나 구할 수 있고 접할 수 있지만 사람은 그렇지 않다. 좋은 사람을 만나는 것도 쉽지 않을 뿐 아니라 그런 관계란 단시간에 쉽사리 만들어지는 게 아니기 때문이다. "친구와 포도주는 오래 묵을수록 좋다"라는 서양의 격언도 있잖은가?

자화자찬 같이 들릴지 모르지만 모임의 회원들이 한결같이 순수하고 겸손하며 섬기는 자세가 있다. 그래서 모임이 두루두루 풍성하고 행복함을 느낀다. 세상에 여러 종류의 모임이 있고 목회자들 모임도 많지만 우리 독서 모임 같은 모임도 찾아보기 드물 것으로 믿는다. 그래서 나는 우리 독서 모임과 회원들을 사랑한다.

독서 모임의 유익함은 여러 가지 있지만 나 자신에게 좋다. 솔직히 말하면 나부터도 책을 잘 안 읽게 된다. 바쁘다는 핑계로 손에서 책을 놓을 때가 많은데 독서 모임을 통해서 좋은 책을 읽게 되고 그것을 나누는 동역자들이 있다는 게 여간 좋은 게 아니다. 어떤 독서 모임은 매주 모이는 곳도 있다는데 솔직히 그럴 자신은 없다. 다른 모임들도 있고 형편이 안 될 때가 많아서다. 경험상 목회자들은 한 달에 한 번 모이는 게 알맞은 것 같다.

"양서는 처음 읽을 때는 새 친구를 얻은 것과 같고 전에 정독했던 책을 다시 읽을 때는 옛날 친구를 만나는 것과 같다" _골드 스미스

책을 통해 새 친구도 만나고 옛 친구를 만나는 기쁨을 평생 누

순회 선교사의 쓸모

리며 살고 싶다. 한 권의 책 속엔 그의 인생과 삶이 전부 들어 있으니까.

묵상과 적용

책을 사랑하고 일평생 책을 가까이하며 책을 사랑하는 사람들과 교류하면서 모임을 가져보시고 책 나눔을 하는 삶에 대해서 나눠보자.

기도

사랑하는 주님, 책 중의 책인 하나님의 말씀을 가장 사랑하게 하시고 하나님에 대해서 알 수 있도록 돕는 경건 서적을 가까이하며 인생에 필요한 다양한 책을 읽으며 조화롭고 균형 잡힌 인격을 갖고 인생을 살게 해주세요.

금 방패와
놋 방패

우리는 역대하 9장에서 엄청난 복을 받은 솔로몬의 모습을 살펴볼 수 있다. 그런데 하나님의 은혜로 세상에서 가장 놀라운 지혜와 물질의 복을 누리게 된 솔로몬은 놀랍게도 금으로 된 '방패'를 만든다. 크고 작은 방패를 여러 개 만들었다. "솔로몬 왕이 쳐서 늘인 금으로 큰 방패 이백 개를 만들었으니 방패 하나에 든 금이 육백 세겔이며 또 쳐서 늘인 금으로 작은 방패 삼백 개를 만들었으니 방패 하나에 든 금이 사백 세겔이라 왕이 이것들을 레바논 나무 궁에 두었더라"(대하 9:15~16).

1 세겔(Shekel)이 11.42g 정도니까 600 세겔이면 대략 7kg이 된다. 그러면 큰 방패를 이백 개를 만들었으니 그 무게만도 자그마치 1,400kg이나 되는 1톤(ton) 트럭 한 대 반 분량이다. 어마어마한 금액인데 현 시세로 환산할 때 금 1kg 가격은 82,258,940원에 해당한다. 여기에 1,400을 곱하면 1,114억 원이 넘는 금액이니 입이 쩍 벌어지지 않을 수 없다.

순회 선교사의 쓸모

작은 방패는 하나에 삼백 세겔이 들었으니 3.5kg 무게인데 300개를 만들었다고 했으니까 1,015kg으로 현 시세로 환산하면 830억 원이다. 모두 합하면 약 2,000억 원에 해당하는 천문학적 액수다. 하나님께 받은 크신 복을 솔로몬은 실제로 쓸모도 없는 방패를 만드는데 다 허비하고 있음을 본다. 그렇게 만든 방패로 무엇을 할 수 있었을까? 번쩍이는 금으로 된 방패를 레바논 나무 궁에 진열해 놓고 어떤 것을 솔로몬은 느꼈으며 무엇을 얻었을까 궁금하다.

만일, 그 돈으로 교회를 개척하거나 학교와 병원을 세웠다면 얼마나 가치 있고 의미 있게 사용했을까? 하나님께 복이나 은혜를 받는 것보다 중요한 것은 받은 복을 어떻게 관리하느냐다. 많은 사람이 하나님께 놀라운 은혜를 입고 복을 받지만, 그것을 잘 관리하지 못하고 헛되게 사용하는 것을 본다. 우리도 그런 실수를 범하고 있지는 않은지 스스로 돌아봐야겠다.

하나님께서 아무리 크고 놀라운 복과 은혜를 주셔도 그것을 믿음으로 아름답게 잘 관리하지 못하면 그것은 '복'이 아니라 '독'이다. 세상에는 그런 사람들이 생각보다 많다. 예컨대 복권에 당첨되어서 평생 먹고살아도 남을 만큼의 물질을 손에 쥐게 되면 사람이 순식간에 달라지고 결국 그것으로 인해서 완전히 망가지는 이들에 대한 소식을 자주 듣고 보게 된다.

세상의 기준으로는 많은 돈과 명예를 얻는 것이 복이라고 여길지 모르지만 믿음의 눈으로 보면 자기를 찌르는 칼이나 무서운 독이 될 수 있다는 의미다. 솔로몬은 지금 금 방패를 만들어 순간의 즐거움을 누리고 있는지는 모르나 그것이 장차 자기를 찌르는 칼이 될 것을 알지 못한다. 오늘날 이런 지도자들이 곳곳에 많다. 이런 지도자들이야말로 눈먼 소경과 같아서 공동체를 망치게 하고 더 나아가 나라를 위험에 빠뜨리는 것이다.

솔로몬은 왜 그걸 모르고 그런 어리석음을 범했을까? 그 주변에 있는 참모들과 신하들은 무엇을 했길래 그런 잘못을 하고 있을까? 우리도 이런 실수를 범하지 않도록 주의해야 한다. 이는 솔로몬이 변질이 되어 정신을 차리지 못한 결과다. 그는 하나님의 은혜로 얻은 금은보화를 엉뚱한 곳에 쏟아붓고 있음을 보여준다. "왕이 또 상아로 큰 보좌를 만들고 순금으로 입혔으니"(대하 9:17).

지금 그럴 때인가? 아무리 보좌가 중요하다고 해도 순금으로 입혀서 자기를 높이고 과시하려는 솔로몬의 행동은 잘못된 것이다. 당시에도 가난하고 힘없는 백성들이 많았을 텐데 귀한 금을 자기가 앉는 의자에 입히고 있으니 나라의 꼴이 어떻게 될까? "솔로몬 왕이 마시는 그릇은 다 금이요 레바논 나무 궁의 그릇들도 다 순금이라 솔로몬의 시대에 은을 귀하게 여기지 않음은 왕의 배들이 후람의 종들과 함께 다시스로 다니며 그 배들이 삼 년에 일 차씩 다시스의 금과 은과 상아와 원숭이와 공작을 실어옴이더라"(대하 9:20~21).

도대체 얼마나 금이 흔했길래 그릇이 다 금으로 되었고 은을 귀하게 여기지 않을 정도였을까? 삼 년에 한 번씩 금과 귀한 물건들을 실어 나른 결과라고 하지만 이토록 귀중한 재물을 흥청망청 써대는 솔로몬과 그 당시의 지도자들이 완전히 정신줄을 놓은 것 같다. 그러지 않고서는 이렇게 하진 않을 테니까. "왕이 예루살렘에서 은을 돌 같이 흔하게 하고 백향목을 뽕나무 같이 많게 하였더라 솔로몬을 위하여 애굽과 각국에서 말들을 가져왔더라"(대하 9:27~28).

계속해서 성경은 솔로몬이 받은 복을 나열하면서 삐뚤어진 길을 가고 있음을 적나라하게 드러내고 있다. 사람이 넘어지는 것은 어려울 때보다 잘 나갈 때임을 경험적으로 알고 있다. 그래서 바울 사도는 고린도 교회를 향하여 경고한다. "그런즉 선 줄로 생각하는 자는 넘어질까 조심하라"(고전 10:12).

이 단순한 말씀을 소홀히 여기고 망각하다가 낭패를 보거나 돌이킬 수 없는 아픔을 겪는 이들이 세상에는 많다. 그리스도인들 가운데도 이런 사람이 사실 많이 있음을 부인하지 못한다. 그래서 훗날 솔로몬은 자기 경험을 생각하며 잠언을 쓰면서 경고의 말씀을 전해준다. "교만은 패망의 선봉이요 거만한 마음은 넘어짐의 앞잡이니라 겸손한 자와 함께 하여 마음을 낮추는 것이 교만한 자와 함께 하여 탈취물을 나누는 것보다 나으니라"(잠 16:18~19).

우리가 항상 잊지 말고 주의해야 할 것은 교만하지 말라는 것이다. 하나님은 모든 죄를 다 싫어하지만, 그중에 가장 싫어하시는 게 "교만"이다. 그러므로 교만하지 않도록 자신을 쳐서 복종시키고 낮은 자의 마음으로 겸손히 섬겨야 한다. 하나님은 그런 사람에게 은혜를 주시고 항상 같이하신다. "그러나 더욱 큰 은혜를 주시나니 그러므로 일렀으되 하나님이 교만한 자를 물리치시고 겸손한 자에게 은혜를 주신다 하였느니라"(약 1:6).

우리가 진실로 겸손하기만 해도 하나님이 주시는 은혜를 받을 수 있으며 사랑받는 주의 자녀가 될 수 있다. 주님께서도 우리에게 겸손을 가르치시면서 이렇게 말씀하신다. "나는 마음이 온유하고 겸손하니 나의 멍에를 메고 내게 배우라 그러면 너희 마음이 쉼을 얻으리니"(마 11:29).

주님께서 자기에게 무엇을 배우라고 하신 곳은 이곳밖에 없다. 주님께서 우리에게 가르쳐 주고 싶으셨던 것은 다름 아니라 '온유'와 '겸손'을 배우라는 것이다. 그만큼 어려운 게 겸손한 것이기 때문이다.

우리는 솔로몬이 보여준 생생한 교훈을 통해서 배워야만 한다. 솔로몬, 그는 하나님께 감당할 수 없을 정도로 많은 복과 은혜를 받았지만 겸손한 믿음으로 잘 감당하지를 못했다. 그래서 금으로 수백 개의 방패를 만들 정도로 물질의 복을 받았지만 결국 교만하고 불신앙에 빠진 그가 보여준 것은 무엇인가?

솔로몬의 아들 '르호보암'은 우상을 세우고 하나님 보시기에 가증한 일을 행함으로 애굽 왕 시삭에게 침공당하고 침탈당했는데 솔로몬이 만들어 놓았던 금 방패를 다 빼앗겼다. "르호보암 왕 제오년에 애굽 왕 시삭이 올라와서 예루살렘을 치고 여호와의 전의 보물과 왕궁의 보물을 몰수히 빼앗고 또 솔로몬의 만든 금 방패를 다 빼앗은지라 르호보암 왕이 그 대신 놋으로 방패를 만들어 왕궁 문을 지키는 시위대 장관의 손에 맡기매"(왕상 14:25~27).

솔로몬이 만든 금 방패가 변하여 놋 방패로 변했다. 아무리 하나님께서 많은 복을 주셔도 믿음으로 겸손히 감당하지 못하면 '금'이 변하여 '놋'이 된다. 우리네 인생도 마찬가지다. 하나님께서 주신 좋은 은사와 달란트가 있어도 제대로 하나님의 영광을 위하여 드리지 않고 바르게 사용하지 않을 때 솔로몬의 금 방패가 변하여 르호보암의 놋 방패가 된다는 엄연한 사실을 직시하고 각성하여 하나님의 나라와 그의 영광을 드러내는 일에 우리의 시간과 재능과 은사를 사용하자는 것이다. 당신은 지금 하나님이 주신 소중한 선물과 달란트를 아름답게 사용하는지 겸손히 돌아보자.

 묵상과 적용

하나님께서 주신 은혜와 복을 엉뚱한 곳에 사용하고 허비함으로 무가치한 삶을 살고 있지는 않은지 돌아보고 하나님의 나라와 영광에 걸맞게 사는 것에 대해서 나눠보자.

 기도

사랑하는 주님, 주님께서는 참으로 많은 것을 우리에게 값없이 주셨습니다. 그 크신 은혜를 다시 한번 감사와 찬양을 드립니다. 다른 것은 몰라도 하나님의 세상 것이나 인간적인 영광으로 바꾸는 실수를 저지르지 않게 하시고 오직 하나님의 영광만 드러내게 해주세요.

나의
설교관

내가 교회를 처음 나간 것은 고교 1학년 때인데 아무도 믿지 않았던 우리 집에서 처음으로 교회를 다니다 보니 기독교적인 배경이 전혀 없던 탓에 그야말로 아무것도 모르고 백지상태로 신앙생활을 시작하게 되었다.

교회에 갔는데 뭔지는 모르나 마음이 편안하고 그냥 좋기만 했다. 목사님은 진실하고 매우 인자하게 생기셨는데 보기만 해도 목사님 같은 인상을 주는 분이시었으며 설교도 잘하시는 것으로 느껴졌다. 첫 신앙생활이기에 다 알아들을 수는 없었지만, 말씀을 잘하신다는 건 알겠는데 어린 학생인 내가 알아듣기엔 무리인 것 같았다.

그래서 나도 모르게 그때, 내가 만일 목사가 된다면 "나는 나같이 교회를 처음 나온 학생들도 알아듣기 쉽게 설교할 거야"라고 다짐하게 되었다. 정말 순간적으로 든 생각이었다. 그런데 정말 나중에 내가 신학교엘 가게 되었고, 4학년 때 개척하면서 가장 먼저 떠오른 생각이 바로 교회 처음 갔을 때 내가 결심했던 말이다.

그때부터 지금까지 40여 년이 넘게 계속 설교자로 살아오면서 항상 잊지 않고 신경을 쓰는 부분이 어떻게 하면 설교를 쉽게 할까에 대한 것이다. 사실 설교를 쉽게 하는 게 오히려 어렵다. 쉽게 하기 위해서는 내가 철저히 전하고자 하는 내용을 숙지해야 하고, 잘 전달하기 위해서 완전히 내 것이 되어야 하기 때문이다. 그래서 그런지 많은 이들이 "목사님 설교는 쉬워서 좋습니다. 기억도 잘되고요"라는 말을 했다.

따라서 나는 어떤 본문으로 설교하든지 내가 먼저 충분히 이해하지 않으면 설교하지 않는 버릇이 있어서 본문 이해를 위한 노력을 많이 기울이는 편이다. 그러기 위해선 우선 전하고자 하는 본문을 계속 여러 번 읽고 묵상하는 노력이 선행되어야 한다.

그리고 목회 초기에는 열정이 지나쳐서 같은 시간에 많은 걸 주려는 욕심으로 인해서 설교 내용을 다양하게 담아내고 전해주고자 했는데 요즘은 되도록 원 포인트 식의 설교를 즐겨 하고 있다. 다시 말해 한 가지 주제를 집중적으로 전하는 방식이다.

'사랑'이면 사랑에, '감사'면 감사에, '헌신'이면 헌신에 포인트를 맞추어 계속 이어서 강조하는 것이다. 이렇게 하니까 나도 좋지만 듣는 회중들도 좋아하는 것을 느낀다. 마치 뷔페식당에 가면 여러 가지 좋은 음식들이 많아서 이것저것 많이 먹을 때는 좋지만, 먹고 나면 "내가 오늘 뭘 먹었지?"라는 생각이 드는 것처럼. 그런 설교보다는 한 가지를 강조하는 것이다. 그래선지 요즘은 뷔페보다 단품식을 선호하는 편이다.

예를 들어 설렁탕이면 설렁탕, 청국장이면 청국장을, 삼겹살이면 삼겹살을 집중해서 먹고 나면 "아, 오늘 정말 맛있게 먹었다"라고 저절로 감사의 탄성이 나오는 것처럼. 그런 설교를 하려고 애쓰는 편이다. 성도들이 예배를 마치고 가면서 "오늘 목사님께 들은 말씀이 ㅇㅇ야!"라고 저절로 기억나게 하고 싶은 거다. 그게 좋은 설교 아닐까?

그리고 은퇴를 몇 년 앞두고 내가 시도한 게 있는데 설교 원고를 자세하게 다 쓰되 강단에서는 원고를 보지 않고 다 외워서 설교하는 거다. 이것이야말로 대단한 노력과 시간이 필요하다. 그래야 자기가 하고 싶은 설교를 충분히 잘 전달할 수 있기 때문이다. 그런데 이렇게 할 때의 장점이 여러 가지가 있는데 우선 설교할 때 본문에서 벗어날 염려가 크게 없다는 거다. 그래야지만 외워서 다 할 수 있기 때문이다.

원고는 쓰지만, 강단에 올라가서는 설교할 때 원고 자체를 아예 보지를 않는다. 이렇게 하면 장점이 많은데 우선 원고에 매이지 않으니까 eye-contack을 잘하게 된다. 그래서 설교하면서 교우들과 눈으로 소통하기 쉽고, 성도들도 딴전을 치지 못하니까.

설교를 암송해서 하게 되면 설교가 심플해지는데 삼천포로 빠지지 않는다. 그 이유는 외워서 하면 여러 가지를 할 수 없어서다. 그래서 원 포인트 설교가 가능해진다. 어떤 이는 암송에 자신이 없다고 할 수 있다. 그러나 한 번 시도해 보기 바란다. 장점이 훨씬 많다.

순회 선교사의 쓸모

설교 원고를 보지 않고 하기 위해서는 그만큼 많은 준비가 필요한 게 사실이다. 많은 설교자가 바쁘다는 이유로 설교 준비를 주일 아침까지 하는 경우가 있다. 내 경우에도 그런 경험이 솔직히 많이 있다. 그러다 보면 쫓기듯 하게 되고 충분히 묵상해서 설교하기에 무리가 따르며 인스턴트 음식을 먹이는 꼴이 되기 쉽다. 그런데 암송 설교를 하면 그런 기우는 사라진다. 절대로 대충해서는 할 수 없기 때문이다.

설교 준비를 할 때 나는 항상 그림 그리듯 연상을 한다. 그리고 설교 본문으로 들어가서 내가 마치 그때 살고 있던 것처럼 대입시켜 상상하며 준비한다. 그러면 훨씬 본문의 내용이 실감 나게 다가오고 이해가 빨리 된다. 영화를 보듯 설교 준비를 하는 것이다. 영화의 주인공이 대사를 외우듯 성경 본문을 말하면서 준비하는데 그렇게 하면 설교가 입체적으로 다가온다.

마지막으로 한 가지 더 말한다면 스토리텔링 식으로 설교하기를 선호한다. 과거에는 부흥사들의 웅변하듯 설교하던 때가 주류를 이뤘었다면 지금은 이야기하듯 하는 설교가 현대인들에게 더 자연스럽게 감동을 준다고 생각한다. 과거엔 대지를 세 개 정도 기본으로 나누고 거기서 소지를 또 몇 개씩 나누어 하나, 둘, 셋 이런 식의 설교가 주류를 이뤘다면, 지금은 강해 설교를 많이 하면서 스토리텔링 식으로 많이 하는 편이다. 그게 물 흐르듯 자연스럽고 더 청중들에게 다가가는 것 같기 때문이다.

지금도 설교자로 살고 있는데 어떻게 하면 하나님의 뜻을 정확하게 회중에게 전해주고 성령의 감동하심을 따라 전할 수 있을까를 늘 기도하고 연구한다. 말씀이야말로 하나님의 사랑과 마음을 가장 잘 전할 수 있는 유일한 도구요 통로이기 때문이다.

 묵상과 적용

하나님은 우리에게 말씀으로 만나주시고 자기의 뜻과 계획을 알려주신다. 그러므로 무엇보다 말씀을 사랑하고 말씀을 바르게 전하는 게 필수다. 사사롭게 억지로 말씀을 풀거나 아전인수격으로 전하지 않았는지 돌아보고 잘 전하는 것에 대해 나눠보자.

기도

사랑하는 주님, 하나님의 말씀을 존중하게 하시고 말씀을 잘 연구해서 생명의 양식이며 꼴을 양들에게 잘 먹이는 목자가 되고 말씀 전파를 하도록 성령님 도와주세요.

순회 선교사의 쓸모

인생은
만남이다

"인생은 만남이다"라는 게 나의 견해이다. 선(線)이 점(點)의 연속이듯이 인생은 만남의 연속이라고 본다. 만남은 다른 말로 하면 '관계'이다. 사람은 태어나면서부터 죽는 순간까지 관계를 맺으며 살아간다. 관계를 떠나서는 인생이 존재할 수 없으니까. 따라서 나는 모든 관계를 존중하고 중요하게 여긴다. 물론 어떤 관계는 불편하고 잘못된 관계도 있을 수 있지만 바른 마음가짐과 건강한 태도로 만나고 관계를 이어간다면 분명 아름다운 인간관계를 맺으며 행복한 인생을 살아갈 수 있을 것이다.

그래서 아름다운 만남이 되도록 항상 최선을 다해야 한다. 시인 '정채봉'은 "만남"이란 그의 시에서 이렇게 만남의 중요성을 알려 준다.

가장 잘못된 만남은 생선과 같은 만남이다.
만날수록 비린내가 묻어오니까.

가장 조심해야 할 만남은 꽃송이 같은 만남이다.
피어 있을 때는 환호하다가 시들면 버리니까.

가장 비천한 만남은 건전지와 같은 만남이다.
힘이 있을 때는 간수하고 힘이 다 닳았을 때는 던져 버리니까.

가장 시간이 아까운 만남은 지우개 같은 만남이다.
금방의 만남이 순식간에 지워져 버리니까.

가장 아름다운 만남은 손수건과 같은 만남이다.
힘이 들 때는 닦아 주고 슬플 때는 눈물을 닦아 주니까.

당신은 지금 어떤 만남을 갖고 있는가? 성경은 "심은 대로 거둔
다"(갈 6:7)라고 하는데 당신의 현재의 모습은 당신이 심은 것의 결과
이며 그동안 맺은 관계의 결론이라고 할 수 있다. 아름다운 만남이
나 관계가 지속되려면 가장 중요한 게 무얼까? '섬김'이라고 본다.
이는 인간관계에 있어서 가장 중요한 덕목 가운데 하나다. 섬김이
야말로 가장 성숙한 모습이며 그리스도인의 삶과 신앙의 필수이다.
　우리 주 예수 그리스도께서 남기신 게 다름 아니라 섬김의 본이
시다. 그것만 제대로 순종해도 신실하고 훌륭한 그리스도인의 삶
을 살기에 족할 것이다. "인자의 온 것은 섬김을 받으려 함이 아니
라 도리어 섬기려 하고 자기 목숨을 많은 사람의 대속물로 주려 함

순회 선교사의 쓸모

이니라"(막 10:45).

당신은 어떤 만남을 갖고 있으며 누구를 만나고 있는가? 그리고 행복한 만남인가? 그리고 어떻게 섬기고 있는가?

 묵상과 적용

우리 신앙의 영원한 모델이신 예수 그리스도를 본받는 게 신앙생활을 본질인데 주님께서 세상을 섬기려고 오신 것처럼 참된 섬김의 삶에 대해서 나눠보자.

 기도

사랑하는 주님, 세상을 사랑하셔서 우리 대신 십자가에 달려 돌아가시고 자신의 생명을 아낌없이 내어주신 것처럼 우리도 날마다 십자가를 지는 삶을 살도록 도와주세요.

행복하기
때문에

침례교단 월간지 "뱁티스트" 맨 뒤에 보면 목회자 코너가 있는데 그달의 목회자가 갖고 있는 목회 관에 대한 것이 주로 게재가 된다. 언젠가 내게도 글을 기고해달라는 제안이 와서 바로 글을 써서 보낸 기억이 있는데 주저하지 않고 "행복하기 때문에"라는 제목으로 글을 썼다.

나는 주님이 주신 사명 때문에 목회자가 되었고 목회를 한 것은 맞다. 그러나 나는 목회가 행복해서 했다. 40년 동안 네 교회를 섬겼는데 언제나 행복하기 그지없었다. 그래서 나의 목회는 "행복"이란 단어 하나에 다 들어있다고 해도 과언이 아니다. 우리에게 친숙한 '신달자' 시인이 남긴 '겨울 초대장'이란 시가 생각난다.

당신을 초대한다
아름다운 눈을 가진 당신.
그 빛나는 눈으로

순회 선교사의 쓸모

인생을 사랑하는 당신을 초대한다.

보잘것 없는 것을 아끼고
자신의 일에 땀 흘리는,
열심히 쉬지 않는
당신의 선량한 자각을 초대한다.

행복한 당신을 초대한다.
가진 것이 부족하고
편안한 잠자리가 없어도
응분(應分)의 대우로
자신의 삶을 신뢰하는
행복한 당신을 기꺼이 초대한다.

눈물 짓는 당신,
어둡게 가라앉아
우수에 찬 그대 또한 나는 초대한다.

몇 번이고 절망하고
몇 번이고 사람 때문에
피 흘린 당신을 감히 나는 초대한다.

당신을 초대한다.

겨울 아침에....

오늘은 눈이 내릴지 모른다.

신달자 시인은 언젠가 강연 중에 행복에 대해서 "행복은 한 집 안에 보이지 않는 무언가를 키워내는 것"이라고 했다. "행복은 지금, 이 순간을 받아들이며 궁극적으로 내가 행복하다고 동의해야 한다. 아무리 좋은 조건을 가지고 있어도 동의하지 않으면 행복하지 않아요"라는

말에 충분히 공감이 간다.

당신도 동의하지요? 행복도 동의하지 않으면 행복하지 않다는 그 말.

> "이스라엘이여 너는 행복한 사람이로다 여호와의 구원을 너 같이 얻은 백성이 누구냐 그는 너를 돕는 방패시요 네 영광의 칼이시 로다 네 대적이 네게 복종하리니 네가 그들의 높은 곳을 밟음이 로다"(신 33:29).

나는 주님이 주신 사명 때문에 목사가 되었고 세계 순회 선교도 하고 있지만 무엇보다 주님을 믿고 복음을 전하며 맡겨주신 양 떼를 섬기며 돌보는 일이 너무 행복해서 기쁨으로 한다.

나는 나를 만나는 모든 사람이 행복해지기를 진심으로 기원한

순회 선교사의 쓸모

다. 부족하지만 행복의 통로 역할을 하는 연결고리 혹은 도구가 된다면 더할 나위 없이 감사할 뿐이다. 나는 다른 이들을 행복하게 해주기 위해서 태어났다고 믿는다. 그게 내가 살아가는 중요한 이유이기도 하다

 묵상과 적용

당신은 행복에 대해서 말하라면 무엇이라고 하겠는가? 당신은 행복하냐고 묻는다면 어떻게 대답할 것인지 묵상하고 그리스도인으로서 행복한 삶에 대해서 서로 나눠보자.

기도

사랑하는 주님, 우리에게 믿는 자의 기쁨과 구원받은 자의 행복을 알게 하시고 영생의 은혜를 누리게 하시니 감사를 드립니다. 아무 자격도 없는 나를 구원의 자리로 불러주시고 영원하신 하나님의 자녀로 초대해주신 크고 놀라우신 사랑을 찬양합니다.

4부

선교
이야기

세계 순회
선교

은퇴(2018년 6월)와 동시에 FMB(침례교 해외선교회) '세계순회선교사'로 파송을 받고 지난 5년 동안 세계 곳곳을 다니면서 선교지를 방문하고, 선교사들을 만나며 교회를 세우고, 목회자 세미나 등 잠시도 쉴 틈 없이 보낸 기쁨의 나날들이었다. 현역 때 보다 더 바쁘게 일하도록 길을 열어 주시고 사용해 주신 하나님의 은혜와 사랑에 깊이 감사드리지 않을 수 없다.

"세계가 나의 교구"라고 선언했던 감리교 '존 웨슬리' 목사의 고백처럼 정말 내가 그렇게 살았으며 지나간 5년이 순식간에 갔을 정도로 여기까지 숨 가쁘게 달려왔다. '나만큼 행복한 목회자가 있으면 나와봐'라고 세상에 소리치고 싶을 만큼 주님의 손에 붙들려 쓰임 받았다.

한없이 부족한 나에게 세계를 순회하며 복음을 전하고 그리스도의 사랑으로 섬길 수 있도록 주님께서 복된 기회를 주신 것이다. 지나간 5년을 회고할 때 한 마디로 "감사"라는 고백 외에는 드릴 것이 없다. 우리 교단 선교사들이 나가 있는 60여 개국을 돌아보며 선교사들의 이야기를 들어주고, 밥도 사드리며 그들과 놀기도 하고, 필요에 따라 집회를 하면서 선교지를 순회하는 것이 내가 주로 하는 일이다. (현재까지 50여 개국을 순회했음)

그리고 기회가 닿고 힘이 되면 예배당 건축도 해드리고 삶에서 필요한 부분을 가능한 선에서 돕고 있다. 지난 5년 동안 예배당을 아프리카 '잠비아'와 '인도'에 건축했으며, '마다가스카르'에는 아내가 대표로 있는 '찬미 커뮤니티'의 선교센터를 제법 크게 지어서 주님께 드렸는데 그곳의 젊은이들을 다양하게 섬기고 훈련할 중요한 기관으로 세웠다. 할렐루야!

또한 늘 하는 일 중의 하나가 국내에 들어와 있는 선교사들을 돌아가며 만나는 것이다. 다른 건 몰라도 항상 선교사들에게 밥을 사면서 (나에게 있는 유일한 학위가 '밥사학위'임) 그들의 이야기를 들어주고 기도 제목을 나누며 역시, 도울 부분이 있으면 힘닿는 대로 돕고 있는데 이것이 얼마나 기쁘고 좋은지 모른다. 이렇게 쓰임 받는 게 진실로 놀라운 하늘의 축복이다.

자랑 같지만, 주님께서 이렇게 섬길 수 있도록 은혜를 주신 것도 너무 기쁜 일이다. 그러다 보니, 하루가 언제 가는지 모르게 지나가고 5년이 훌쩍 다 지나갔다. 많은 분이 세월이 빠르게 간 것에 대해 아쉽게 여기지만 나는 그저 감사할 뿐이다. 다시 세상을 산다고 해도 지금처럼 기쁘고 행복하게 살 수는 없을 거라고 믿기 때문이다.

선교지 방문 중에 다 좋았는데 인상적이었던 곳의 하나가 폴란드 바르샤바의 임마누엘교회(신미순 목사)다. 그 교회는 한인 디아스포라 사역을 하는 교회로 폴란드인들 가운데 노숙자, 알코올 중독자, 마약중독자 등을 섬기는데 그동안 몇몇 현지인 예배당을 빌려서 예배를 드리다가 쫓겨나서 지금은 매주 중앙역 광장에서 예배드리고 있다.

예배 후에 그들을 위한 샌드위치와 차와 음료를 대접하고 있는데 신 목사 남편인 안수집사님께서 혼자 장을 봐와서 모든 음식을 혼자 만들고 대접하기를 20년째 하고 있다고 들었다. 얼마나 아름답고 감동적인지 예배도 형식적이지 않고 참으로 진지하게 드리는 것을 보았다. 거기다가 작년에 터진 러시아와 우크라이나 전쟁으로 인해 물밀듯 몰려온 우크라이나 난민을 위해 그동안 모아둔 건축헌금을 깨서 그들을 위한 안식처를 세를 내어 얻고 정성껏 섬기고 있으며 온 교회가 한마음으로 봉사하는 게 너무 아름다웠다.

또 하나 잊지 못할 곳은 2022년 10월에 방문했던 아제르바이잔이다. 코카서스 3국 중의 하나인 '불의 나라'로 알려진 아제르바이잔 수도 '바쿠'에 갔을 때 일인데 그곳으로 간 지 10년 된 김ㅇㅇ 선교사의 안내로 구시가지의 성벽 안에 있는 "바돌로매 기념 예배당" 자리에 갔다.

현재는 예배당 건물은 없으며 무너진 돌무더기와 기초만 볼 뿐이다. 왜냐하면 바돌로매 사도를 통해서 많은 기적이 일어나서 사람들이 따르자 시기한 조로아스터교(배화교) 사제에 의해 잔인하게 껍질째 벗겨져서 순교한 곳에 세워진 기념교회였는데 훗날 이 나라가 이슬람국가가 되면서 예배당을 완전 무너뜨렸기 때문이다. 지금은 그곳에 바람만 일고 있지만 그곳까지 와서 복음을 전하다 순교하신 바돌로매 사도의 음성이 들리는 듯했다.

작년에 순회 선교를 하던 중 또 한 곳 기억할 만한 것은 8월에 몽골(Mongol)에 갔던 일이다. 몽골에는 현지인교회가 현재 600개가 있는데 수도 '울란바토르'에서 가장 큰 2,000명 모이는 교회 두 곳을 제외하고는 대부분이 영세하고 규모가 작은 교회들이지만 특기할 만한 것은 교파나 교단이 없다는 것이다. 그래서 교단의 장벽이 높은 우리나라 같은 갈등이 없다.

우리나라처럼 교단이 우후죽순처럼 생겨나고 수많은 교파가 난립해 있으면 복음 전파에 오히려 방해되지만, 아직 몽골은 그렇지 않은 게 한편 다행이라는 생각이 들었다. 비교적 순수한 신앙으로 모이고 있으며 몽골의 복음화와 세계선교에 대한 열망이 대단함을 현지 목회자들을 만나면서 느낄 수가 있었다. 그들은 하나같이 "옛날 '칭기즈칸'이 지배했던 나라들(현재 45개국에 해당)로 선교사를 보내는 것, 다음 세대들을 일으키는 것에 대해 기도한다.

몽골은 전 국민의 70퍼센트가 2~30대 젊은이들로 구성되어 있다고 하는데 6~70대 고령 인구가 급증하고 있는 우리나라와 매우 대조적이어서 한편 부럽기도 했다. 나라가 그만큼 젊다는 것은 미래에 소망이 있는 것이므로 몽골의 미래가 무척 밝아 보였다.

세계순회선교사로서 지나간 삶을 돌아보건대 더 이상의 즐거움이 없을 정도로 기쁘고 보람 있었다. 올해도 특별한 일이 없는 한

작년과 같이 순회 사역이 펼쳐질 것을 기대하고 기원한다. 이 일에 자원하시는 동역자들이 함께해주신다면 더없이 큰 힘이 되고 아름다운 열매를 거둘 것이며 이 모든 일을 통해서 주님의 영광만 나타나기를 기도한다. 할렐루야!

 묵상과 적용

구원받은 모든 그리스도인은 가든지 보내든지 둘 중 한 가지를 해야 한다. 당신은 어떻게 헌신할 것인지 자신을 돌아보며 묵상하고 깨달은 바를 나눠보자.

기도

사랑하는 주님, 주님께서 하늘 영광스러운 보좌를 떠나서 낮고 천한 이 세상에 오신 것 같이 우리도 주님을 본받아 주님께서 명하시는 곳으로 가서 선교하는 삶을 살기 원합니다.

선교에
대하여

지금까지 나는 평생을 선교와 관련한 삶을 살았다고 해도 과언이 아니다. 이는 내가 선교에 대해서 잘 안다거나 혹은 경험이 많다는 뜻이 아니다. 선교학자도 아니고 선교단체에서 일한 적도 없지만, 지금까지 수많은 선교지를 찾아다니고 선교사들을 만나면서 선교와 직간접으로 관련한 삶을 살았고, 주님이 허락하시는 한 앞으로도 평생을 그럴 것이다.

일반 목회를 은퇴하고 세계순회선교사로 파송 받은 후에 특별한 일이 없는 한, 거의 매달 선교지를 방문하는 일을 하는 게 일상이 되었다. 이런 삶을 허락하신 하나님의 은혜에 얼마나 감사한지 눈물이 날 정도이며 인생의 후반전을 오로지 선교를 위해 드릴 수 있음이 복이다.

선교지를 순회하고 방문하면서 느끼는 것은 선교사들이 너무 귀하다는 것이다. 이름도 빛도 없이 복음을 위해서 헌신하는 선교사들에게 아낌없는 격려의 박수를 보내고 싶다. 하나님의 명령과

순회 선교사의 쓸모

부르심을 따라서 선교지에 와있지만, 언어와 문화와 기후와 모든 게 낯선 외국 땅에서 이방인으로 살아간다는 게 얼마나 힘든 일인지는 경험해보지 않은 사람은 이해하기 어렵다.

그것도 고국에서 멀리 떨어진 곳에 있을수록 외로움은 더 클 것이며 자녀교육과 건강과 제반 문제 등. 삶의 모든 부분에 있어서 걸리는 것이 한둘이 아니다. 그러나 주님의 명령에 순종하고 온 것이다. 그게 말이 쉽지, 아무나 할 수 있는 일인가? 당신이라면 쉬울까? "너희는 너희 하나님 여호와를 순종하며 그를 경외하며 그 명령을 지키며 그 목소리를 청종하며 그를 섬기며 그에게 부종하고"(신 13:4).

선교사라는 이름은 매우 특별한 직분이자 세상의 그 어떤 이름보다 지극히 영광스럽고도 귀한 칭호가 아닐 수 없다. 선교사들이 아니면 세상의 열방과 민족이 어떻게 복음을 들었겠으며 하나님 앞에 나올 수 있을까? 그런 면에서 선교사들이 이룬 공로는 아무리 칭찬하고 높여도 부족함이 없을 것이다. 그러므로 죽어 마땅한 죄인 된 우리가 그 일을 위해서 부름을 받은 것만으로도 최상의 영광을 주님께 돌려야 할 것이며 고귀한 직분과 맡겨진 사명을 위해서 목숨이라도 아끼지 않고 드려야 한다. "나의 달려갈 길과 주 예수께 받은 사명 곧 하나님의 은혜의 복음을 증언하는 일을 마치려 함에는 나의 생명을 조금도 귀한 것으로 여기지 아니하노라"(행 20:24).

선교사들이 선교지로 보냄을 받은 이유와 목적은 단 한 가지 때문인데 다름 아닌 '영혼 구원'을 위해서다. 만일 선교사가 다른 일을 제아무리 잘하고 있다고 해도 영혼 구원의 열매를 거두지 못한다면 제일 중요한 사명을 이루지 못하는 것이며 가장 기본적인 임무를 망각한 것으로 본다. 그러므로 모든 선교사는 그 어떠한 이유로도 이 소중하고도 막중한 사명을 망각하지 않도록 늘 깨어 있어야 하며 자신을 담금질하고 끝까지 흔들림 없이 헌신해야만 한다. "인자의 온 것은 잃어버린 자를 찾아 구원하려 함이니라"(눅 19:10).

 묵상과 적용

최초의 선교사로 오신 예수 그리스도를 본받아 우리도 어떠한 상황이나 형편에서라도 담대하게 복음을 전하기를 힘써야 한다. 우리에게 부여된 영광스러운 특권에 대해서 나눠보자.

 기도

사랑하는 주님, 하나님이 가장 기뻐하시고 중요하게 여기시는 영혼 구원과 세계선교를 위해서 우리를 받아주시며 생명의 복음의 도구로 사용하여 주시니 감사를 드립니다. 주님께서 재림하시는 그날까지 영광스러운 복음을 위하여 제물로 온전히 드려지게 하옵소서.

순회 선교사의 쓸모

그냥
좋아서

사람들이 나에게 가끔 "왜 그토록 선교를 열심히 하냐?"라고 물을 때가 있는데, 그때마다 나는 "그냥 좋아서"라고 짧게 한마디 한다. 어느 시인의 글에 "왜 사랑하느냐고 묻는 것보다 어리석은 질문은 없다"라고 쓴 것을 보았다. 그냥 좋으니까 좋아하는 것이라는 거다. 물론 신학적으로나 성경적으로 선교에 대한 말씀을 몰라서 하는 말이 아니다. 충분한 학문적인 근거도 있지만, 일단 내가 좋아서 하는 게 선교다.

무얼 하든지 자기가 좋아서 하는 것은 힘들지 않다. 설혹 힘들어도 힘든 줄 모른다. 좋아서 하는 거니까. 그냥 선교가 좋아서 지금까지 해왔고, 앞으로도 목숨이 허락하는 한 계속 선교하는 삶을 살다 갈 것이다. 무엇을 하는 데 있어서 콕 집어서 말해야만 할 수 있는 건 아니니까 말이다. 그냥 좋아서, 기쁘고 즐겁고 내가 행복해서 하는 게 내게는 선교다. 그렇게 평생을 보냈다.

선교는 분명 하나님이 명하시고 기뻐하시는 사명인 것이 틀림 없다. 주님께서 제자들에게 "너희는 온 천하에 다니며 만민에게 복음을 전파하라"라고 명령하셨지만, 나는 하기 싫은 것을 할 수 없이 복종하는 게 아니라 행복하고 기쁘고 즐거워서 한다.

어떤 사람은 "그렇게 세계 여러 곳을 다니고 장거리 비행기를 타는 게 힘들지 않냐?"라고 물어올 때가 있다. 사실 힘들지 않다고 하면 거짓일 것이다. 젊을 때는 몰라도 이젠 나이도 있고 체력도 예전 같지 않아서 당연히 힘들다. 그럼에도 불구하고 나는 별로 의식하지 않는다. 시차 같은 것도 예민하게 느끼지 않는 편이다. 몸은 느끼겠지만 나는 일부러 시차를 계산하거나 생각을 깊이 하지 않는다.

다행히 나는 천성적으로 먹성이 좋은 편이다. 그래서 아주 특별한 혐오식품만 아니면 가리지 않고 골고루 잘 먹는다. 그러다 보니 나는 한국 음식을 한 번도 싸서 간 적이 없다. 나는 그 나라에 가면 그 나라 음식, 특히 현지인들이 먹는 서민 음식을 먹어봐야 한다는 지론을 갖고 있어서 그들과 똑같이 먹는다. 지금까지 수많은 나라와 지역을 다니며 현지인들과 같이 먹었어도 배탈 한 번 난 적이 없으니 할렐루야다.

그냥 배고프면 밥 먹고, 졸리면 자거나 쉬고, 짬짬이 걷고, 운동도 열심히 하는 편이다. 그래야 여러 나라를 다니며 선교할 수 있기 때문이다. 이것은 평생 여러 나라를 다니면서 경험적으로 깨닫고 얻어진 나의 방법이다. 다 그런 건 아니니까.

그래선지 나는 선교지 어디를 가도 마냥 기쁘고 설레고 좋기만 하다. 선교지에 가면 내 몸의 세포가 꿈틀거리고 선교지의 영혼을

순회 선교사의 쓸모

만나면 내 안의 열정이 불타오른다. 그래서 힘들어도 지치지 않고, 고단해도 고단한 줄 모르며, 평생을 선교에 매진했고 여기까지 올 수 있었다. '프란시스 사비에르'는 "오 나의 하나님, 당신을 위해서 더 수고하고, 더욱더 괴롭고, 더욱더 고통스럽게 하소서"라고 절규했지만, 나는 더욱 기쁘고 더 즐겁고 행복하게 복음을 전하며 세계 선교를 하게 하소서"라고 고백한다.

"나는 나 자신의 개인적인 결과에 상관없이 복음을 선포하도록 운명 지어졌다" - 진젠도르프(Zinzendorf). "너희 중에 있는 하나님의 양무리를 치되 부득이함으로 하지 말고 오직 하나님의 뜻을 좇아 자원함으로 하며 더러운 이를 위해 하지 말고 오직 즐거운 뜻으로 하며 맡기운 자들에게 주장하는 자세를 하지 말고 오직 양무리의 본이 되라"(벧전 5:2~3). 기쁘고 바쁘게 선교하니까 늙을 새도 없고 아플 새도 없는 것 같다.

🕊 묵상과 적용

당신에게 선교는 어떤 의미인지 당신이 이해하고 있는 대로 말해보라. 그리고 지금 어떤 마음가짐과 자세로 선교에 동참하고 있는지 돌아보고 앞으로 어떻게 선교하기를 원하는지 깊이 묵상하고 구체적으로 나눠보자.

🤲 기도

사랑하는 주님, 선교가 한낱 구호로 그치지 않고 실제적인 삶이 되게 하시며 입으로 하는 선교가 아니라 현장을 찾아가며 말없이 섬기는 선교적 삶을 살게 해주세요.

선교는
사랑이다

나는 선교학자도 아니고 더욱이 선교 전문가는 아니다. 그렇다고 선교지에서 잔뼈가 굵은 선교사도 아니다. 그런데도 선교에 대해서 말할 수 있는 것은 평생 선교에 깊은 관심을 두고, 여러 선교지를 방문하며 수많은 선교사를 만나고 교제하면서 평생을 보냈기 때문이다. 비록 어깨너머로 배운 정도의 선교 경험일지라도 선교라는 두 글자에 꽂혀 일생을 보냈다고 해도 과언은 아니다.

내가 이해하는 선교는 주님의 명령에 순종하여 세상을 구원하기 위한 비전을 품고 복음을 전하는 것이라고 믿는다. 그러기 위해서 선행되어야 할 조건이 있는데 영혼에 대한 사랑이다. 하나님께서도 최초의 선교사이신 예수 그리스도를 이 세상에 보내신 단 하나의 이유가 있다면 우리를 향한 사랑 때문이다. "하나님이 세상을 이처럼 사랑하사 독생자를 주셨으니 이는 저를 믿는 자마다 멸망치 않고 영생을 얻게 하려 하심이라"(요 3:16).

영혼에 대한 사랑이 없으면서 선교를 운운하는 것은 어불성설

순회 선교사의 쓸모

이다. 학문적인 이론과 학설을 다 떠나서 한마디로 한다면 "선교는 사랑이다"라고 단언하고 싶다. 모든 사랑의 기본은 관심에서 출발한다. 누군가(혹은 어떤 대상)를 사랑하려면 우선 그에 관한 관심이 선행 될 수밖에 없다. 관심 없이 어떻게 사랑할 수가 있겠는가? 사랑의 대상이 사람이든지 아니면 다른 것이라고 해도 깊은 관심이 없으면 사랑할 수 없음은 자명한 이치이다.

그러므로 하나님이 우리를 사랑하시기에 우리에게 지대한 관심이 있으신 것처럼 우리도 서로 관심을 가져야 하며 선교가 필요한 나라와 지역과 인종과 그들의 문화와 풍습과 살아가는 모든 것에 대해 깊은 관심을 기울여야만 한다. 저명한 선교학자인 '도널드 맥가브란'(Donald Mcgavran) 박사는 선교를 이렇게 정의했다. "예수 그리스도에게 전혀 충성을 바치지 않고 있는 자들에게 문화적 장벽을 넘어 복음을 전하는 것이며, 그들을 일깨워 그리스도를 그들의 주와 구주로 받아들여 그의 교회의 책임 있는 구성원이 되게 하는 것이다. 그리고 성령의 인도하심에 따라 복음 전도와 정의 실현을 위해 일하며, 하나님의 뜻이 하늘에서 이룬 것처럼 땅 위에서 이루어지도록 일하는 것이다"

이해가 안 가는 것은 아니지만 왠지 사무적이고 너무 딱딱하게 느껴진다. 예수 그리스도의 사랑을 가지고 그리스도를 모르는 사람들에게 예수 그리스도의 사랑과 그의 복음을 믿고 영생의 구원을 얻도록 도와주는 게 선교인데 그 기본이 사랑이라는 것이다. 누구나 영혼에 대한 간절한 사랑만 있으면 선교는 가능하다고 믿는다. 다만 보다 효과적이고 효율적으로 복음을 전하기 위해서 기본적인 훈련을 받고 가는 게 필요하고 중요하다. 모든 군인이 자대배치를 받기 전에 훈련소에 가는 것처럼.

그러나 설혹 훈련도 받고 선교에 필요한 지식을 갖고 있다고 해도 영혼에 대한 사랑이 없다면, 바울 사도가 말한 대로 "소리 나는 구리와 울리는 꽹과리"에 불과할 것이다(고전 13:1). 오늘날 사랑이란 알맹이가 빠진 선교로 인해서 세상이 얼마나 요란하고 시끄러운가?

🍃 **묵상과 적용**

당신의 입으로 선교에 대해서 아는 대로 정의해 보기 바란다. '선교는 사랑이다'라는 주제에 대해서 묵상하고 간단명료하게 사랑의 선교에 대해서 나눠 보자.

🙌 **기도**

사랑하는 주님, 선교가 이론이나 구호에 그치지 않도록 하시고 삶이 선교가 되게 하시며 모든 교회가 주님의 사랑을 본받아 선교적 교회로 변화되게 해 주세요.

순회 선교사의 쓸모

블랙
데이

오늘은 그냥 편안한 마음으로 시대를 읽을 수 있는 주제 하나를 다루겠다. 그리스도인으로 자신이 살아가는 시대와 문화를 이해하는 게 필요하다고 생각하기 때문이다. 사람들이 '블랙 데이'(Black Day)라고 부르는 날이 있다. 매년 밸런타인데이(2월 14일)와 화이트데이(3월 14일) 때 선물을 받지 못한 사람들이 '자장면을 먹는 날'로 알려진 데서 유래한다. 대한민국의 대중문화에서 매월 14일 되는 날에 기념하는 비공식적 기념일의 일종으로 보면 되겠다.

출처는 불분명하지만, 솔로인 사람이 아무에게도 선물을 받지 못해서 홀로 검은 색깔의 자장면을 먹는다고 하는데 참으로 재미있는 현상이다. 블랙 데이 다음에 돌아오는 5월 14일은 '로즈데이'(연인들이 사랑의 표현으로 장미를 주고받는 날)이다. 왜 매월 14일마다 나름대로 의미를 부여하고 기념하는지는 모르겠지만 일종의 '문화현상'으로 볼 수 있는데 세상은 문화를 따라가는 경향이 있고 교회도 이런 현상의 영향을 받는다.

우리나라가 기독교 국가로서 참된 기독교문화가 뿌리를 내렸다면 분명 영적인 기념일이나 축제일 같은 것이 있겠지만 현실은 그렇지 못한 게 사실이다. 우리나라에 개신교가 들어온 지 140년을 바라보고 가톨릭까지 거슬러 올라가면 300년은 족히 되었으니 나름대로 기독교문화가 뿌리를 내렸을 만도 한데 아직 이렇다 할 만한 기독교 문화적인 현상을 볼 수가 없음은 솔직히 매우 안타깝다.

종교와 문화는 동전의 양면처럼 서로 떼어놓을 수 없는 '불가분리적 관계'라고 할 수 있다.

"종교가 정신이라면 문화는 육체다"라는 말이 있듯이 문화를 통해서 종교를 이해하고 접근할 수 있으므로 문화의 역할이 중요하다. 따라서 어떤 종교든지 자신의 종교를 표현하고 담아내는 문화적 접근이야말로 매우 필요하다. 20세기의 저명한 신학자 중 한 사람인 '폴 틸리히'는 그의 저서 "문화의 신학"에서 이렇게 말한다. "궁극적 관심으로서의 종교는 문화의 의미를 제공하는 실체이고 문화는 종교의 기본적 관심이 자신을 표현하는 형식들의 총체이다. 간략히 말해 종교는 문화의 실체이고 문화는 종교의 형식이다".

갈수록 복음 전도가 어려워지고 공격받는 시대적 상황에서 자연스럽게 표현되고 전달되는 '문화선교전략'의 필요성이 재고되는 시대가 되었다고 본다. 선택이 아닌 필수가 되었다. 선교할 때도 우리가 중요하게 고려해야 하는 것은 선교지의 문화를 인정하고 존중해주며 그들의 문화 속에서 복음을 전하고 사랑을 실천해야 하는 것이다.

순회 선교사의 쓸모

오늘날 간혹 종교(신앙)만 강조하고 문화적 측면을 도외시하거나 아예 무시하는 사람들을 보게 되는데 그러한 자세는 대단히 위험한 것이다. 우리가 옷을 입고 있듯이 종교는 문화의 옷을 입고 드러날 때 사람들에게 쉽고도 편안하게 다가갈 수 있기 때문이다. 그러므로 기독교 신학자들과 지도자의 위치에 있는 이들은 기독교문화에 대해서 심도 있는 고민과 연구를 해야 한다고 제안하고 싶다. 신학이 그 시대에 필요적절한 방식으로 신앙의 본질을 해석하고 전해주듯이 문화는 시대마다 종교의 본질과 사람들의 필요를 채워줘야 한다.

이렇게 볼 때 교회에서도 '예수 믿고 천당에 가라'라고 쉰목소리로 외쳐대므로 듣는 이들에게 불쾌감이나 역겨움을 갖게 할 것이 아니라 현대인들이 수긍할만한 좋은 내용이나 방식으로 다가가야 한다. 이는 기독교에 주어진 시대적 과제이자 사명이 아닐 수 없다. 특히 일반 대중에게 어필할 수 있는 방식, 즉 뮤지컬 또는 그 외의 예술적인 도구와 모임이나 만남의 광장 등 다양한 루트를 개척하고 만들 필요가 있다.

종교가 문화에 지대한 영향을 끼치지만, 문화가 종교에 미치는 영향이야말로 매우 크기 때문에 기독교의 생명의 복음을 전하기 위한 기독교문화의 보급에 힘써야 함은 아무리 강조해도 지나치지 않다. 그런 면에서 본다면 모든 그리스도인은 기독교문화의 생산자인 동시에 전파자가 되어야 한다. 이 세상에 기독교문화를 이식하고 뿌리를 내릴 사명자이기 때문이다.

"베드로가 가로되 주여 그럴 수 없나이다 속되고 깨끗지 아니한 물건을 내가 언제든지 먹지 아니하였삽나이다 한 대 또 두 번째 소리 있으되 하나님께서 깨끗케 하신 것을 네가 속되다 하지 말라 하더라"(행 10:14~15).

 묵상과 적용

당신은 기독교문화에 대해서 얼마만큼의 관심이 있다고 여기는지 스스로 돌아보고 물어보라. 그리고 미래의 복음 전도의 도구로서 문화선교에 대해 묵상하고 나눠보자.

기도

사랑하는 주님, 문화가 삶의 모든 부분에서 중요한 역할을 하는 때 기독교문화가 많이 개발되게 하시고 지혜롭고도 적절히 가르쳐지고 선한 영향력으로 전해질 수 있도록 도와주세요.

순회 선교사의 쓸모

희극과 비극의
교차로

영국의 배우이자 유명 코미디언이었던 '찰리 채플린'(Charlie Chaplin)
은 "인생은 멀리서 보면 희극이고 가까이서 보면 비극이다"라는 지
금도 널리 회자되는 명언을 남겼다. 인생은 희극만도 비극만도 아
닌, 희극과 비극이 적절하게 버무려진 음식과 같은 것이라고 할 수
있다. 마치 희, 비극의 교차로 같다고 할까? 어떨 때는 희극의 길로
들어섰다가 또 어떤 날은 비극의 길로 가기도 하는 게 인생이니까.

빛이 진하면 그림자도 진하듯이 빛만 있거나 혹은 그림자만 있
는 인생은 존재하지 않는다. 희극적인 인생만 살기를 바라지만 그
런 건 없다. 우리의 인생에는 예상치 못한 사건도 갑자기 오고, 그런
가 하면 삶의 막다른 벼랑 끝에서 뜻밖의 축복을 경험하기도 한다.

그러므로 지금 되는 것만 보고 낙심하거나 좌절하지 말고 시련
과 고통, 그 너머에 빛나고 있는 희망의 언덕을 바라보면서 담대하
게 믿음으로 나아가기를 소망한다. 지금 문밖에 찾아온 힘겨운 고
난으로 감당키 힘든 고통을 느끼시는 분도 그 길 끝에는 분명 좋은

일들이 있고 따뜻하고 새로운 미래를 만날 것을 소망하며 인내하기를 바란다.

> "여호와여 들으시고 내게 은혜를 베푸소서 여호와여 나를 돕는 자가 되소서 하였나이다 주께서 나의 슬픔이 변하여 내게 춤이 되게 하시며 나의 베옷을 벗기고 기쁨으로 띠 띠우셨나이다"(시 30:10~11).

베트남에서 황당한 일을 겪었다. 다른 일행들을 기다리면서 조금 먼저 교회 밖으로 나와 있던 나는 베트남 한인교회가 들어 있는 현지인 교회인 은총침례교회 예배당이 아름다워서 사진을 찍고 있었다. 잘 찍혔는지 확인차 들여다보고 있는데 뒤에서 달려온 오토바이가 쏜살같이 내게로 접근하더니 눈 깜빡할 새에 내 손에서 핸폰을 잽싸게 낚아채 가지고 달아났다. 정말 순식간에 벌어진 일이었다. 눈뜨고 코 베 가는 세상이 아니라 눈을 뜨고 핸폰을 빼앗겼다. 세상에 이런 어이없는 일이 있다니.

말로만 들었던 일이 내게도 일어난 것이다. 기가 막혔다. 전 세계 여러 곳을 수십 년 동안 이리저리 누비고 다녔어도 한 번도 이런 일이 없었는데 글쎄 내가 그 주인공이 된 것이다. 그래서 교우 일행은 기다리다가 식당으로 먼저 가고 나는 교회의 행정 간사인 현지인 자매와 이곳에서 27년 동안 사역하고 계시는 선교사님과 인근에 있는 경찰서로 가서 조서를 꾸미고 나오니 두 시간이 훌쩍 지났다.

다시 한번 깨닫는 것은 절대로 큰소리치면 안 된다는 것이다. "나는 다르다"라고 장담하지 말라는 말이다. 그리고 무엇보다 조심하고 주의해야 하는데 내가 소홀했던 게 사실이다. 인생에서 누구도 예외가 없는 게 세상이라는 것이 살아갈수록 진실이다. "나는 예외"라고 하는 게 교만이 아닐까? 인간은 다 거기서 거기다. 자기는 특별하다고 여기지 말고 겸손하자. "너는 내일 일을 자랑하지 말라 하루 동안에 무슨 일이 일어날지 네가 알 수 없음이니라"(잠 27:1).

남은 일정 동안 핸폰 없이 편안하고 자유롭게 다니게 되었다. 이번 사건을 통해서 주님께서 내게 말씀하시고 싶은 게 있으셨나 보다. 앞으로 더욱 겸손해야겠다. 그리고 더 주의해야겠다.

🎯 묵상과 적용
불완전한 인간이 연약함을 인정하지 않고 완벽해지려고 하는 게 교만과 하나님을 불신하는 행위임을 묵상하고 언제나 겸손히 자신을 돌아보며 신실하게 사는 것에 대해 나눠보자.

🤲 기도
사랑하는 주님, 이 세상에는 비극적인 일들이 너무나 많습니다. 그러나 믿음의 눈을 들어 보면 기쁘고 감사한 일들이 훨씬 많음을 봅니다. 그것을 볼 수 있게 하시고 담대하게 증거하도록 도와주세요. 모든 것이 합력해서 선을 이루시는 주님을 신뢰하고 찬양합니다.

선교 단상

언제나 느끼고 고백하는 것이지만 주님은 항상 넘치도록 은혜를 부어주시고 필요를 채우시며 성령님을 통해서 역사하신다는 것이다. 매 순간 주시는 은혜를 제한된 지면에 다 담지 못하여 늘 아쉬움이 클 뿐이다. 선교지의 사정이 인터넷이 잘 안되거나 속도가 느리고 가끔 와이파이가 끊겨서 애를 먹고 어떤 때는 거의 밤을 꼴딱 새울 때도 있다.

선교지에서 보고 듣고 느낀 소회를 한국시간에 맞춰 보내다 보면 시차로 인해 날밤을 새우기도 하기 때문이다. 그래서 몸은 고단하나 그것보다 훨씬 큰 은혜가 있기에 기쁨으로 선교지를 향해 설레는 마음으로 다니곤 한다. 그렇지 않으면 어떻게 세계 여러 곳을 끊임없이 다닐 수 있겠는가?

선교는 사랑과 이해와 인내 그리고 참된 섬김의 마음과 자세가 있을 때 보람 있는 시간을 보낼 수 있고 열매도 보게 된다. 최초의 선교사로 이 세상에 오신 예수 그리스도께서 보여주신 모습만 닮을 수 있다면 참으로 멋진 선교를 할 수 있을 것이다. "인자의 온 것은 섬김을 받으려 함이 아니라 도리어 섬기려 하고 자기 목숨을 많은 사람의 대속물로 주려 함이니라"(막 10:45). "내 백성에게 거룩한 것과 속된 것의 구별을 가르치며 부정한 것과 정한 것을 분별하게 할 것이며"(겔 44:23).

모든 선교여행을 통해서 주님께서는 우리를 향하신 계획과 바람을 갖고 계실 것이다. 그냥 단지 해외를 가서 막연한 것을 보고 놀게 하려고 선교지엘 가게 하지는 않으신다. 하나님이 계획하신 것을 보게 하려고 선교지를 오게 하셨으며, 또한 하나님이 보여주시고자 하는 것을 충분히 함께 나누길 원하신다. 다만 선교를 나가는 사람들이 조심할 것이 있는데 한두 번의 방문으로 선교지와 그 나라에 대해서 다 아는 것처럼 착각하지 말라는 것이다.

내가 아는 작은 부분의 지식과 경험은 마치 장님이 코끼리를 만지는 것과 크게 다르지 않다. 누가 어느 나라를 한두 번 겨우 며칠 갔다 와서 마치 그 나라에 대해서 다 아는 것처럼 말한다면 그것만큼 어리석은 것은 없을 것이다. 그래서 나도 늘 그 점을 마음에 담고 경솔하게 판단하거나 말하지 않으려고 주의한다.

특히 선교지와 선교사와 그의 사역에 대해서 내 기준과 입장에서 판단하거나 섣불리 가르치려고 하지 않으며 다만, 기도하면서 성령님께서 주시는 감동으로 분별할 수 있기를 바란다. "누가 주의 이 많은 백성을 재판할 수 있사오리이까 듣는 마음을 종에게 주사 주의 백성을 재판하여 선악을 분별하게 하옵소서"(왕상 3:9).

주님의 마음으로 바라보면 이해가 안 되는 것도 이해하게 되고, 넓은 아량으로 품을 수 있으며 용납하게 됨을 경험하게 된다. 그리고 주님께서 꼭 필요한 것은 보게 하시고 알려주신다. "너희는 육체를 따라 판단하나 나는 아무도 판단하지 아니하노라"(요 8:15).

 묵상과 적용

선교에 대한 오해나 편견은 없는지 돌아보고 주님이 기뻐하시는 선교에 대해서 묵상하면서 남은 생애를 통해서 어떻게 선교하기를 원하는지 실제로 나눠보자.

 기도

사랑하는 주님, 최초의 선교사로 이 세상에 오셔서 겸손히 섬김의 삶으로 본을 보이시며 제자의 발을 씻겨주신 것처럼 우리도 아름답게 섬기는 선교를 할 수 있도록 역사하시옵소서.

순회 선교사의 쓸모

선교사란
종족

한국인 선교사 숫자는 KWMA(한국세계선교협의회)와 KRIM(한국선교연구원)이 2021년에 발표한 한국선교 현황 통계조사에 의하면 세계 167개국에 22,210명의 장기 선교사를 파송한 것으로 집계되었다. 비율로 보면 여성 선교사가 전체 51.9%로 남성 선교사보다 많았고 선교사 연령 분포는 4, 50대 선교사가 67%로 다수를 차지했다고 한다. 향후 다음 선교를 이끌어 갈 2, 30대 선교사는 전체 장기 선교사의 8%에 그쳐 선교 계에도 고령화의 바람이 불고 있음을 알 수 있다.

인구절벽과 함께 한국교회는 더 심각하게 다음 세대가 빠르게 교회에서 사라지고 있어서 걱정이 이만저만이 아니고 고령화의 덫에 걸린 한국교회의 미래가 없어 보인다. 특별한 대책이 서지 않는 한 이대로 2~30년을 지나면 한국교회는 거의 다 경로당 화가 되어 있을 것이고 얼마 가지 못해서 유럽의 교회들처럼 문을 닫고 관광지로 변할 가능성이 대단히 크다.

이는 한 교회의 문제가 아니라 한국교회 전체의 과제인 동시에 나아가 국가의 미래가 걸린 문제이기도 하다. 우리는 어쩌면 지금 마지막 골든 타임(Golden Time)을 지나고 있는지 모른다. 여기서 정신을 차리지 못하고 방심하다가는 영원히 회생 불능의 나락으로 떨어질지 모른다.

그러므로 다시 심기일전해서 서로 격려하고 붙들어 주며 일어나야 할 것이다. 선교사가 그동안 많아져서 세계선교를 주도하는 나라 중의 하나가 된 것은 고무할 만한 일이고 너무 감사하지만, 선교사들이 많아지면서 한국교회 안에 약간의 피로감이 쌓인 것도 어느 정도는 사실이다.

예전에는 '선교사'라는 이름만 들어도 환영받고 섬김을 받는 대상이었지만 숫자가 많아진 지금은 예전과 다른 게 사실이다. 그래서 교회들도 선교사가 오는 것에 대해 썩 내키지 않거나 그다지 좋아하지 않는 분위기가 감지된다. 이는 선교사들도 실감하고 잘 느끼고 있을 것이다. 선교사는 매우 특별한 또 하나의 종족이라고 해도 과언이 아니다. 생명의 복음을 들고 지구촌을 누비며 땅끝까지 달려가는 세계 유일의 종족이 선교사라는 종족이다.

한국교회의 성장이 멎고 주춤거리면서 선교사 숫자도 줄고 있고 예전처럼 젊은이들이 선교의 주체가 아니고 다양해지며 모든 면에서 가파르게 변화하는 시대에 새로운 선교의 패러다임이 요구되고 있으며 선교사들도 이에 대비해야 하는 시대가 되었다.

이제는 선교사가 유별난 사람들이 하는 특별한 종족이 아니라 그리스도인이라면 누구나 해야 하는 보편적인 일이 되었다. 물론 아직도 선교에 대해서 모르고 헌신 되지 않은 교회들이 많은 것도 사실이지만 전반적으로 볼 때 선교에 대한 인식이 보편화되고 있으며 크고 작은 많은 교회가 동참하는 것은 매우 고무적이라고 본다. 늘 사용하는 말이지만 공감하기 위해 다시 한번 나누면서 맺고자 한다. "그리스도를 모신 모든 사람이 선교사이며 그리스도가 없는 모든 곳이 선교지다"

GO or SEND!

🌀 묵상과 적용

한국교회의 위기는 곧 선교의 위기라고 할 수 있는데 어떻게 하면 한국교회에 주어진 세계선교의 위대한 과업을 수행할 수 있는지와 당신도 어떤 방법으로 동참할 것인지에 대해서 구체적으로 묵상하고 나눠보자.

🤲 기도

사랑하는 주님, 인구절벽과 함께 동시에 고령화의 늪에 빠져 허우적거리고 있는 한국교회가 주님이 오시는 그날까지 지상명령의 성취를 위해서 계속 아름답게 사용되게 해주시고, 이를 위해서 한국교회가 다시 일어서도록 성령님 도와주세요.

배은망덕

세상에서 가장 중요한 것 중 하나가 '은혜를 아는 것'이라고 하겠다. 이것을 모르면 사람 구실을 제대로 한다고 할 수 없다. 그런데 세상에는 의외로 이런 사람들이 많은 것을 본다. 은혜를 받았으면 은혜를 갚는 게 기본이고 상식 아닌가? 적어도 은혜를 바로 안다면 갚지는 못할망정 배신하진 않을 것이다. 그런데 그걸 모르는 자들이 세상에는 너무 많이 있다.

소크라테스는 "자기가 무엇을 모르는지를 깨닫는 것이 참 지혜다"라고 말했다고 한다. "모른다는 것을 아는 것, 이게 인간의 지혜"라고 했던 소크라테스의 말에 전적으로 동감한다. 주변에서 보면 이러한 지혜가 아예 없거나 부족한 사람을 보는데 참 안타깝기 이를 데 없다. 선교지를 다닐 때마다 자주 경험하고 느끼는 게 솔직한 사실이다.

올바른 그리스도인이라면 은혜를 알고 보답하는 것인데 보답은커녕 거꾸로 배은망덕할 때가 있는데 이런 사람을 보면 너무 안

순회 선교사의 쓸모

타깝다. 개인은 물론이거니와 한 국가도 그럴 때가 있음을 국제사회에서 볼 수가 있으며 제법 많은 나라와 사람들이 여기에 해당한다. "그러나 더욱 큰 은혜를 주시나니 그러므로 일렀으되 하나님이 교만한 자를 물리치시고 겸손한 자에게 은혜를 주신다 하였느니라"(약 4:6).

베트남 호찌민에 한국의 삼성전자 스마트폰 제조 공장이 들어가 있다. 그런데 코로나 사태로 어려움이 많았다. 코로나를 핑계로 공장 봉쇄령을 내려 50%밖에 일을 하지 못하게 했으니까. 그 결과 하루에 170억 원에 해당하는 경제적 손실이 왔지만, 베트남 정부는 보상은커녕 한마디의 사과조차도 없었다.

거기다 무리한 요구를 계속해왔으며 비합리적이고 비효율적인 상황을 통해 자유로운 기업환경을 막아버렸고 더 이상 계속된다면 여러 가지로 난관을 겪을 것을 예상한 삼성에서는 스마트폰 생산 라인 일부를 우리나라 구미로 이전했다. 어쩔 수 없는 조치였다.

2021년 11월부터 준비해서 철수하고 대안으로 미국 텍사스주 휴스턴으로 공장을 옮기자 베트남 정부에 발등의 불이 떨어지게 됐다. 낮은 생산성과 높아지는 임금에다 잦은 태업과 정부의 작업 중지 명령에 따른 피해가 컸기 때문이다.

사실 삼성으로 인해서 베트남에 끼친 경제적 도움과 영향이 대단히 컸음에도 불구하고 베트남 정부가 너무 안일하게 대처를 한 것이다. 매년 3억 대의 스마트폰 생산량의 60%에 해당하는 생산시설 가동을 중단하고 구미 사업장으로 옮겼다.

러시아, 중국과 베트남 등 사회주의 국가들의 고질적인 병폐를 알아야 하는데 이들은 처음에는 환영하는 체하다가 조금 지나면 본색을 드러내는 것이다. 무리한 요구를 하거나 기술을 빼돌리며 막무가내식으로 압박을 해온다. 이미 중국에서 많은 경험을 했다. 그런데 베트남이 속이 뻔히 보이는 그런 흉내를 내는 것이다. 그래서 누군가는 베트남을 '베째남'으로 불러야 한다는 우스갯소리까지 했다.

은혜를 악으로 갚는 배은망덕의 대표적인 사례를 베트남이 보여주었기 때문이다. 개인이든 기업이든 국가든지 간에 결코 배은망덕하면 안 된다. 그건 망하는 지름길과 다를 바 없다. "아무에게도 악을 악으로 갚지 말고 모든 사람 앞에서 선한 일을 도모하라"(롬 12:17).

🧭 묵상과 적용

우리도 나 자신을 정직하게 돌아보고 살펴보자. 하나님께 그토록 많은 은혜를 받고 살면서도 깨닫지 못하고 감사보다 불평과 원망을 버릇처럼 늘어놓고 있지는 않은지 나눠보자.

🙏 기도

사랑하는 주님, 선교지마다 하나님의 은혜가 넘치게 해주시고 은혜를 결코 배반하지 않으며 주님을 증거하는 삶을 살게 하시고 자유롭게 선교지를 다니며 복음을 전하도록 은혜 베풀어 주시고 힘이 되어 주시옵소서.

순회 선교사의 쓸모

사하란뿌르

나는 여러 해 전부터 매년 인도를 한두 차례씩 다니고 있다. 주로 북인도에 속한 곳을 가는데 인도의 28개 주에서도 가장 가난하고 열악한 곳으로 알고 있는 '울트라 프라데시'주에 속한 인구 400만 명의 '사하란뿌르'라는 도시다.

그 도시는 강성 힌두교도와 이슬람교도가 섞여 사는 곳으로 내가 가기 전까지만 해도 우범지역이 많았는데 그곳엔 경찰도 함부로 들어가지 못할 정도로 위험했다고 한다. 그런 곳에 20년 전에 한국인 최초로 윤사무엘 선교사 부부가 위험을 무릅쓰고 들어가서 지금까지 은혜롭게 사역을 잘하고 있으며 너무도 많은 열매를 맺고 있다.

사하란뿌르에는 전설적인 하나님의 사람이 있었다. 그분은 연약하기 이를 데 없는 아주 작은 체구를 가진 여인이었는데 그녀는 학교에 가 본 적이 없어서 완전 문맹이었다. 들은 바에 의하면 그녀가 어느 날 일하러 집을 나가다 근처에 떨어져 있는 전단지를 한 장주었는데 종이에 그려진 그림과 글을 보고 범상치 않음을 느낀 그녀는 오후에 학교에서 돌아온 아들에게 그 내용을 읽어달라고 했으며 거기에 적힌 하나님 말씀을 듣는 즉시 성령께서 임하셔서 그 자리에서 예수님을 믿게 되었다고 한다.

참 신이신 예수님을 구주로 믿게 된 그녀는 날마다 기도하면서 하나님을 사랑하고 순전한 믿음으로 그 지역의 많은 이들에게 복음을 전하고 기도했는데 수많은 기사와 이적이 사도행전에 기록된 것처럼 그대로 일어났다고 한다. 그래서 그녀의 기도로 살아나고 변화를 받은 제자들이 오늘날 사하란뿌르 전역에서 목회하고 사역을 너무도 잘하고 있는데 이는 그녀의 신실한 동역자인 '다니엘 머시'목사의 영향이 매우 크다.

그는 사하란뿌르에서 모두에게 존경받는 인사 중의 한 사람인데 윤사무엘 선교사도 초기에 그곳에서 사역하면서 다니엘 머시 목사님의 도움을 많이 받았다. 어디서나 그렇지만 특히 선교지에서 좋은 사람을 만나는 건 진실로 놀라운 은혜이며 축복이다.

그녀의 이름은 "짠디컬리"인데 약 7년 전쯤에 하나님의 품으로 떠나셨다. 그녀를 통해 주님을 믿고 변화된 사람과 가정이 너무나 많다. 하나님 앞에 늘 기도하던 짠디컬리 자매님은 하나님 앞에 겸손하고 신실한 전도자였다. 그를 통해서 하나님을 알게 되고 삶과 인생이 변한 사람들이 너무도 많았다고 한다.

짠디컬리를 통해 예수님을 믿게 된 영혼을 다니엘 머시 목사가 잘 가르치고 훈련해서 하나님 일을 하도록 사랑으로 품고 기도하며 전했다. 짠디컬리는 정말 대단한 여인이 아닐 수 없다. 이런 여인이 그 지역에 있었다는 게 사하란뿌르를 사랑하시고 구원하시며 새 일을 행하시려는 하나님의 놀라운 섭리라고 믿는다.

기도의 사람이었던 짠디컬리 자매님은 어떤 문제가 생기거나 아픔이 있어서 기도를 들어가면 두 시간이나 네 시간도 좋고, 어떤 때는 문제와 씨름하느라고 기도실에서 밤을 새우며 하나님께 간구했다고 한다.

성경에 초대교회에 나타났던 것과 같은 놀라운 기적이 연속해서 일어나고 있으며 사람들의 삶을 변화시키는 주님의 십자가와 부활의 능력으로 말미암아 사하란뿌르 지역에 있는 교회들은 지금까지 하나님의 은혜로 계속 성장을 하고 있다.

짠디컬리와 다니엘 머시가 함께 협력하면서 사역하고 있을 때 윤사무엘 선교사가 그곳에 들어갔고 기도의 사람이며 복음에 대한 뜨거운 열정으로 가득했던 윤사무엘 선교사를 통해서 더욱 아름답게 열매가 맺게 되었고 사하란뿌르에 큰 부흥의 역사가 일어나게 되어 오늘에 이르고 있다.

윤사무엘 선교사의 눈물겹도록 헌신적인 사역에 힘입어 그 지역의 교회들은 온갖 박해 속에서도 놀라운 부흥을 하고 있으며 코로나 팬데믹 기간에도 그곳 교회마다 더욱 많은 영혼을 추수하고 계속적으로 열매를 맺고 있다고 한다. 내가 그곳에 여러 번을 가서 직접 눈으로 확인할 수 있어서 이렇게 말할 수 있는 것이다.

윤 선교사는 "베다리"(힌디어로 부흥이란 말)미션을 조직해서 그들을 가르치고 훈련하며 이끌고 있는데 말 그대로 초대교회와 같은 놀라운 부흥의 역사가 일어나고 있다. 이 모든 것은 주님의 은혜이며 성령님의 주권적인 역사라고 본다. 할렐루야! 하나님은 하나님의 때에 하나님의 방법으로 일하신다.

 묵상과 적용

하나님께서는 여유 있고 안락한 환경에서보다 열악하기 이를 데 없으며 기본생활조차 어려운 지역과 사람들을 통해서 하나님의 살아계심을 증거하고 역사하심을 묵상하면서 우리 자신을 돌아보고 하나님의 나라와 복음을 위한 삶에 대해서 나눠보자.

 기도

사랑하는 주님, 사하란뿌르의 짠디컬리 같이 담대하게 간절히 기도하는 삶을 살게 하시고 지금도 역사하시는 주님의 사랑의 십자가와 부활의 증인이 되게 해주세요.

순회 선교사의 쓸모

킬링 필드,
힐링필드

1984년도에 개봉되어 센세이션을 일으키며 화제가 되었던 영화 〈킬링 필드〉(Killing Field)로 인해 캄보디아가 세상에 많이 알려지고 관심을 끌게 되었다. 캄보디아 내전을 취재하고 후에 퓰리처상을 수상한 뉴욕 타임스 기자였던 '시드니 쉔버그'의 체험에 근거한 실화를 바탕으로 만들어진 영국 영화인 '킬링 필드'를 보면서 소름 끼치는 전율을 느끼며 한동안 가슴 아파했던 기억이 오래전에 보았음에도 지금까지 새롭다.

인간이 얼마나 악랄하고 어디까지 잔인해질 수 있는가를 여실히 보여준 영화였다. 인간의 탈을 쓰고 그럴 수 있다고는 생각 못했는데 폴포트가 이끄는 "크메르 루즈"(Khmers roudges)가 1975년부터 1979년까지 불과 4년 동안 캄보디아를 지배했음에도 그런 참혹한 대학살극을 저질렀다. 이는 인류 역사와 천추에 씻을 수 없는 만행 중의 만행이었다.

과거 찬란했던 '앙코르(Ankor) 왕국'의 신비한 유산을 간직한 나라이면서 동시에 근대사에서 2차 세계대전 당시 히틀러의 나치들이 저지른 '홀로코스트'에 비견될 정도로 끔찍하기 그지없는 야만적인 사건이 벌어진 곳으로 인간이 얼마나 잔인하고 극악무도할 수 있는지를 여실히 보여준 소름 끼치는 대 학살극을 벌임으로 피로 물들었던 '킬링 필드'가 바로 캄보디아다.

한인 선교사들이 캄보디아에 첫발을 들여놓은 것은 1993년도였다. 봇물 터지듯 수많은 선교사가 이 땅을 찾아왔는데 인구(1,700만 명)에 비해서 선교사 숫자가 많은 것은 누가 봐도 사실이지만, 아마도 그것은 피로 얼룩진 가슴 아픈 비극의 근대 역사를 가진 이 나라와 민족의 상처를 씻어주고 그리스도의 사랑으로 치유하고 회복시켜주려는 순수한 충정에서 그렇게 모이게 된 것이라는 생각이 든다. 우리나라도 강대국들의 전쟁 놀이터가 되었던 역사, 동족 분쟁의 비극적 아픔을 가진 동병상련의 정서가 작용하기 때문으로 본다.

이제는 더 이상 킬링 필드가 아닌 힐링 필드(Healing Field)가 되어서 전통적인 소승불교의 나라인 캄보디아가 구원의 하나님을 찬양하고 인도차이나의 등불 같은 나라로 변화가 되길 염원한다. 아시아 최빈국 중의 하나인 캄보디아의 복음화가 아직은 갈 길이 요원하지만 2023년도가 캄보디아 개신교 전래 100주년이 되는 동시에 한인 선교 30주년이 되는 의미 있는 해로서 이때를 기점으로 캄보디아 선교의 놀라운 변화의 원년이 되기를 소망한다.

전체 인구의 약 2%(가톨릭 포함)밖에 되지 않는 기독교는 캄보디아에서 아직은 미미하기 이를 데 없음에도 불구하고 작은 등불 하나가 온 집안을 비추듯이 상처와 고통의 트라우마가 심각한 캄보디아인을 구원의 길로 인도하길 기원하면서 이곳에 와 있는 선교사들이 진정으로 한마음과 한뜻으로 하나가 되어 영원한 생명의 주님 앞으로 나아오기를 간절히 바라는 마음으로 오늘도 작은 돌하나를 놓는 심정으로 상처와 피로 얼룩진 캄보디아 땅을 조심스레 밟아본다. 누군가 이 징검다리를 밟고 하나님의 나라로 가게 된다면 그보다 더한 기쁨은 없을 테니까. "나 여호와가 말하노라 그들이 쫓겨난 자라 하며 찾는 자가 없는 시온이라 한즉 내가 너를 치료하여 네 상처를 낫게 하리라"(렘 30:17).

💬 묵상과 적용

죄에 빠진 인간은 악하기 그지없는 본성을 가지고 하나님의 뜻과 역행하는 일을 서슴지 않고 저지르는데 캄보디아 크메르 루즈가 저지른 만행을 돌아보며 그들의 상처와 트라우마를 씻어주기 위해서 우리가 할 수 있는 것이 무엇인지 묵상하고 구체적으로 나눠보자.

🙏 기도

사랑하는 주님, 온 세상이 미쳐 날뛰고 있습니다. 수많은 살인과 전쟁과 폭력이 난무하고 있습니다. 이러한 세상을 그리스도의 생명의 복음과 십자가의 사랑으로 치유하고 회복시키는 일에 우리가 사용되게 해주시고, 십자가와 부활의 능력으로 세상을 변화시키게 해주세요.

바쿠에서

아제르바이잔의 수도 '바쿠'(Baki)는 오래전부터 사람들이 살았던 곳이긴 하지만 현대에 들어서면서 급성장하게 된 신흥도시다. 들은 말에 의하면 매일 '벤츠 500' 차량 2,000대 분량에 해당하는 액수만큼 원유 수출로 인한 돈이 아제르바이잔으로 들어온다고 하니까 어림잡아도 가히 천문학적이라고 할 수 있다. 여기에는 전임 대통령인 '헤이다르 알리예프'의 판단력과 결단으로 인한 승부수가 통해서 오늘날의 안정적인 기반을 닦아 놓은 것이라고 한다.

아제르바이잔은 유럽 국가 중에서 최고로 치안이 안전한 국가로 평가되고 있는데 밤늦게 거리를 여성 혼자서 걸어도 안심할 수 있는 정도라고 하니까 살기 좋은 나라이다. 바쿠시 근교에는 세계적으로 알려진 '고부스탄(Gobustan, 돌무덤이라는 뜻)' 암각화가 있어서 유네스코가 지정한 문화유산으로 등재된 곳인데 세계 곳곳의 고고학자들이 여길 방문한다.

국토 면적은 우리나라와 비슷하지만 12개 기후대 중에서 9가지가 아제르바이잔에 있을 정도로 세계에서 보기 드문 다양성을 가진 나라라고 알려져 있다. 특히 이곳에서 나는 다양한 과일들은 일조량이 높은 탓에 당도가 뛰어나고 맛과 품질 면에서 매우 양질의 과실들을 맛볼 수 있다. 아제르바이잔은 기름만 나는 게 아니라 맛난 과일도 많이 나는 그런 곳이다. "또 나무의 실과와 밭의 소산을 풍성케 하여 너희로 다시는 기근의 욕을 열국에게 받지 않게 하리니"(겔 36:30).

아제르바이잔의 오늘이 있기까지는 절대적으로 영향을 끼친 한 사람이 있었는데 '따지예브'라는 인물이다. 그는 일자무식의 석공으로 10남매의 장남으로 태어났다. 열심히 일해서 번 돈으로 버려진 유전을 인수했는데 여기서 기름이 나오게 되었다.

따지예브는 세계 최초로 지상 모터로 원유를 길어 올리는 기술 개발로 재벌이 되었는데 그는 아제리 최초의 '이슬람 학교'를 세운 인물이다. 자기는 배우지 못했지만, 학교를 세워 다음 세대를 미리 준비하게 하였으며 파키스탄에 이질로 인해 사람들이 죽어갈 때 따지예브가 후원함으로 수많은 목숨을 살려줌으로 인해 파키스탄과의 관계가 돈독하게 되었다고 한다.

그는 물이 귀한 바쿠를 위해 산악지역에서부터 '물 터널'을 만들어서 인공 댐을 만들고 전 국민을 위한 100년 치의 물값을 미리 내놓았다고 하는 멋진 사람이다. 그는 진정한 '노블레스 오블레쥬'를 실천함으로 귀감이 되는 인물이다. 우리나라에도 이런 사람이 있다면 얼마나 좋을까? 따지예브 같이 존경받는 재벌을 보고 싶다.

따지예브는 유럽을 여행하고 돌아와서 유럽식으로 건축을 많이 했는데 바쿠를 돌아보면 유럽풍의 건물과 도로 등을 볼 수 있다. 아름다운 섬김이 나라를 변화시키기도 하고 죽은 사회를 살려놓을 수 있으며 미래의 살길을 열어주는 역할을 할 수 있음을 그가 보여준 것이다. "너희는 예루살렘 거리로 빨리 왕래하며 그 넓은 거리에서 찾아보고 알라 너희가 만일 공의를 행하며 진리를 구하는 자를 한 사람이라도 찾으면 내가 이 성을 사하리라"(렘 5:1). 우리도 따지예브 같은 그 한 사람이 되기를 원한다.

 묵상과 적용

세상에는 새로운 역사를 쓰거나 한 시대를 변화시키는 인물들이 있는데 아제르바이잔의 따지예브를 생각하면서 우리나라에도 그런 인물이 나오길 기원하고 그런 것에 대해서 나눠보자.

기도

사랑하는 주님, 첫 사람 아담으로 인해서 죄가 세상에 들어오고 모든 인류가 멸망하게 되었지만, 주님께서 이 세상에 오심으로 전 인류에게 구원의 새롭고 산길이 열린 것처럼 우리도 길과 진리와 생명으로 오신 예수님을 본받아서 구원의 도구로 쓰임 받게 해주세요.

순회 선교사의 쓸모

알반키시
교회

아제르바이잔의 2,000년 된 고대 도시 '셰키'에서 가장 인상적인 곳은 바로 1세기 때 기념교회로 세워진 '알반키시교회'이다. 우리에겐 다소 낯선 고대 왕국인 '알반 왕국'(The Kingdom of Albanian)에는 교회들이 많이 있었다. 오늘날 우리와 같은 개신교는 아니지만 초대교회의 전통을 잘 이어온 교회들이 알반 왕국 내에 여러 곳에 존재했던 기록이 남아 있다.

그중에서도 가장 오래된 교회가 바로 '알반키시교회'(Albanian Churchin Kish)인데 원래 이곳은 우상 앞에 제사를 지내던 제단이 있던 장소였으나 이곳을 헐고 교회를 세웠다고 한다.

지금은 아쉽게도 예전의 영광스러운 주님의 교회들은 다 무너지고 지금 1세기 때 모습의 형태를 간직하고 있는 알반키시교회도 예배를 드리는 곳이 아니고 이곳을 찾는 기독교인들에게 상업적인 목적과 홍보용으로 보여주기 위해서 있을 뿐이다.

처음에는 그렇지 않았겠지만, 결과적으로 계시록의 '사데 교회'

와 같은 처지가 되어버린 셈이다. 이 얼마나 가슴이 아프고 통곡할 일인가? "사데 교회의 사자에게 편지하기를 하나님의 일곱 영과 일곱 별을 가진 이가 가라사대 내가 네 행위를 아노니 네가 살았다 하는 이름은 가졌으나 죽은 자로다"(계 4:1).

알반키시교회를 보면서 튀르키예에 있는 '소아시아의 일곱교회'가 오버랩 되었다. 한때 영광스러운 모습을 간직하며 부흥했던 교회들도 오늘날은 무너진 잔재만 볼 수 있기 때문이다. 바울 사도와 요한 사도 당시에 아름답게 성장하며 많은 영혼을 구원하고 살아계신 하나님을 예배하며 성령 충만했던 교회들이었지만, 지금은 아무런 자취도 찾아볼 수 없는 돌무더기만 남았으며 잡초만 무성하기 때문이다.

지나간 역사도 중요하지만, 오늘까지 이어지지 못하는 교회의 과거의 모습만 추억하며 아쉬워하게 되어버린 현실 앞에 서글픔을 금할 수 없는 게 나의 솔직한 마음이다. 어쩌면 조심스러운 말이지만, 우리나라 교회도 이런 전철을 밟지 않을까 하는 걱정을 하게 된다. 이것이 단순한 나의 기우에 불과하면 얼마나 좋을까? 그러나 안심할 수만 없는 게 오늘날 한국 기독교의 현실인 것을 부인할 수 없다. 유럽의 교회들을 바라보면서 안타까워했던 게 엊그제 같은데 이제 우리의 문제가 되고 있으니 말이다.

주님께서 당시의 사람들에게 말씀하신 것이 생각난다. "대답하여 가라사대 너희는 이 갈릴리 사람들이 이같이 해 받음으로써 모든 갈릴리 사람보다 더 죄가 있는 줄 아느냐 너희에게 이르노니

순회 선교사의 쓸모

아니라 너희도 만일 회개치 아니하면 다 이와 같이 망하리라"(눅 13:2~3). 우리도 자만하지 말고 정신 차려야 한다. 그게 살길이기 때문이다.

 묵상과 적용

과거의 영화만 자랑하고 늘어놓는 유럽교회와 같이 되지 않으려면, 정신을 차리고 항상 깨어 있어 믿음을 지키며 주님께서 맡기신 사명을 잊지 않고 감당하는 것에 대해서 나눠보자.

 기도

사랑하는 주님, 이들의 모습을 보고 안타까워만 할 게 아니라 반면교사로 삼고 각성하게 하소서. 우리도 그들의 전철을 밟을까 심히 두렵사오니, 더 늦기 전에 회개하기 원합니다.

마다가스카르

마다가스카르(마다)라고 하면 아직도 어디에 붙은 나라인지도 잘 모르는 사람들도 있을지도 모른다. 당신은 잘 알고 있는가? '마다 가스카르'는 아프리카에 속한 세계에서 네 번째로 큰 섬나라인데 남북한의 2.7배고, 남한 면적의 6배가 되는 나라다. 인구는 2,800만 명이니까 인구 대비 상당히 넓은 국토를 가진 나라인 셈이다.

공식적인 발표에 의하면 세계 10대 빈국 중에 하나로 우리나라 6~70년대 정도 되는 것으로 보이는데 1890년에 프랑스 식민지가 되어 1960년에 독립하기까지 70년 동안 지배받은 나라다. 아프리카는 공식 55개국인데 이 중에 19개국이 프랑스의 식민 통치를 받은 역사를 갖고 있다. 마다도 그 가운데 하나로서 그러다 보니 아직도 여러 부분에서 프랑스의 영향권 아래 있음을 부정할 수 없다. 대통령을 위시해서 고위층의 대다수가 프랑스 유학파이거나 자녀들을 프랑스에 보내 공부시키는 게 이 나라의 대체적인 분위기인 것 같다.

특히, 정치 사회지도층의 부정과 부패가 만연하고 너무 심해서 나라의 발전을 저해하고 있으며 일반 서민들의 고충은 이루 말할 수가 없을 정도다. 이 나라 젊은이들의 꿈이 경찰과 공무원 되는 거라고 하는데 이유인즉슨 공개적으로 뇌물을 받을 수 있기 때문이라고 한다.

아직도 이 나라는 대놓고 뇌물을 요구하고 있으며 뇌물을 주지 않고는 되는 게 없다고 한다. 마치 우리나라의 오래전 모습을 보는 것 같다. 우리나라도 한때 그런 적이 있었으니까. 고속도로를 순찰하는 경찰들은 대놓고 돈을 요구하고 공무원들도 뇌물을 수수하는 게 당연한 것처럼 취급되던 씁쓸한 시절이 우리에게도 있었다.

여기 와서 보니 끝없는 어두운 터널을 보는 것 같은 생각이 든다. 후진국의 공통점이지만, 빈부격차가 너무 크고 일반 대중들은 눈물겨울 정도로 찢어지게 가난하게 살고 있음을 보면서 이 나라의 기독교는 무엇을 하고 있는지, 그리스도인들은 과연 주님이 말씀하신 대로 소금과 빛의 사명과는 거리가 먼 삶을 사는 것 같아서 안타깝기 이를 데 없다.

이 나라에서 가장 큰 개신교단이 FJKM(마다가스카르 예수 그리스도의 교회라는 뜻)인데 전국에 6,000개 있다고 하니까 제법 많은 수의 교회가 있지만, 아무런 선한 영향력을 끼치지 못한다.

우리나라도 여기에서 별 차이는 없으므로 유구무언이지만, 오늘날 교회와 그리스도인들의 사명과 역할에 대해서 다시 한번 깊이 생각하지 않을 수 없다. 교회는 많은데 세상의 어둠을 밝히는 빛들은 점점 어두워져 가고 예수 믿는 사람들은 그래도 아직 많지만, 예수님을 닮은 사람들은 희소한 세상이 되어가고 있어서 부끄럽기 이를 데 없어서다.

그리스도인들을 가리켜 "움직이는 하나님의 광고판"이라고도 하고, "살아있는 성경책"이라고 부르기도 하는데 광고판이 흐려져 있고 성경책이 제 역할을 다 못하고 있음은 우리 책임이 아닐 수 없다. 알고 보면 아프리카는 무한한 가능성을 안고 있는 대륙이다. 이곳에 그리스도의 사랑과 하나님의 영광이 나타나도록 돕는 일에 우리가 기꺼이 드려지기를 바라며 두 손을 모은다.

마다가스카르는 할 일이 무한하게 많은 국가다. 이곳에 더 많은 젊은 일꾼들이 와서 주님의 말씀과 사랑으로 섬기게 되기를 간절히 바라며 두 손을 모은다. 인구가 3,000만 명 가까이 됨에도 불구하고 한인 선교사는 불과 50유닛도 채 되지 않는다. 비근한 예를 들면, 동남아시아의 캄보디아에는 인구가 1,800만 명 정도인데 한인 선교사만 무려, 공식적으로 600유닛이 넘는다고 하니까 마다가스카르와 비교해 볼 때 말도 안 되는 극명한 차이라고 하겠다.

우리나라 돈 10만 원을 보내면 마다가스카르의 학생들 200명을 한 끼 식사를 만들어 줄 수 있다. 그곳의 아이들 가운데 학교에 가지 못하는 아이들이 많은데 우리나라 돈 10,000원이 없어서다. 커피 두 잔만 줄이면 10,000원으로 그곳의 아이들을 고등학교까지 졸업시킬 수 있다.

여러분의 10,000원으로 세계선교에 동참할 수 있고 또, 사람을 키워내며 영혼을 구원할 수 있다고 생각해 보라. 상상만 해도 기쁘고 즐겁지 아니한가? "그 주인이 이르되 잘 하였도다 착하고 충성된 종아 네가 작은 일에 충성하였으매 내가 많은 것으로 네게 맡기리니 네 주인의 즐거움에 참여할지어다 하고"(마 25:21). 당신을 10,000원의 행복에 초대하고 싶다.

 묵상과 적용

우리가 가진 것이 작거나 아무리 적은 것이라 해도 하나님께 드리면 한 영혼을 구원하는 큰 도구가 될 수 있음을 알고 우리가 드릴 수 있는 것에 대해서 솔직하게 나눠보자.

기도

사랑하는 주님, 벳새다 들판에서 한 어린아이가 드린 작은 떡 몇 개로 수많은 사람이 배부르게 먹은 것처럼 우리도 비록 적지만 기쁨으로 우리 것을 주님께 드리게 해주세요.

5부

절기
이야기

새해를
맞으며

새해가 되었다. 사람들은 '새' 자(字)를 좋아한다. 새날, 새집, 새 책, 새 돈, 새 차, 새 사람 등. 새 자가 앞에 붙으면 새로운 기분이나 각오가 생기는 것 같기 때문이다. 그래서 해가 바뀌면 새해가 되었다며 각오를 새롭게 하고 새로운 계획을 세우고 부푼 기대를 걸곤 한다.

 해가 바뀌어 새해가 시작되었다. 아직 아무것도 그리지 않은 깨끗한 흰 도화지 같은 일 년 365일을 선물 받았다. 365개의 징검다리 같은 나날을 조심조심 잘 건너가면 새해는 반드시 은혜롭고 행복한 한 해가 될 것을 믿는다. '나태주' 시인의 '새날'이란 시를 함께 읽으며 한해를 설렘으로 출발하고 싶다.

  새해 새날입니다.
  어제 뜬 해 다시 뜨지만
  새해 새날입니다.

어찌 새날입니까?
새 마음 새로운 생각이니
새해 새날입니다.

삼백 예순 다섯 개
우리 앞에 펼쳐질
디딤돌이거나 징검다리

그 많은 날을
우리는 하나하나 정성으로
건너가야 합니다.

그리하여 삼백 예순 다섯 날
모두 보낸 다음
스스로 말할 수 있어야 합니다

참 잘했다
그것으로 충분했다
후회가 없어야 합니다.

새해 새날입니다.

순회 선교사의 쓸모

새로운 마음으로
새로운 생각으로
우리 모두 오늘은
새로운 사람입니다

해가 바뀐다고 사람이 저절로 바뀔 리는 만무하다. 새로운 마음
가짐과 변화를 받아야 새해 새날을 제대로 살아낼 수 있을 것이다.
그러므로 새해엔 나부터 새로워지는 게 우선되어야 하리라. 나에
게서 변화가 시작되는 것을 증명해 보이자. "너희는 이 세대를 본받
지 말고 마음을 새롭게 함으로 변화를 받아 하나님의 선하시고 기
뻐하시고 온전하신 뜻이 무엇인지 분별하도록 하라"(롬 12:2). 내가
먼저 새로워지면 세상이 새로워지기 시작할 것이다.

🕊 묵상과 적용
마지막 달력을 뜯어내고 새해의 달력을 걸었다고 새해가 오는 것은 아닐 것
이다. 새로운 마음가짐으로 신실하고 겸허하게 맞이할 때 진정한 새해가 시
작됨을 묵상하고 올해는 어떤 새해가 되기를 바라고 기도하는지 서로 나눠
보자.

🙏 기도
사랑하는 주님, 새해를 선물해 주셔서 너무 감사드립니다. 주님의 뜻을 따라
말씀과 기도로 하루하루를 살아가게 하시고 날마다 새해의 은혜로 충만하게
해주세요.

새해의
바람

새해가 밝았다. 누구나 새로운 마음가짐으로 새해를 맞이하고 새로운 계획과 바람을 갖고 출발했을 것이다. 당신은 어떤 바람과 계획을 갖고 주님이 허락하신 새해를 맞이했는가? 아직 아무것도 그리지 않은 새하얀 도화지 같은 한해를 주님께 선물 받았다. 어떤 그림을 그릴지 구상하고 스케치하며 하나씩 구체적으로 색칠하면서 새해를 아름답게 그려가야겠다.

"새 노래로 여호와께 노래하라 온 땅이여 여호와께 노래할지어다 여호와께 노래하여 그 이름을 송축하며 그 구원을 날마다 전파할지어다"(시 96:1~2). 시편 기자의 아름다운 고백과 같이 올해는 날마다 하나님의 은혜를 노래하면서 그 이름을 높여드리고 날마다 주님의 구원을 증거하면서 살기 원한다.

새해가 되면서 가장 많이 듣는 인사가 "새해 복 많이 받으세요"라는 말이다. 이 말의 의미를 감사함으로 받긴 하지만 나는 거꾸로 뒤집어서 인사하고 싶다. "복 많이 나눠주세요"라고.

순회 선교사의 쓸모

오늘부터 일부터라도 그렇게 인사해보자. 적어도 그리스도인은 그래야 한다. 물론 더 많은 복이 필요한 사람과 가정이 있겠지만, 받는 것보다 나눠주는 삶을 사는 한 해가 되면 좋겠다. "범사에 너희에게 모본을 보였노니 곧 이같이 수고하여 약한 사람들을 돕고 또 주 예수의 친히 말씀하신바 주는 것이 받는 것보다 복이 있다 하심을 기억하여야 할지니라"(행 20:35).

우리는 '받는 복'보다 '주는 복'을 더욱 귀하게 여기고 실천하기를 바란다. 모든 그리스도인은 주님께서 자신의 생명까지 우리를 위해서 내어주신 것처럼 주는 자가 되기를 힘써야 한다. 우리가 줄 수 있는 모든 것을 아낌없이 주는 한 해가 된다면, 올해는 반드시 주의 은혜가 풍성함을 경험하게 될 것이다. "주라 그리하면 너희에게 줄 것이니 곧 후히 되어 누르고 흔들어 넘치도록 하여 너희에게 안겨 주리라 너희의 헤아리는 그 헤아림으로 너희도 헤아림을 도로 받을 것이니라"(눅 6:38).

우리가 받은 은혜를 무엇으로 누구에게 어떻게 나눌지 오늘부터 실천해보자. 우리가 드릴 수 있는 것으로 드리고 서로 나눌 수 있는 것을 찾아보자.

◉ 묵상과 적용

묵상과 적용

그리스도인은 세상의 가치관과는 다른 삶을 살아야 한다. 이 세상을 사랑하지 말라고 하신 말씀대로 세상적인 복을 구하는 기복신앙이 아니라 하나님이 주실 복에 대해서 나눠보자.

기도

사랑하는 주님, 주님께서 우리를 구원하시기 위해서 물과 피를 쏟으시고 사랑으로 생명을 주신 것처럼 우리도 움켜쥐고 모아두며 쌓기만 하는 자가 아니라 나누고 베풀게 하소서. 우리에게 주신 은사를 따라 시간과 물질과 재능과 열정을 사랑으로 기뻐하며 헌신하게 해주시고 세계선교를 위해 온전히 드리도록 하옵시며 아름다운 열매 맺도록 도와주세요.

순회 선교사의 쓸모

하루씩만

1년은 365일이다. "하루"가 365개 모이면 일 년이 된다. 선(線)이 점(點)의 연속이듯이 한해도 하루하루의 연속일 뿐이다. 1년을 한꺼번에 다 잘 살지는 못한다. 그럴 필요도 없다. 하루씩만 잘 살면 된다.

한꺼번에 잘하려고 하지 말라. 그러다 체하니까. 딱 하루씩만 잘 살아 보자. 그건 마음만 먹으면 누구나 가능하다. CCM 찬양 가사에 "내일 일은 난 몰라요. 하루하루 살아요. 불행이나 요행함도 내 뜻대로 못 해요. 험한 이길 가고 가도 끝은 없고 곤해요. 주님 예수 팔 내미사 내 손 잡아 주소서. 내일 일은 난 몰라요. 장래 일도 몰라요. 아버지여 날 붙드사 평탄한 길 주옵소서."라고 했는데 깊이 공감된다.

고대 중국의 은(殷)나라에 '탕'(湯)이라는 왕이 있었는데 그는 이상적인 군주로 유명하다. 그는 평소에 좌우명으로 자주 쓰는 물건에 "일일신우일신"(日日新又日新)이란 글귀를 새겨 놓고 자신의 좌우명(座右銘)으로 삼았다. 그는 대야에 "진실로 하루라도 새로워지고자 한다면 날마다 새롭게 하고 또 날로 새롭게 하라"라는 글을 써놓고 매일 자신을 담금질했다고 한다. 좋은 본보기다. "오직 오늘이라 일컫는 동안에 매일 피차 권면하여 너희 중에 누구든지 죄의 유혹으로 완고하게 되지 않도록 하라 우리가 시작할 때에 확신한 것을 끝까지 견고히 잡고 있으면 그리스도와 함께 참여한 자가 되리라"(히 3:13~14).

어떤 일을 하는 데 있어서 가장 중요한 게 "한결같이 꾸준히 하는 것이다. 사자성어로 말하면 '초지일관'(初志一貫)이며 비슷한 용어로 '시종일관' 또는 '시종여일'(始終如一)이다. 처음부터 끝까지 변함없이 한결같음을 가리키는 말이다.

이와 반대되는 말은 '작심삼일'(作心三日)인데 확고하게 마음먹었던 결심도 겨우 사흘을 넘기지 못한다는 의미이다. 새해가 시작된 지 사흘째가 되는 날인데 벌써 흔들리거나 결심이 깨지지는 않았는가? 작심삼일과 비슷한 사자성어가 있는데, '용두사미'(龍頭蛇尾)다. 시작은 요란하게 했지만, 결국은 흐지부지되고 마는 것인데 이럴 때가 얼마나 많은가?

당신은 어느 쪽에 가까운가? 초지일관, 시종여일의 사람인가? 용두사미, 작심삼일에 해당되는가? "가다가 중지 곧 하면 아니 감만 못 하리라"라는 옛시조의 글귀가 떠오른다. 한마디로 하면 포기하지 말라는 뜻이다. 우리에겐 포기할 권리가 없으니까. "우리가 선을 행하되 낙심하지 말지니 포기하지 아니하면 때가 이르매 거두리라"(갈 6:9).

새해의 버킷리스트는 무엇으로 정했나? 하루씩만 잘사는 것에

순회 선교사의 쓸모

대해 묵상하고 한결같이 시종일관하기 위해서 변화되어야 할 것은 어떤 것이 있는지 나눠보자. 소중한 하루를 선물하신 하나님께 깊이 감사드리며 하루씩 행복하게 살아가기를 두 손 모아 간절히 기도한다.

 묵상과 적용

새해를 시작하게 하신 주님의 은혜를 묵상하고 지난해를 돌아보며 고쳐야 할 것은 없는지 새롭게 시작할 것은 무엇인지 구체적으로 정하고 서로 나눠보자.

기도

사랑하는 주님, 날마다 공급받는 하루를 감사함으로 받게 하시고 허투루 흘려보내지 않도록 늘 깨어 있게 하시며 시간을 바르게 아껴 쓰도록 도와주세요.

바로
먹자

새해가 되면 한국 사람은 대부분 가정에서 '떡국'을 먹는다. 물론 시대가 변해서 예전 같지는 않아도 아직도 새해 첫날엔 떡국을 즐겨먹는 가정이 많다. 떡국도 맛있지만, 개인적으로는 만둣국을 더 좋아한다. 그래서 떡국보다는 떡만둣국을 즐겨 먹는 편이다. 올해 설은 큰딸 집에 가서 보냈는데 딸이 끓여주는 떡만둣국을 아주 맛있게 먹고 왔다.

어디에서 기원한 건지는 몰라도 한국인은 떡국을 먹어야 나이를 한 살을 먹었다고 생각한다. 우리가 사는 지구상에는 3,000종 이상의 언어가 있다고 하는데 모르긴 몰라도 나이를 먹는다고 말하는 사람들은 우리나라가 유일하지 않을까?

떡국만 아니라 한국인은 '먹었다'라는 말을 정말 다양하게 모든 부분에서 사용하는 민족이다. 어떤 것을 하려고 결심할 때 "마음먹었다"라고 말하며 운동 경기에서 1등 한 선수가 "엄마 나 1등 먹었어"라고 기쁘게 전화하는 것을 뉴스에서 자주 보고 듣는다.

'나이'도 먹고, '마음'도 먹으며, '1등'도 먹어 치우는 민족인 우리나라는 먹어야 직성이 풀리는 민족인지도 모르겠다. "먹는 게 남는 겨"라고 우리 부모 세대는 유독 '먹는 것'을 많이 강조했는데 잘 먹고 그만큼 힘을 내라는 뜻으로 풀이된다. 너무 가난해서 그랬는지도 모르겠다. "어떤 사람은 모든 것을 먹을만한 믿음이 있고 연약한 자는 채소를 먹느니라"(롬 14:2). 그런데 우리만 그런 게 아니라 성경 말씀도 먹으라고 하나님이 말씀하시는 것을 본다.

> "그가 또 내게 이르시되 인자야 너는 받는 것을 먹으라 너는 이 두루마리를 먹고 가서 이스라엘 족속에게 고하라 하시기로 내가 입을 벌리니 그가 그 두루마리를 내게 먹이시며 내게 이르시되 인자야 내가 네게 주는 이 두루마리로 네 배에 넣으며 네 창자에 채우라 하시기에 내가 먹으니 그것이 내 입에서 달기가 꿀 같더라"(겔 3:1~3).

육신을 위해서도 먹는 게 중요하지만, 영혼이 살찌고 강건하기 위해서 하나님의 말씀을 먹는 것이야말로 아무리 강조해도 결코 지나침이 없다. 어렵고 힘들 때일수록 말씀 속에서 길을 찾아야 한다. 하나님의 말씀 속에는 영원한 생명뿐 아니라 삶에 필요한 각종 지혜로운 가르침들로 넘쳐나니까.

예수 그리스도는 길 자체시므로 주님과 주의 말씀을 믿고 의지하는 자는 반드시 복된 길로 인도함을 받을 수 있다. 올해 말씀을 맛있게 열심히 먹어야겠다. 우리가 성경을 많이 읽는 것도 당연히 중요하지만, 그보다 훨씬 더 중요한 것은 "성경이 나를 읽게 하는 것"이다. 내가 성경을 몇 번 읽었다는 자랑보다 말씀대로 살아가는 나의 삶을 그대로 보여주는 것이 더 중요하다는 의미라고 하겠다.

🌀 묵상과 적용

세상에는 먹을 것이 아주 많지만, 하나님의 말씀을 먹는 일보다 중요한 게 있을까? 날마다 일정한 음식처럼 하나님 생명의 말씀을 먹는 것을 묵상하고 유익함을 서로 나눠보자.

🤲 기도

사랑하는 주님, 우리에게 먹어야 사는 본능을 주신 것처럼 하나님의 말씀을 먹지 않고는 살 수 없는 거룩한 본능과 깊은 영성을 허락해 주세요.

순회 선교사의 쓸모

정월
대보름

우리나라 민속 명절 가운데 정월(正月) 대보름을 빼놓을 수 없을 것이다. 음력 1월 15일에 가장 크고 밝은 달이 뜨는 날이다. 휘영청 밝은 달빛이 온 누리를 비추는 것만 봐도 마음이 훤해진다. 우리도 정월 대보름 같이 빛나는 삶을 살 수는 없을까?

사람들은 그 보름달을 보며 새해의 소원을 빌기도 하고 자신의 염원을 담아서 나름대로 기원을 올린다. 그리스도인은 다르게 정월 대보름을 보내야 하리라. 하늘에 높이 뜬 달보다, 우리 마음에 의의 태양이신 하나님께서 띄워주시는 믿음, 소망, 사랑의 보름달이 큼지막하게 떠올라 어두컴컴한 세상을 골고루 비추었으면 좋겠다.

대보름에는 집마다 오곡밥을 지어 먹으며 이른 아침 '부럼'이라고 부르는 잣이나 호두 등 껍질이 단단한 열매를 깨물어서 버리는 풍속이 있는데 그렇게 하면 1년 내내 부스럼이 생기지 않는다고 믿는 속설 때문이다.

진정으로 우리가 깨뜨려야 할 것은 부럼이 아니라 우리를 가두고 있는 교만과 위선과 허례허식의 단단한 껍질이며 불신앙과 불순종의 각종 죄의 탈이 아닐까? 아직도 깨지지 않은 우리의 본성과 육에 속한 것들을 과감하게 깨뜨려야 하는데 말이다.

각종 나물과 오곡밥도 맛있고 몸에도 좋은 건 맞지만, 하나님의 말씀보다 맛있고 좋을 순 없을 터이다. 우리가 사모해야 할 양식은 하나님의 입에서 나오는 말씀이다. "사람이 떡으로만 살 것이 아니요. 하나님의 입으로부터 나오는 모든 말씀으로 살 것이니라 하였느니라"(마 4:4).

다윗과 같이 우리도 고백하기를 바란다. "여호와를 경외하는 도는 정결하여 영원까지 이르고 여호와의 규례는 확실하여 다 의로우니 금 곧 많은 정금보다 더 사모할 것이며 꿀과 송이꿀보다 더 달도다"(시 19:9~10). 시인 김은식의 "달빛 동행"이라는 시가 마음에 들어 함께 음미하고 싶다.

홀로 가는 길/ 달빛처럼 함께 걷는 동행이 있다/ 누구신가/ 물어볼 양 하면/ 벌써 내 어깨에 손을 얹는/ 뒤를 돌아보아/ 반가이 웃으면/ 그도 달처럼 환하게 웃고 있다/ 어디에서 오신 누구신가/ 알고자 함이 아니라는 것을/ 이미 알고 있는 그 사람/

인사차 물어보는 내게/ 알면서 묻는다는 듯/ 빙그레 웃는 표정, 만월이라 한다/ 그날 밤/ 고갯마루 언덕길 넘을 때/ 초승달 눈썹으로 웃어주던 달빛/ 아무도 없는 길 위에서/ 정겨움으로 다가와/ 세월 가면 기울어도/ 다시 차오를 달빛 동행/ 그가 함께 길을 가

순회 선교사의 쓸모

고 있다.

보름달을 보면서 시인은 아름답게 인생의 동행을 풀어내고 있지만, 보름달은 언젠가는 반드시 기울지만, 영원히 변치 않는 사랑으로 함께 해주시는 주님을 의지하면서 주님과 동행하며 우리에게 주어진 영생의 길을 담대하게 가야겠다.

우리의 남은 인생길을 가는 동안 주 안에서 서로 깊이 사랑하고 보듬어 주고, 믿음으로 붙잡아주고 격려하면서 진심 어린 기도로 축복하는 서로에게 영적 동행이 되자.

🍃 묵상과 적용

인생길을 가는 동안 마음과 마음이 통해서 동행하는 벗과 동료가 있다면 그만큼 힘이 되는 것도 드물 것이다. 당신은 누구와 동행하고 싶은지 서로 나눠보자.

🙌 기도

사랑하는 주님, 이 세상을 살아가면서 마음을 터놓고 인생길을 동행할 친구를 갖게 하시고, 우리가 그런 사람이 되게 하시며 빛을 비추는 삶을 살도록 해주세요.

카이
로스

그리스 신화에 '카이로스'라고 불리는 제우스의 아들이 나오는데 가장 눈에 띄는 게 그의 '머리'다. 미소년으로 등장하는 그의 앞머리는 무성한 데 비해 뒷머리는 민머리로 묘사되고 있다. 이는 앞에서는 머리를 잡을 수 있지만 뒤에서는 머리숱이 없어서 잡을 수 없음을 가리킨다.

카이로스를 가리켜 일명 '기회의 신'이라고 하는데 그래서 기회는 앞에서 잡아야지 지나고 나면 아무런 소용이 없음을 나타내는 의미이다. 기회(CHANCE)는 때가 지나가기 전에 잡아야 쓸모가 있는 것이지 지난 후엔 무의미하다는 교훈을 담고 있다.

기회가 오면 '선택'(CHOICE)하고, 선택했으면 과감히 '도전'(CHALLENGE)할 때 진정한 카이로스가 된다. 지나간 세월을 아쉬워하기보다는 앞으로 주어질 새로운 날들을 기쁨과 설렘으로 맞이하면서 그리스도의 사랑을 실천하기를 바란다. "너는 모든 일을 사랑으로 행하라"(고전 16:14). "세월을 아끼라 때가 악하니라"(엡 5:16).

순회 선교사의 쓸모

우리에게 가장 좋은 계절은 아직 오지 않았으므로 인생의 남은 날들을 소중히 여기고, 그 어느 때보다 하루하루를 감사하면서 살아가야만 한다. 세계적으로 유명하고 영향을 주는 방송인 '오프라 윈프리'는 "나는 행운이란 준비와 기회의 만남이라고 생각한다"라고 했는데 참으로 적절한 말이 아닐 수 없다. 행운도 준비된 자에게 찾아오는 혹은 주어지는 특별한 선물이 아닐까? 하나님도 준비된 사람을 사용하시지, "믿습니다"만 외치는 사람은 아닌 것과 같은 이치라고 본다.

"비관주의자는 모든 기회에서 어려움을 보고, 낙천주의자는 모든 어려움에서 기회를 본다"라는 '윈스턴 처칠'의 말은 아무리 읽어도 늘 새롭고 용기를 준다. 누구의 말인지는 모르나 "불가능은 없다. 단지 불가능하다고 생각하는 생각만이 있을 뿐이다"라는 말을 오래전에 읽었는데 지금도 그 말이 자주 생각난다. 그리고 힘들거나 포기하고 싶을 때 다시 시작할 힘을 준다.

그래서 나는 날마다 새로운 꿈을 품고 하루를 맞이하고 또 기쁘게 시작한다. '오늘'은 어제 죽은 사람이 그토록 맞이하고 싶었던 날이 아닌가? 날마다 그런 오늘을 살면서 어찌 감사하고 즐거움이 없을 수 있는가? 만일 그렇다면 그들에게 사죄해야 하지 않을까?

하루하루를 무의미하고 무덤덤하게 사는 사람은 무덤이 가까워지고 있다는 증거다. 한번 밖에 살지 못하는 소중한 인생을 그렇게 허비하며 살아서는 안 된다. 날마다 가슴 뛰는 하루를 살자. 심장이 뛰듯이 어떤 환경이나 상황 가운데서도 믿음, 소망, 사랑으로 꽃을 피우는 심정으로 한 발자국, 한 걸음씩 뚜벅뚜벅 옮겨보자. "느릿느릿 걸어도 황소걸음"이란 유럽의 속담처럼 그렇게 당당히 살아가자. 예수 안에서!

 묵상과 적용

한번 밖에 살 수 없는 소중한 인생을 하릴없이 낭비한다면 시간의 주인이신 하나님께도 악하고 불충한 종이 될 뿐만 아니라 자신에게도 죄가 됨을 알고 가치 있는 삶을 함께 나눠보자.

 기도

사랑하는 주님, 날마다 새날을 선물해 주셔서 감사드립니다. 하루의 삶을 감사와 설렘으로 시작하고 하루를 감사의 고백으로 마무리하도록 최선을 다해 사는 은혜 위에 은혜를 주옵소서.

순회 선교사의 쓸모

명절이
오면

우리나라엔 여러 개의 명절이 있는데 그중에서도 대표적인 것이 구정과 추석이다. 명절이 되면 가장 큰 특징이 '민족의 이동'이다. 고향과 가족을 찾아서 떠나는 이들이 대부분이고 일부는 여행을 떠나기도 하지만 분명한 것은 수많은 사람이 어딘가를 향해 대이동을 한다.

대개는 부모님이 계신 고향이나 집으로 가는데 부모님이 안 계시면 형제들도 한자리에 모이는 게 쉽지 않다. 나도 부모님이 이젠 다 천국에 가셔서 매년 가던 고향에도 가게 되질 않는다. 이는 아마도 나뿐만 아니라 모두 같은 마음일 터이다.

명절이 말 그대로 기쁘고 기념할만한 날이지만 누군가에게는 외롭고 쓸쓸한 날일 것이다. 딱히 찾아갈 가족이 없거나 갈 곳이 없는 외국인과 소외된 사람들에겐 더 그럴 것이다. 우리 주변에는 외롭게 지내는 사람들이 많이 있다. 관심을 조금만 기울여 보면 얼마든지 그런 사람을 만나거나 찾아낼 수 있을 것이다.

잘 알려진 시인 이해인은 "아, 삶이란 때론 이렇게 외롭구나"라는 시에서 인간의 고독과 외로움에 대해서 쉬운 언어로 풀어낸다.

어느 날 혼자 가만히 있다가
갑자기 허무해지고 아무 말도 할 수 없고
가슴이 터질 것만 같고 눈물이 쏟아지는데
누군가를 만나고 싶은데 만날 사람이 없다

주위에는 항상 친구들이 있다고 생각했는데
이런 날 이런 마음을 들어줄 사람을 생각하니
수첩에 적힌 이름과 전화번호를
읽어내려가 보아도 모두가 아니었다

혼자 바람 맞고 사는 세상
거리를 걷다 가슴을 식히고 마는
뜨거운 한잔의 커피

아, 삶이란 때론 이렇게 외롭구나

이해인의 "어느 날의 커피 중에서"라는 시인데 쓸쓸하고 외로움으로 가득 찬 현대인의 고독한 마음을 잘 대변해 주고 있다. 인간은 본래 고독한 존재이긴 하지만.

시인 '이생진'은 "이 세상 모두가 섬인 것을, 천만이 모여 살아도 외로우면 섬인 것을"이라고 실존적인 인간의 절대 고독에 대해 썼는데 망망대해에 홀로 떠 있는 작은 섬 같은 존재가 인간이다. 그러나 육교로 연결된 작은 섬과 같이 우리도 서로에게 믿음과 소망과 사랑의 끈이 되어 주고 하나로 묶어진다면 얼마든지 살아갈 수 있다.

그래서 우리는 서로 의지하고 부대끼며 살아가야 할 필요가 있다. 함께 울고 웃으며 기대고 의지하면서 손에 손을 잡고 살아가야만 하는 운명적인 존재들이 인간이니까. 따뜻한 손을 내밀어 누군가를 잡아주고 보듬어 주며, 작은 등이지만 내주어 누군가가 기대고 일어나도록 버팀목 역할을 해주고, 서로 안아주고 붙들어 줘야만 한다. "서로 돌아보아 사랑과 선행을 격려하고"(히 10:24).

외롭고 쓸쓸한 이 세상에서 선한 목자이신 주님을 의지하고, 서로 돌아보며 사랑으로 섬기며 살아갈 때 세상도 충분히 살 만한 아름다운 곳으로 변할 것이다. 오늘은 꼭 내가 먼저 손 내밀어 보리라. 그리고 먼저 안아주고 싶다.

🍃 **묵상과 적용**

외로운 삶을 살아가는 현대인들에게 아무 조건 없이 먼저 다가가서 손잡아주고, 포옹하고, 이야길 들어만 줘도 새 힘을 얻는 것에 대해서 묵상하고 서로 나눠보자.

🤲 **기도**

사랑하는 주님, 주님께서 이 세상에 오셔서 죄인들을 찾아가 주시고, 아무 조건 없이 사랑해 주시고 받아주신 것처럼 우리도 그런 사랑으로 섬기며 서로 받아주게 하소서.

가장
공평한 것

하나님께서 인간에게 주신 것 중에 가장 공평한 게 두 가지 있는데 '죽음'과 '시간'이다. 아무도 죽음을 피할 순 없다. 누구든지 한 번은 반드시 죽는다. 세상에서 가장 확실한 게 영웅호걸 가리지 않고 죽을 때가 오는 것이며 가장 불확실한 진리는 다만 그때가 언제인지 아무도 모른다는 것이다. 당신은 그때가 언제인지 아는가? "사람이 한 번 죽는 것은 정해진 일이요 그 뒤에는 심판이 있다"(히 9:27).

그러므로 언제 찾아올지 모르는 죽음을 준비하고 깨어 있어야 한다. 인간은 대단한 것 같으면서 내일 일을 모르며 한 치 앞도 알지 못하는 연약한 존재이기 때문이다. "너는 내일 일을 자랑하지 말라 하루 동안에 무슨 일이 날는지 네가 알 수 없음이니라"(잠 27:1).

시간만큼 인간에게 공평한 것도 없을 것이다. 시간은 몇 가지 특징이 있는데 누구에게나 하루는 24시간이라는 것이다. 빈부귀천을 막론하고 하루 24시간이 주어졌다. 하루 24시간은 86,400초인데 잘 쓰든 못 쓰든지 매일 우리에게 값없이 일정하게 제공된다. 남는 시간은 반납해야 한다. 시간의 주인이시며 인생을 주관하시는 하나님께.

시간의 또 다른 특징은 '연기'가 안 된다는 것이다. 시간은 모아둘 수가 없다. 세상에 여러 종류의 은행이 있다. 혈액은행은 물론 심지어 시체은행도 있다. 그러나 시간은행(Time Bank)은 전 세계 어디에도 없다. 시간은 저축할 수도 없고 물처럼 가둘 수가 없기 때문이다. 그냥 강물처럼 흘러가면 그것으로 끝이다. 한 번 흘러간 시간은 우리 생애 다시는 돌아오지 않는다. 흘러간 강물에 두 번 다시 발을 담글 수 없는 것처럼 다시는 같은 시간을 만날 수 없다. 시간은 절대로 우리를 기다려주지 않는다. 그러므로 우리에게 주어진 시간을 최대한 유용하게 사용해야 할 의무가 있다. 시간은 돈보다 귀한 곧 생명이다.

그리고 무엇보다 시간은 재생이 안 된다. 종이나 고무, 유리병과 고철은 재생이 가능하지만 시간은 전혀 불가능하다. 에너지도 재생시킬 수 있는데 시간만은 재생할 수 없다. 그래서 소중하고 바르고 귀하게 아껴 써야 한다. 시간은 시작할 때가 있고 끝날 때가 있다. 조회 시간이 있는가 하면 종례 시간도 있다. 창세가 있듯이 말세 심판의 때도 있다. 태어날 때도 있지만 죽을 때가 있는 것처럼 모든 시간에는 다 때가 있다.

인생은 유한하고 너무나 짧다. 순식간에 바람처럼 흩어지고 새처럼 날아간다. 따라서 시간이 흘러간 다음에 후회하지 말고 아직 시간이 남아있을 때 바르게 잘 사용하자. 애초부터 시간은 인간의

것이 아니다. 만유의 주인이시며 우주와 만물을 다스리시고 섭리
하시는 하나님께서 주관하신다. 하나님께서 주신 시간을 잘 관리
할 사명은 우리 몫이다. 우리는 생명과 함께 시간의 청지기들이다.
세상에서 가장 빠르다는 '눈 깜빡할 새'가 어느새 인생의 마당에 찾
아와 우리를 데려갈 것이다. "천하에 범사가 기한이 있고 모든 목적
이 이룰 때가 있나니"(전 3:1).

 묵상과 적용

시간과 그 의미에 대해서 다시 한번 새롭게 깊이 묵상하고 우리의 남은 생애
를 어떤 마음과 태도로 살 것인지에 대해서 나눠보자.

 기도

사랑하는 주님, 시간의 소중함을 다시 한번 깊이 깨닫고 앞으로는 내게 주어
진 모든 시간을 선용하며 세상에 그 무엇보다도 지혜롭게 잘 아껴 쓰도록 도
와주세요.

순회 선교사의 쓸모

사랑하는
날

오늘은 세계적으로 알려진 "밸런타인데이"(Valentine's Day)다. 다른 말로 "성 발렌티누스 축일"이라고 불리는 이날은 매년 2월 14일에 기념하고 있는데 연인들이 서로의 사랑을 확인하는 날이다. 3월 14일은 밸런타인데이와 반대되는 개념으로 "화이트데이"(White Day)인데 남성이 여성에게 사랑을 전하며 초콜릿을 선물하는 날로 알려져 있다.

언제부턴가 밸런타인데이에는 초콜릿을 선물하는 날로 알려져 있는데 전통적 의미와 무관하게 제과업계의 상술이라는 비판도 있긴 하지만 그렇다고 정설은 아닌 것으로 안다.

로마 가톨릭의 성 발렌타인 주교가 주후 3세기경에 미혼 남성들의 결혼을 금하고 입대시킬 때 황제의 명령을 어기고 군인들의 혼례를 집례했다가 클라우디우스 2세 황제에게 순교한 날인 2월 14일을 기념한 데서 비롯된 축일로 알려졌다고 한다.

어떤 분은 대한제국의 독립운동가이신 '안중근 의사'가 사형선

고를 받으신 날에다 더 무게를 두고 단지 사랑에 대해서 강조하는 밸런타인데이를 비판하기도 한다. 흔히 밸런타인데이에는 여성이 남성에게 선물을 주는 날이라는 인식이 퍼져있는데 일본에서 생겨난 한 제과업체의 발상에서 초콜릿을 주게 되었다고 한다.

달콤한 초콜릿 같은 의미로 사랑을 전하는 마음을 표현한 것이겠지만 진정한 사랑은 입 안에서 녹아 없어지는 초콜릿이 아니라 영원불변한 주님의 사랑으로 하나가 되어 서로를 축복하는 믿음이라고 본다. 당신도 꼭 그런 사랑을 하기를 진심으로 바란다.

"피차 사랑의 빚 외에는 아무에게든지 아무 빚도 지지 말라 남을 사랑하는 자는 율법을 다 이루었느니라"(롬 13:8).

밸런타인데이는 일 년에 고작 하루에 불과하지만, 그리스도인의 사랑은 날마다 계속되어야 하며 영원하신 하나님의 나라에 이르기까지 변함없이 중단되지 않고 항상 동일해야 한다. 우리 주 예수 그리스도께서 바로 그런 사랑을 우리에게 말씀하시고 보여주셨기 때문이다.

"유월절 전에 예수께서 자기가 세상을 떠나 아버지께로 돌아가실 때가 이른 줄 아시고 세상에 있는 자기 사람들을 사랑하시되 끝까지 사랑하시니라"(요 13:1).

순회 선교사의 쓸모

주님의 사랑은 한마디로 "영원하신 사랑"(Endless Love)이시다. 불변하시는 사랑이면서 동시에 끝없는 사랑이시다. 우리도 주님의 사랑을 본받아서 그러한 사랑을 실천하기를 바란다.

> "사랑하지 아니하는 자는 하나님을 알지 못하나니 이는 하나님은 사랑이심이라"(요일 4:8).

🌀 묵상과 적용

세상의 모든 기념일은 그날 하루에 불과하다. 밸런타인데이 역시 그렇다. 그러나 진정한 사랑은 날마다 영원토록 계속되어야 하는 것에 대해서 진지하게 묵상하고 나눠보자.

🤲 기도

사랑하는 주님, 주님께서 십자가에 달리사 우리 죄를 대신해서 돌아가시면서 사랑하신 것처럼 우리도 그런 사랑을 하게 하시고 말과 혀로만 하는 입에 발린 사랑이 아니라 삶 속에서 묵묵히 본을 보이며 사랑으로 겸손하고 진실하게 섬기는 자 되게 해주세요.

빼앗긴
봄

눈부시도록 찬란한 봄은 왔는데 정작 그 봄을 마음껏 느낄 수 없음은 비단 나만 그런 건 아닌 것 같다. 아름다운 강산을 만드시고 각종 꽃이 만발하는 계절이 되었지만, 사람들 얼굴에는 암울한 기색이 짙고 가슴에는 겨울 녘의 스산한 바람이 일고 있음을 본다. 일본의 강점기 시절에 민족의 아픔을 시로 대변했던 이상화(李相和) 시인의 시를 함께 읽으며 주권과 자유를 빼앗긴 설움을 달래보고자 한다.

빼앗긴 들에도 봄은 오는가

지금은 남의 땅
빼앗긴 들에도 봄은 오는가?

나는 온몸에 햇살을 받고
푸른 하늘 푸른 들이 맞붙은 곳으로

순회 선교사의 쓸모

가르마 같은 논길을 따라
꿈속을 가듯 걸어만 간다.

입술을 다문 하늘아, 들아,
내 맘에는 내 혼자 온 것 같지를 않구나
네가 끌었느냐, 누가 부르더냐,
답답워라, 말을 해다오.

바람은 내 귀에 속삭이며
한 자욱도 섰지 마라, 옷자락을 흔들고
종다리는 울타리 너머 아씨같이
구름 위에서 반갑다 웃네.

고맙게 잘 자란 보리밭아,
간밤 자정이 넘어 내리던 고운 비로
너는 삼단 같은 머리털을 감았구나,
내 머리조차 가뿐하다.

혼자라도 기쁘게나 가자
마른 논을 안고 도는 착한 도랑이
젖먹이 달래는 노래를 하고,
제 혼자 어깨춤만 추고 가네.

나비 제비야 깝치지 마라
맨드라미 들마꽃에도 인사를 해야지.
아주까리 기름을 바른 이가
지심 매던 그 들이라 다 보고 싶다.

내 손에 호미를 쥐어다오
살진 젓가슴과 같은 부드러운 이 흙을
발목이 시도록 밟아도 보고,
좋은 땀조차 흘리고 싶다.

강가에 나온 아이와 같이,
짬도 모르고 끝도 없이 닫는 내 혼아
무엇을 찾느냐, 어디로 가느냐,
웃어웁다. 답을 하려무나.

나는 온몸에 풋내를 띠고,
푸른 웃음, 푸른 설움이 어우러진 사이로
다리를 절며 하루를 걷는다.
아마도 봄신령이 지폈나보다.

그러나, 지금은 −
들을 빼앗겨 봄조차 빼앗기겠네

순회 선교사의 쓸모

'이상화'(李相和) 시인이 1926년 6월에 〈개벽〉(開闢)에 게재한 시로서 봄을 맞은 기쁨에 꿈을 꾸듯 논길을 걷는데 빼앗긴 조국은 봄이 와도 침묵하고 있어 답답하다는 내용이다. 일본의 강점기에 조국을 빼앗긴 설움을 담아낸 항일 민족주의 시로서 봄이 왔어도 봄을 느낄 수 없는 조국을 잃은 민족의 아픔을 토로한 시이다. "한 나라를 세우기 위해서는 일천 년도 부족하지만, 그것을 무너뜨리기 위해서는 단 한 시간으로도 족하다" - 바이런.

　3월 하순은 곳곳에 개나리가 흐드러지게 피어나는 지상의 이름다운 계절이다. 노랑 개나리들이 줄줄이 피어나는 모습을 보노라면 봄의 전령들이 하늘에서 내려와 장단에 맞춰 하늘하늘 춤을 추는 군무를 연상케 한다. 새봄이 왔음을 꽃들은 무언의 몸짓으로 인사를 건네고 희망을 노래하건만 여의도 금싸라기 땅에 철옹성처럼 우뚝 서 있는 국회의사당에서는 싸움박질 소리만 가득해 아름다운 봄을 짓밟고 있어 속상하고 안타깝기 그지없다.

　지금은 일정시대도 아닌데도 이 땅에 진정한 봄기운을 느낄 수가 없고 강남 갔던 제비는 돌아와 봄이 왔다고 춤추며 봄소식을 전하지만 아직도 들녘엔 봄이 내려앉지 않고 있다. 아! 언제쯤이나 이 나라, 이 강산에 아름다운 봄이 오고 꽃이 만개하려나? 아무런 힘 없는 일개 목자는 방황하는 어린 양들을 보며 가슴이 아파서 몇 자 글로 설움을 담아내고 백성의 고통을 대변하려 하지만, 이 또한 공허하게만 느껴진다. 하나님이 만드시고 금수강산으로 빚으신 한반도 삼천리 방방곡곡에 하나님의 영으로 충만한 아지랑이 피어오를 날을 손꼽아 고대하며 기다리고 기도한다.

"네 백성이 다 의롭게 되어 영영히 땅을 차지하리니 그들은 나의 심은 가지요 나의 손으로 만든 것으로서 나의 영광을 나타낼 것 인즉 그 작은 자가 천을 이루겠고 그 약한 자가 강국을 이룰 것이 라 때가 되면 나 여호와가 속히 이루리라"(사 60:21~22).

🔄 묵상과 적용

세상의 계절은 아름다운 봄을 보여주고 마음껏 느끼게 하지만 사람들이 주는 봄기운은 아득하게 멀게만 느껴지는 현실을 돌아보고 은혜롭게 맞이할 봄에 대해서 함께 나눠보자.

🙏 기도

사랑하는 주님, 우리에게 계절이 주는 봄이 아니라 인생의 아름다움이 주는 봄을 느끼고 싶습니다. 특히 영적인 봄날을 맞아서 믿음의 새 희망과 은혜의 싹이 트도록 도와주세요.

순회 선교사의 쓸모

부활절
(Easter)

세상에도 명절이 있고 나라마다 고유의 명절이 있다. 크고 작은 수많은 종류의 명절이 존재하는데 기독교도 역시 중요한 명절이 없을 리가 없다. 흔히 기독교의 명절은 성탄절(Christmas)로 알고 있는 사람들이 많지만, 실제로 가장 중요한 명절은 단연코 "부활절"이다.

부활절은 성탄절과 달리 사람들의 뇌리에 잘 각인되어 있지 않은 절기다. 그래서 성탄절이 되면 전 세계 어디서나 요란 뻑적지근하게 지내지만, 부활절은 간소하게 지나치는 경우가 대부분이다. 그건 비기독교 국가만 아니라 전통적인 기독교 국가들에서도 마찬가지인 듯싶다.

전 세계에 있는 수많은 종교 가운데 부활 신앙을 가진 종교는 오직 기독교가 유일하다. 그래서 덜 알려진 것인지도 모른다. 그건 그렇다 쳐도 기독교인만큼은 부활의 중요성을 모를 리가 없을 텐데 이상하게도 부활절의 의미가 잘 알려지지 않고 교회에서조차도 일회성 행사처럼 지나치는 경우가 대부분인 것 같다.

모두가 아는 대로 부활은 인류의 죄를 지시고 대신 십자가에 못 박히신 예수 그리스도께서 성경에 예언하신 대로 죽으시고 장사지낸 지 사흘 만에 다시 살아나신 것을 기념하는 절기다.

세상에 그 어떤 종교에 이런 부활이 있단 말인가? 죽음은 인류가 가장 두려워하는 마지막이다. 모든 사람이 다 죽었다. 세상에 존재하는 모든 것 가운데 죽지 않고 영원히 사는 것은 하나도 없다. 죽음이 인생과 만물의 종착지이다.

그러나 기독교는 죽음의 종교가 아니다. 죽은 신을 숭배하고 기리는 신앙이 아니다. 기독교의 핵심은 크게 두 가지인데 "십자가"와 "부활"이다. 이 두 가지가 기독교의 양대 기둥인 셈이다. 둘 중 하나만 없어도 기독교는 존재할 수 없다. 바울 사도는 주님의 부활로 인해 세상에서 사망의 세력이 패배했음을 이렇게 선언한다. "맨 나중에 멸망 받을 원수는 사망이니라"(고전 15:26).

십자가와 부활, 이 둘은 동전의 양면과 같은 영원한 진리이다. 십자가가 있어서 부활이 있는 것이며 부활이 있어서 십자가가 필요한 것이다. 십자가와 부활은 바늘과 실 같은 사이다. 바늘 없이 실만 가지고 아무것도 꿰맬 수가 없듯이 실없이 바늘만 가지고 역시 할 수 있는 것은 아무것도 없다. 그래서 초대교회 사도들은 항상 십자가와 부활의 복음을 전했다. 인간을 구원하는 생명의 복음의 요체는 다름 아닌 십자가와 부활이기 때문이다.

주님의 부활은 인류 역사상 가장 충격적인 사건이었으며 기독교가 그 어떤 환난과 시련 속에서도 일어서게 하는 강력한 힘이었

순회 선교사의 쓸모

다. 지금까지 예수 그리스도 이후로 수없이 많은 사람이 세계 각지에서 믿음을 지키다가 잔인한 고문과 형벌을 당하면서도 꿋꿋하고 담대하게 신앙을 변호하고 죽어갔는데 그것은 단 하나, 부활 신앙 때문이다. 죽어서도 다시 사는 부활을 믿음으로 받아들인 사람들은 비록 고문과 악형이 두렵고 고통스러운 것임에도 불구하고 극복하고 이겨낼 수 있었던 것이다.

> "여자들은 자기의 죽은 자를 부활로 받기도 하며 또 어떤 이들은 더 좋은 부활을 얻고자 하여 악형을 받되 구차히 면하지 아니하였으며 또 어떤 이들은 희롱과 채찍질뿐 아니라 결박과 옥에 갇히는 시험도 받았으며 돌로 치는 것과 톱으로 켜는 것과 시험과 칼에 죽는 것을 당하고 양과 염소의 가죽을 입고 유리하여 궁핍과 환난과 학대를 받았으니"(히 11:35~37).

다시 반복하거니와 기독교 최대의 명절이자 생명이며 영원한 진리는 예수 그리스도의 부활과 그 부활을 믿는 부활 신앙에 있음을 알아야 한다. 그렇지 않으면 모든 게 헛것이니까. "네가 만일 네 입으로 예수를 주로 시인하며 또 하나님께서 그를 죽은 자 가운데서 살리신 것을 네 마음에 믿으면 구원을 얻으리니 사람이 마음으로 믿어 의에 이르고 입으로 시인하여 구원에 이르느니라"(롬 10:9~10).

🧭 묵상과 적용

기독교 최대의 명절이 부활절임을 확실히 알고 다른 이들에게 이것을 알리고 전파하며 부활의 증인으로 사는 것에 대해 나눠보자. 그리고 날마다 부활의 소망 가운데 담대하게 살자.

🙏 기도

사랑하는 주님, 주님께서 부활하심으로 죽음의 절망 가운데 살았던 우리에게 영원한 소망이 되어주심을 감사하고 찬양을 드립니다. 우리도 부활의 산 소망 가운데 거하면서 영원한 삶의 소망을 가지고 그리스도의 부활을 온 세상에 증거하는 부활의 증인이 되게 하옵소서.

순회 선교사의 쓸모

가을
끝에서

언젠가 운전 중에 음악방송을 듣는데 가을에 어울리는 음악들이 연속 흘러나왔다. 곳곳에서 보내온 엽서에 적힌 사연들을 진행자가 읽어주는데 참 재미있었다. 어떤 이는 "자기는 가을을 11월 30일까지로 정했다고 했으며 나뭇잎이 다 떨어지기까지는 가을을 보내고 싶지 않다고 하고, 또 어떤 사람은 첫눈이 내리는 때를 겨울로 생각한다면서 그전까지는 가을이라고 여긴다고 하는데 일리 있게 들렸다. 가을이 아쉬워 붙들고 보내고 싶지 않다는 사람도 있다. 당신도 그런가?

사람들은 겨울이 오는 것보다 아름다운 가을이 가는 것을 못내 아쉬워하는 것들을 느낄 수 있다. 물론 나도 그렇지만. 그래서 눈부시게 아름다운 가을을 그냥 보내기 아쉬워 가을에 물든 시 두 편을 같이 읽고 싶다. 커피 한 잔과 함께. '나희덕'의 "가을에 아름다운 사람"을 조용히 소리 내어 음미하고자 한다.

문득 누군가 그리울 때
아니면 혼자서 하염없이 길 위를 걸을 때

아무것도 없이 그냥 그 자리에 있는 것만으로
아름다운 단풍잎 같은 사람 하나 만나고 싶어질 때

가을에는 정말 스쳐가는 사람도 기다리고 싶어라 가까이 있어도
아득하기만 한 먼 산 같은 사람에게 기대고 싶어라

미워하던 것들도 그리워지는 가을엔 모든 것 다 사랑하고 싶어라

가을이 되면 누구나 시인이 된다고 했던가? 가을이 우리에게
주는 아름다운 선물이 아닐까 싶다. 갈수록 삭막해지는 사막 같은
세상에서 영적 오아시스를 찾는 구도자가 되어 메마른 가슴을 적
셔주는 영혼의 샘물을 찾아 길 떠나는 순례자가 되어보자. 내친김
에 내가 좋아하는 안도현 시인의 '가을 엽서' 한 편을 더 읽으며 이
제는 가을을 조용히 보내고 싶다.

한 잎 두 잎 나뭇잎이
낮은 곳으로 자꾸 내려앉습니다
세상에 나누어 줄 것이 많다는 듯이

순회 선교사의 쓸모

나도 그대에게 무엇을 좀 나눠주고 싶습니다

내가 가진 게 너무 없다 할지라도
그대여 가을 저녁 한때 낙엽이 지거든 물어보십시오

사랑은 왜
낮은 곳에 있는지를

아아~~ 시인의 마음으로 이 세상을 산다면 그래도 세상이 조금씩 좋아지지 않을까? 그리스도인들이 시인의 마음으로 혼탁한 이 세상을 정화시키길 바란다. 오늘은 시인의 심정으로 안개 자욱한 이 하루를 시작하고 싶다. 찬란한 햇살에 안개가 사라질 때까지. "내일 일을 너희가 알지 못하는도다 너희 생명이 무엇이뇨 너희는 잠깐 보이다가 없어지는 안개니라"(약 4:14).

있다가 없어질 안개 같은 세상에서 신기루 같은 허상을 좇아가는 목마른 인생이 아닌 영원한 생명수 샘물이 되시는 하나님을 찾고 의뢰하길 기원한다. "하나님이여 사슴이 시냇물을 찾기에 갈급함 같이 내 영혼이 주를 찾기에 갈급하니이다"(시 42:1).

묵상과 적용

아름다운 계절에 인생의 의미를 깊이 반추하며 우리가 살아 온 지난날을 돌아보고 신기루 같은 것들을 좇아 살아오지는 않았는지 묵상하며 아름다운 삶에 대해서 서로 나눠보자.

 기도

사랑하는 주님, 마실수록 갈증이 더해지는 탄산음료 같은 세속적인 것들에 물들지 않게 하시고 깊은 산속 옹달샘 같은 주의 말씀으로 영적 목마름을 채우게 해주세요. 앞이 보이지 않는 안개와 같은 세상에서 곧 나타날 하나님의 영광을 바라며 주의 재림을 기다리는 영적 신부가 되게 하소서.

순회 선교사의 쓸모

겨울비

겨울비가 곱게 소리 없이 내리고 있다. 마치 조용히 번지는 안개처럼 살며시 다가온다. "비는 은혜이다. 비는 땅으로 내려오는 하늘이다. 비가 없이는 생명도 없을 것"이라는 '존 업다이크'의 말이 오늘따라 가슴에 깊이 들어온다. 아직 한겨울인데도 비가 내리니까 봄날처럼 포근하게 감싸주는 느낌, 무엇보다 춥지 않아서 좋다.

우리나라와는 다르게 '팔레스타인(Palestine)'에서는 겨울이 되면서 본격적으로 비가 내리는 우기가 시작된다. 여름에 비가 많이 내리는 우리나라와는 다르다. "주께서 밭고랑에 물을 넉넉히 대사 그 이랑을 평평하게 하시며 또 단비로 부드럽게 하시고 그 싹에 복을 주시나이다"(시 65:10). 우리의 영혼과 삶에도 단비를 부어주시길 간구하는 바이다. "어떤 사람들은 비를 느끼고, 어떤 사람은 그냥 비에 젖을 뿐이다" - 밥 말리.(some people feel the rain, others just get wet - Bob Marley).

우기는 비가 많이 오는 10월에서부터 다음 해 3월까지의 6개월간을 말하는데 비가 가장 많이 내리는 1월부터 2월까지를 겨울이라고 부른다. 팔레스타인 땅에서 농사를 시작하는 때가 바로 이 시기이다. 이스라엘은 겨울에 비가 많이 내리는데 강우량이 적은 이스라엘에서는 '비'가 "축복의 상징"으로 표현되기도 한다.

"여호와께서 너희의 땅에 이른 비, 늦은 비를 적당한 때에 내리시리니 너희가 곡식과 포도주와 기름을 얻을 것이요 또 가축을 위하여 들에 풀이 나게 하시리니 네가 먹고 배부를 것이라"(신 11:14~15). "햇살만이 행복을 가져다준다고 말하는 사람들은 빗속에서 춤을 춰보지 못한 사람들이다" -익명. (anyone who says sunshine brings happiness has never danced in the rain -Unknown.) 겨울비는 땅을 충분히 적시어 초목이 잘 성장하게 해준다. 겨울비는 양이 많은 탓에 사람들이 빗물을 웅덩이와 저수지에 채워 보관했다고 한다.

"내가 그들에게 복을 내리고 내 산 사방에 복을 내리며 때를 따라 소낙비를 내리되 복된 소낙비를 내리리라"(겔 34:26).

한마디로 겨울비는 "복된 비"다. 오늘도 겨울비가 얼었던 대지를 녹이면서 내릴 터인데 땅만 아니라 얼어붙고 있는 정치권에도 내림으로 조국 대한민국이 살아나고 백성들도 평안히 살기 원한다.

"나는 비가 올 때면 평온한 마음이 든다. 왜냐하면 비를 통해 하늘이 살아 있다는 것을 다시 한번 느끼게 되기 때문이다"라는 '테일러 애슐리'의 고백에 마음이 간다.

순회 선교사의 쓸모

"여호와여 들으시고 나를 긍휼히 여기소서 여호와여 나의 돕는 자가 되소서 하였나이다. 주께서 나의 슬픔을 변하여 춤이 되게 하시며 나의 베옷을 벗기고 기쁨으로 띠 띠우셨나이다"(시 30:10~11).

종교
개혁일

올해는 506년 전에 마르틴 루터에(Martin Ruther) 의해 종교개혁이 일어난 뜻깊은 해다. 아무리 강조해도 결코 지나침이 없을 만큼 종교개혁은 인류 역사상 획기적인 사건이었고 큰 전환점이 되었다. 기독교 역사를 포함해서 이 세상에서 종교개혁에 견줄 만큼 위대한 사건이나 업적은 별로 없다고 해도 과언이 아닐 것이다.

루터를 위시해서 당시의 종교개혁자들이 목숨 걸고 외쳤던 5대 강령이 있는데 '솔라 스크립투라'(Sola Scriptura, 오직 성경), '솔라 그라티아'(Sola Gratia, 오직 은혜), '솔라 피데'(Sola Fide, 오직 믿음), '솔라 크리스투스'(Sola Christus, 오직 그리스도), '솔라 글로리아'(Sola Gloria, 오직 영광)가 그것이다.

이 다섯 가지 강령이야말로 개신교의 금과옥조 같은 것이며 모든 그리스도인에게 보석 같은 진리라고 할 수 있다. 이러한 개신교도 어느덧 500여 년의 세월이 흘러오면서 교권화되었으며 제도화되어서 석고처럼 굳어지고 자기기만과 독선에 빠져 있음을 보게 된다.

그래서 뜻있는 신학자들이나 복음적인 설교자들은 이구동성으로 다시 "제2의 종교개혁"이 일어나야 한다고 역설한다. '엘튼 트루블러드'(Elton Trueblood)는 "첫 번째 종교개혁이 사제들의 손에 있던 성경을 평신도의 손에 들려준 것이라면 두 번째 종교개혁은 사제의 손에 있던 사역을 평신도의 손으로 옮기는 것이다"라고 강조했는데 전적으로 동감한다.

오늘날 개신교가 세상에 영향을 주지 못하고 비난의 대상이 되고 무기력하게 된 것은 더 이상 개신교의 순수한 복음적인 모습과 정결함을 유지하지 못하고 급속히 세속화되어서다. 다시 하나님 앞에서 잃어버린 아름다운 영적 유산과 교회다운 교회의 모습을 회복할 때이다. "하나님이여 내 속에 정한 마음을 창조하시고 내 안에 정직한 영을 새롭게 하소서"(시 51:10).

506년 전 마르틴 루터의 종교개혁에만 매달릴 것이 아니라 오늘날 우리가 종교개혁의 거룩한 도화선이 되고 나아가 생명의 불씨들이 되도록 헌신해야 할 때이다. 우리가 이 시대의 마르틴 루터가 되어 변질된 교회를 다시 회복하고 생명력 있는 기독교가 되도록 해야 한다. 잃어버린 자를 찾아 구원하러 오신 예수님의 마음을 품고 담대하게 생명의 복음을 전하고 살아계신 하나님께 영광을 돌리는 일에 전적으로 헌신해야 한다.

교회 스스로 정화되지 못하면 세상을 구원하기는커녕 세상이 교회를 바꾸어 놓는 어려움을 만나게 될 것이다. 교회가 세상을 변화시키지 못하면 맛을 잃은 소금이 되어 밖에 버리어져 밟히게 될 테니까.

 묵상과 적용

오늘날 교회가 무기력한 이유를 돌아보고 한국교회가 어려움을 겪는 원인에 대해서 묵상하며 다시 영광스러운 교회의 위상을 회복하기 위해서 해야 할 일을 함께 나눠보자.

 기도

사랑하는 주님, 과거 루터의 종교개혁만 붙들고 있을 것이 아니라 진정 우리가 개혁의 기수가 되고 교회의 온전한 변화와 그리스도인으로서 개혁을 삶으로 나타내 증명하게 해주세요.

순회 선교사의 쓸모

12월
단상

한 해의 마지막 달, 12월은 정리와 결산의 달이기도 하다. 마지막이라기보다는 마무리하는 달이 더 어울리겠다. 12월은 연결고리이자 징검다리 달이라고 할 수 있다. 새해인 1월로 넘어가려면 12월을 통과해야 하니까. 그렇게 볼 때 12월을 잘 마무리해야 새해 첫 달을 멋지게 시작할 수 있다.

한 해를 마무리하고 새해를 바라는 12월에 지나간 한해의 모든 것을 깊이 묵상하며 이해인 시인의 "12월의 엽서"를 음미하면서 한 해를 조용히 보내고 싶다.

또 한 해가 가버린다고 한탄하며 우울해하기보다는
아직 남아 있는 시간들을 고마워하는 마음을 지니게 해주십시오

한 해 동안 받은 우정과 사랑의 선물들
저를 힘들게 했던 슬픔까지도 선한 마음으로 봉헌하며

솔방울 그려진 감사 카드 한 장
사랑하는 이들에게 띄우고 싶은 12월

이제 또 살아야지요 해야 할 일 곧잘 미루고
작은 약속을 소홀히 하며 남에게 마음 닫아걸었던
한 해의 잘못을 뉘우치며 겸손히 길을 가야 합니다.

같은 잘못을 되풀이하는 제가 올해도 밉지만
후회는 깊이 하지 않으렵니다.
진정 오늘밖엔 없는 것처럼 시간을 아껴쓰고
모든 이를 용서하면 그것 자체로 행복할텐데...
이런 행복까지도 미루고 사는
저의 어리석음을 용서하십시오.

보고 듣는 것 너무 많아 멀미 나는 세상에서
항상 깨어 살기 쉽지 않지만 눈은 순결하게
마음은 맑게 지니도록 고독해도 빛나는 노력을
계속하게 해주십시오.

12월엔 묵은 달력을 떼어내고 새 달력을 준비하며
조용히 말하렵니다.
"가라 옛날이여" "오라 새날이여"
나를 키우는데 필요한 고마운 시간들이여.

순회 선교사의 쓸모

한 해를 보내고 새해를 맞기 전에 깔끔하게 마음을 정리하면 좋겠다. 고마움과 감사의 마음을 담아 떠나가는 한해에 경의를 표하고 찬란하게 떠오르는 태양같이 다가오는 새해를 기쁨과 설렘으로 겸손하게 맞이하자.

 묵상과 적용

지나간 한 해 동안 신앙과 삶을 돌아보면서 하나님과 사람과의 관계에 대해서 묵상하고 잘못된 부분이 있다면 반성하고 회개하며 정리할 것에 대해 나눠보자.

 기도

사랑하는 주님, 모든 게 하나님의 은혜임을 고백합니다. 하나님께서 도우시고 함께하시지 않으면 한해는커녕 단, 하루도 제대로 살 수 없는 인생입니다. 지나간 한 해 동안 크신 은혜와 사랑을 베푸셔서 아름답게 마무리하게 하심을 감사하며 찬양합니다.

대강절

교회력(敎會曆)으로 '대강절'(Advent)이라고 부르는 절기는 성탄절 4주 전부터 시작해서 성탄 이브인 24일에 끝나는 4주간의 기간을 가리킨다. 대강절이란 '오심' 또는 '방문'을 의미하는 라틴어의 adventus에서 비롯된 것으로 기독교인들에게 교회력이 시작되는 시기이기도 하다.

대강절 또는 대림절은 이 땅에 구주로 탄생하실 예수 그리스도를 기다리는 마음으로 자신을 돌아보고 경건한 마음으로 사모하며 준비하는 기간을 가리킨다. 대강절은 부활절이나 성탄절 혹은 추수감사절같이 많이 알려진 절기는 아니지만, 의미로 볼 때는 성탄절에 비해서 결코 약하지 않다고 본다.

성탄절은 이미 2,000여 년 전에 탄생하신 예수 그리스도를 기리는 절기이며 그리스도는 왔다 가셨지만 언젠가 이 세상에 다시 오실 재림 주 예수 그리스도를 기다리는 새로운 대강절이야말로 이 시대에도 여전히 유효한 의미 있는 절기라고 하겠다.

오늘 우리의 마음과 삶의 현장과 인생 전반에 임하실 그리스도의 은혜를 기다리는 절기가 영적 대강절이기 때문이다. 그러므로 성육신(成肉身, Incarnation)하신 예수 그리스도는 유대 땅 베들레헴에 탄생하셨지만, 다시 오실 재림 주 예수 그리스도를 기다리며 사모하는 영적 대강절이야말로 매년 아니 날마다 계속되어야 할 특별하고 은혜로운 절기라고 할 수 있을 것이다.

다시 오실 예수 그리스도를 향한 그리움을 간직하고 그분의 오심을 기다리며 슬기로운 다섯 처녀같이 깨어서 신랑으로 오실 예수님을 맞을 준비를 하는 것이야말로 모든 그리스도인의 기본적인 자세라고 본다. 그리움은 기다림이 되고 기다림은 그리움이 되어 우리 영혼을 사모함으로 가득 채워준다.

세상은 날이 갈수록 혼탁해지고 악해져 가는 이때, 주님의 임재하심을 사모하면서 이해인 시인의 "다시 대림절에"라는 시로 대림절의 의미를 갈무리하고 싶다.

때가 되면 어김없이 떠오르는 밝고 둥근 해님처럼/ 당신은 그렇게 오시렵니까/ 기다림밖엔 가진 것이 없는 가난한 이들의 마음에 당신은 조용히 사랑의 태양으로 뜨시렵니까/ 기다릴 줄 몰라 기쁨을 잃어버렸던 우리의 어리석음을 뉘우치며/ 이제 우리는 기다림의 은혜를 새롭게 고마워합니다/ 기다림은 곧 기도의 시작임을 다시 배웁니다/ 마음이 답답한 이들에겐 문이 되어 주시고/ 목마른 이들에겐 구원의 샘이 되시는 주님/ 절망하는 이들에겐 희망으로/ 슬퍼하는 이들에겐 기쁨으로 오십시오/ 앓는 이들에겐 치유자로/ 갇힌 이들에겐 해방자로 오십시오/ 이제 우리의 기다림은 잘 익은 포도주의 향기를 내고 목관악기의 소리를 냅니다/ 어서 오십시오, 주님/ 우리는 아직 온전히 마음을 비우지는 못했으나/ 겸허한 갈망의 기다림 끝에 꼭 당신을 뵙게 해 주십시오/ 우리의 첫 기다림이여/ 마지막 기다림이신 주님 어서 오십시오/ 촛불을 켜는 설레임으로 당신을 부르는/ 우리 마음엔 당신을 사랑하는 데서 비롯된/ 환한 기쁨이 피어 오릅니다

올해의 대강절은 유난히 기쁘고 사모가 된다.

📍 묵상과 적용

누군가 혹은 무엇을 간절히 기다리는 게 쉬운 것만은 아니다. 기다리는 대상을 향한 애정과 믿음이 없으면 오래도록 기다리는 것은 더욱 어려운 법이다. 대강절의 주님을 향한 사랑으로 겸허히 그리고 간절히 기다리고 싶다.

🙏 기도

사랑하는 주님, 언제 다시 오실지 아무도 모르지만 비밀에 싸인 다시 오실 그 날을 믿음의 눈으로 바라보며 슬기로운 다섯 처녀와 같이 간절히 깨어 기다리게 하소서.

순회 선교사의 쓸모

성탄절
소감

해마다 성탄절을 맞는다. 교회를 처음 나가서 성탄절을 맞이할 때는 무척 설레고 감격스러웠는데 어언 50여 년이 흐른 지금은 그저 매년 돌아오는 하나의 습관적인 절기 정도가 된 것 같다. 너무나 편안하게 신앙생활을 하면서 어느덧 나도 모르게 매너리즘에 빠진 것을 스스로 느낀다. 이건 아닌데 라고 느끼면서도.

> 함께 해서 행복합니다.　　_김옥림
>
> 사랑을 잃어본 사람은 압니다.
> 사랑하는 이와 함께하는 것이
> 그 얼마나 행복하다는 것을
>
> 사랑을 나누어 본 사람은 압니다.
> 사람들에게 사랑을 나누어 주는 것이
> 그 얼마나 기쁜 일이라는 것을

사랑을 받아본 사람은 압니다.
외로울 때 그 사랑이
그 얼마나 위안이 된다는 것을

사랑 없이 사랑을 알지 못하고
사랑을 아파보지 않고는
그 사랑의 진실을 이해할 수 없다는 것을

사랑은 서로 등을 맞대고
동구 밖에 뜬 저녁별을 함께 바라보는 것
사랑은 서로 어깨를 나란히 하고
아침 호숫가를 산책할 때와 같이 풋풋한 것

사랑을 아파본 사람은 압니다.
사랑을 느껴본 사람은 압니다.
사랑을 누려본 사람은 압니다.
사랑을 나누어 본 사람은 압니다.

사랑은 욕심을 버리는 것이라는 것을
사랑은 미움을 떨쳐버리는 것이라는 것을
그리고 사랑하는 이에게 함께 해서
행복합니다 라고 다정하게 속삭이라는 것을

순회 선교사의 쓸모

성탄절에만 호들갑을 떨며 주님의 탄생을 축하하고 끝나는 것이 아니라 날마다 성탄절이 되어야 마땅하다. 부모에게 효도하는 자녀라면 부모의 생신날 하루만 요란하게 축하하고 입 닦는 게 아니라 일년내내 변함없이 부모님을 사랑하고 찾아뵙고 진심으로 섬겨야 하듯이 주님의 성탄도 마찬가지다.

성탄절을 한마디로 하면 "사랑의 날"이다. 하나님이 이 세상을 사랑하셔서 그 아들 예수 그리스도를 이 땅에 복된 선물로 보내주신 날이기 때문이다. "하나님이 세상을 이처럼 사랑하사 독생자를 주셨으니 이는 저를 믿는 자마다 멸망하지 않고 영생을 얻게 하려 하심이라"(요 3:16). 성탄절은 하나님의 사랑이 실제로 나타난 날이다. 보이지 않는 하나님이 눈에 보이는 하나님으로 탄생하신 인류 역사상 가장 뜻깊은 날이다. 성탄의 주로 오신 예수 그리스도는 하나님의 사랑을 몸소 실천하러 오셨다. 우리도 주님의 사랑을 본받아 사랑으로 섬기며 그리스도의 사랑을 흘려보내야 한다. 그게 성탄절의 진정한 의미니까.

박두진 시인의 "오늘 이 땅에 아기 오심"이라는 시로 성탄절 소감을 마무리하고자 한다.

나를 위해 아기 예수 유대 땅에 오셨네
나를 위해 그때 거기 십자가에 달리셨네
나를 위해 그때 부활승천 하셨네

죄의 이 땅 우리를 위해 눈물 흘리시네

죄의 이 땅 우리를 위해 피땀 흘리시네

죄의 이 땅 우리를 위해 잠 못 이루시네

인류의 장래 내일의 일 당신만이 아시네

천지 우주의 미래 장래 당신만이 아시네

우리의 오늘의 옳고 그름 당신만이 아시네

오늘 이 땅에 아기 오심 거룩하신 구세주

오늘 이 땅에 아기 오심 새 하늘 새 땅의 주재자

오늘 이 땅에 아기 오심 만왕의 왕으로 오시네

🌿 묵상과 적용

성탄절의 의미가 오늘날 많이 퇴색되었지만, 다시 성탄절과 예수 성탄의 의미에 대해 묵상하고 아름답고 기쁜 성탄절이 되기 위해서 해야 할 것에 대해 나눠보자.

🤲 기도

사랑하는 주님, 매년 맞이하는 성탄절이지만 매해 새로운 마음가짐으로 성탄절을 대하게 해주시고 성탄 하신 예수 그리스도를 더욱 사랑하고 증거하게 해주세요.

순회 선교사의 쓸모

크리스마스
유감

어김없이 찾아온 성탄절(Christmas)이다. 성탄절이지만 성탄절의 분위기는 예전과는 완전 딴판이다. 성탄절 분위기가 따로 있는 건 아니지만 거리 어느 곳에서도 더 이상 성탄 캐럴을 들을 수가 없고 교회도 예외는 아니다. 지나치게 조용한 성탄절을 맞고 있다.

사실 성탄절이 요란하고 시끄러워야 할 이유는 없다. 그것은 세상 사람들이 상업적인 목적으로 만든 것일 뿐이니까. 예수님을 믿지 않는 사람들이 주님의 성탄을 축하할 이유가 사실은 만무하다. 남의 생일에 기뻐하고 즐기는 것과 다를 게 뭔가?

성탄절은 이미 예수님을 주로 믿는 사람들에게 매우 기쁘고 복된 명절이다. 다만, 그 기쁜 소식을 믿지 않는 이들에게도 널리 전하는 게 우리의 사명이다. 우리만의 잔치가 되거나 우리들의 리그가 아닌 모든 사람이 함께 주님을 찬양하고 구원받게 하는 게 우리의 소망임으로. "천사가 이르되 무서워 말라 보라 내가 온 백성에게 미칠 큰 기쁨의 좋은 소식을 너희에게 전하노라"(눅 2:10).

시중에 회자되는 썰렁한 유머 중에 "총각김치에 총각 없고, 칼국수에 칼이 없으며, 붕어빵 속에 붕어가 없다"라는 말이 있다. 그런데 성탄절 속에 예수님이 계시지 않는 것 같고 그리스도 없는 기독교로 변질이 되는 현상들을 볼 때 매우 안타깝다.

성탄절의 주인공은 당연히 예수님이시지만 예수님은 뒷전으로 밀려나고 산타클로스나 백화점이 호황을 누리고 있으니 이런 모순이 있을까? 실종된, 아니 세상에 빼앗긴 성탄절의 참된 의미를 되찾아오고 바르게 기념하고 나누는 뜻깊은 크리스마스가 되길 간절히 기원한다.

주전(B.C) 8세기에 이사야와 동시대에 활동한 북 왕국(이스라엘)의 예언자 '미가'(Mika)를 통해서 예언하신 주님의 탄생에 관한 말씀을 묵상하며 성탄절을 보내길 바란다. "베들레헴 에브라다야 너는 유다 족속 중에 작을지라도 이스라엘을 다스릴 자가 네게서 내게로 나올 것이라 그의 근본은 상고에 태초에니라"(미 5:2).

이 말씀을 마태는 이렇게 전하고 있다. "왕이 모든 대제사장과 백성의 서기관들을 모아 그리스도가 어디서 나겠느뇨 물으니 가로되 유대 베들레헴이오니 이는 선지자로 이렇게 기록된바 또 유대 땅 베들레헴아 너는 유대 고을 중에 가장 작지 아니하도다 네게서 한 다스리는 자가 나와서 내 백성 이스라엘의 목자가 되리라 하였음이니이다"(마 2:4~6).

순회 선교사의 쓸모

묵상과 적용

성탄절을 맞이하는 우리의 마음과 태도에 대해서 돌아보고 그리스도인으로서 세상 사람들에게 보여줘야 할 성탄에 임하는 모습을 묵상하고 구체적으로 나눠보자.

기도

사랑하는 주님, 오늘은 주님께서 구세주로 탄생하신 것을 기리며 주님이 세상에 오신 그 의미를 깊이 묵상하고 예수님을 믿지 않는 이들에게 그리스도로 탄생하신 예수님에 대해 전하는 날이 되도록 도와주세요. 베들레헴의 말구유를 찾아가서 겸손히 경배드렸던 목자들의 심정으로 교회를 찾아가게 하시고 구원받은 은혜를 깊이 감사하면서 구원의 주로 오신 주님을 찬양하게 해주세요.

첫 번째
성탄절

내가 교회에 정식으로 첫발을 들여놓은 것은 고교 1학년 때다. 같은 반에 성결교회를 다니는 친구가 있었는데 그 애를 찾아가서 "네가 교회 다니는 것 같은데 나도 교회 가고 싶으니 네가 나가는 교회 데리고 가라"라고 먼저 부탁해서 처음으로 신앙생활 아니 교회 생활을 시작하게 되었다. 학생회가 당시 토요일 오후 3시에 모였는데 충주우체국과 붙어 있어서 찾기에 어렵지 않았다.

학생회 예배가 끝난 후에 학생들은 주일 예배를 준비하기 위해 항상 예배당 안과 밖을 깨끗이 청소했는데 나는 그게 너무 신나고 좋았다. 믿음은 없었으나 하나님의 집을 청소한다는 것이 마치 내 영혼이 청소되는 느낌과 같아서였다.

처음 교회 나간 날이 1969년 11월 29일이니 지금부터 무려 54년 전으로 반세기가 넘은 셈이다. 그런데도 어제 일 같이 모든 추억이 생생하다. 그로부터 한 달도 못 되어 성탄절이 다가왔다. 지금이야 성탄절이 되어도 거리에서 캐럴 한 곡 들을 수도 없는 이상하기 짝이 없는 시대가 되었지만, 당시는 한 달 전부터 믿는 사람 안 믿는 사람 할 것 없이 너도나도 다 성탄절 분위기에 휩싸였고 일찍부터 성탄절 행사와 성극 및 학생회 올나이트(all night) 할 계획을 세우느라 바빴는데 그때가 참 좋았다.

처음으로 맞는 성탄절은 내게도 신선한 설렘과 기다림으로 다가왔다. 성탄 이브 때 학생회 올나이트를 학생회장 집에서 갖기로 했다. 말만 듣고 한 번도 가본 적이 없는 학생회장 집은 약간 교외에 자리한 사과 과수원 안에 있었다. 아버지는 존경받으시던 장로님이셨는데 인자하면서도 대단히 엄격하신 분이셨다.

장로님 부부는 옆방에서 주무시고 학생들은 밤새우며 신나게 놀았다. 그 당시 유행하던 '사치기 사치기 사뽀뽀', '가라사대', '손수건 돌리기' 등 지금 아이들에게는 별로일지 몰라도 그때 그 시절엔 별로 놀거리가 흔치 않아서 모이면 주로 그런 게임을 했었다.

교회 간지 채 한 달도 되지 않고 성탄절 모임에 처음 간 나는 모든 게 생소하면서도 어색해서 극도로 긴장하고 조심하면서 그 모임에 어울리려고 노력했다. 그러다가 그만 실수로 내가 벌칙을 받게 되었는데 일어나서 엉덩이로 자기 이름 쓰기와 노래를 한 곡 부르라는 것이다. 나는 겨우 엉덩이로 이름은 썼지만 노래 부르는 게 여간 어려운 게 아니었다. 다른 사람들 앞에서 노래해 본 적이 한 번도 없었던 데다 무엇보다 교회 노래를 아는 게 없어서다.

그래서 끙끙거리고 있으니까 나보고 아무 노래나 부르라고 한다. 사실 내가 다닌 고등학교는 음악 시간 자체가 없었다. 물론 음악 선생님도 없었으니 부를 줄 아는 노래가 정말 없었다. 그런데 마침 생각난 게 한 곡 있었는데 동네 선배 형이 자주 불러서 어깨너머로 배웠던 흘러간 유행가가 떠올랐다.

"항구의 마도로스"라는 노래인데 "여자여자 여자여자 여자여자 여자 여자가 무엇이길래 두 남자가 한 여자를 짝사랑을 하고 있나 김 선생 이 선생 친구 간에 웬 말이오. 이것이 오늘인가 이것이 항구의 0번지 사랑인가"라는 가사로 된 노래를 성탄 이브 만물이 고요히 잠든 새벽에 장로님 집에서 목청껏 열창하고 있는데 갑자기 방문이 활짝 열리더니 "어떤 놈이 이 새벽에 이따위 노래를 부르냐"라며 호통을 치시며 주무시던 장로님이 노발대발하며 들어오셨다. 나는 순간 앞이 깜깜했다. 그리곤 그날 올나이트는 그걸로 끝이었다. 나의 첫 번 성탄 이브 행사는 그렇게 막을 내렸다.

그리고 교회로 가서 교우들 가정마다 다니며 새벽 송을 불렀는데 추위에 오들오들 떨면서 다니다 보니 몸이 얼어서 오전 11시에 드리는 성탄 축하 예배 때 말씀은 듣지 못하고 고개 숙여 조느라고 정신없던 게 나의 첫 번째 성탄절 추억이다. 50년도 더 지난 그 날 일을 생각하면 지금도 헛웃음이 나오고 얼굴이 붉어진다. 그래도 그 시절이 너무 그립다. 그때 친구들은 다 어디서 무엇을 하며 지내고 있을까? 올 성탄절에 추억을 소환해서 다시 "항구의 마도로스"를 불러볼까? 요즘 애들은 BTS의 노래나 팬텀싱어들이 부르는 노래를 부르겠지?

순회 선교사의 쓸모

묵상과 적용

당신의 최초의 성탄절은 언제였나요? 그리고 어떻게 보냈는지 돌아보고 성
탄절에 얽힌 에피소드나 경험을 생각하며 참된 성탄절에 대해서 묵상하고
서로 나눠보자.

 기도

사랑하는 주님, 오늘날 성탄절의 바른 의미가 실종되고 세속적으로 변질해
버린 현실이 가슴 아픕니다. 교회들이 참된 성탄절의 의미와 가치를 알리고
회복하게 해주세요.

올드 랭
사인

"살아온 날은 행복이요, 살아갈 날은 축복"이라는 말로 다사다난한 올 한해를 마감하고 싶다. 해마다 연말이 되면 전 세계에서 가장 많이 연주되는 곡 중의 하나가 '올드 랭 사인'(Auld Lang Syne)이라고 알고 있다. 어떤 노인이 부르던 노래를 기록하여 그것을 바탕으로 해서 지은 시를 가사로 만들어 '윌리엄 쉴드'가 1788년에 작곡한 것으로 알려진 이 노래는 영미권에서는 '묵은해'를 보내고 '새해'를 맞으면서 부르는 축가로 쓰이고 있다.

올드 랭 사인은 스코트어로 오랜 옛날부터(영어로 old long since)라는 뜻이다. 우리나라에서는 "석별의 정"이라는 이름으로 널리 알려져 있으며 전 세계적으로 이별할 때 불리고 있으나 내용은 다시 만났을 때의 기쁨을 노래하고 있다.

올드 랭 사인 노랫말은 시인 강소천 씨가 한국어로 번역을 붙여서 오늘날까지 졸업식에서 주로 환송곡으로 불리고 있으며 개신교에서는 "천부여 의지 없어서"라는 찬송가로 부르고 있다. 여기 1절과 2절 가사만 옮겨 놓는다.

> 1. 오랫동안 사귀었던 정든 내 친구여
> 작별이란 웬 말인가 가야만 하는가.
> 어디 간들 잊으리오 두터운 우리 정
> 다시 만날 그날 위해 노래를 부르네.
> 2. 잘 가시오. 잘 있으오 축배를 든 손에
> 석별의 정 잊지 못해 눈물만 흘리네.
> 이 자리를 이 마음을 길이 간직하고
> 다시 만날 그날 위해 노래를 부르자.

묵은해는 이렇게 흘러가지만, 다시 우리에게 다가올 새해를 맞이하면서 이별의 아픔과 아쉬움보다 새롭게 다시 시작할 만남과 설레는 생을 노래하며 새 출발 하기를 두 손 모아 기원한다. 한 해 동안 말씀과 시와 노래로 여러 가지 일상의 우물에서 길어 올린 생각을 글에 담아서 나누었는데 기쁘게 받아준 것에 감사한다. 생각보다 많은 분이 세계 곳곳에서 기도와 격려를 보내주셨는데 너무나 고마울 뿐이다. 부족한 글을 받아주는 것만도 놀라운 축복이다.

오늘만 지나면 나이를 한 살 더 먹는다. 겉모습은 쇠해지고 기력은 떨어질지라도 내적으로는 단단해지고 강건하기를 기원하며 "비록 늙어가지만 낡지는 마라"라는 작자미상의 시 한 편을 나누면서 한 해를 마무리하고 싶다.

곱게 늙어가는 이를 만나면 세상이 참 고와 보입니다.

늙음 속에 낡음이 있지 않고 도리어 새로움이 있습니다.
곱게 늙어가는 이들은 늙지만 낡지는 않습니다.

늙음과 낡음은 글자로는 불과 한 획의 차이밖에 없지만
그 품은 뜻은 서로 정반대의 길을 달릴 수 있습니다.

늙음과 낡음이 함께 만나면
허무와 절망 밖에는 아무것도 남지 않습니다.

늙음이 곧 낡음이라면 삶은 곧 '죽어감'일 뿐입니다.
늙어도 낡지 않는다면 삶은 나날이 새롭습니다.
몸은 늙어도 마음과 인격은 더욱 새로워집니다.

겉은 늙어가도 속은 날로 새로워지는 것이 아름답게 늙는 것입니다.
겉이 늙어갈수록 속이 더욱 낡아지는 것이 추하게 늙는 것입니다.

곱게 늙어간다는 것 참으로 아름다운 인생입니다.
멋모르고 날뛰는 청년의 추함보다는 고운 자태로 거듭 태어나는
노년의 삶이 더욱 더 아름답습니다.

순회 선교사의 쓸모

행여 늙는 것이 두렵고 서럽습니까? 마음이 늙기 때문입니다.
마음을 새롭게 새로움으로 바꿔 보세요.

"그러므로 우리가 낙심하지 아니하노니 겉사람은 후패하나 우리
의 속은 날로 새롭도다. 우리의 돌아보는 것은 보이는 것이 아니
요 보이지 않는 것이니 보이는 것은 잠간이요 보이지 않는 것은
영원함이니라"(고후 4:16, 18).

 묵상과 적용

우리에게 주어진 인생길을 날마다 감사하면서 하루하루를 성실하게 살고 있
는지 돌아보고 어떤 목적과 꿈을 가지고 살 것인가에 대해서 묵상하고 나눠
보자.

 기도

사랑하는 주님, 주님께 받은 아름다운 선물 한 해를 진실로 열심히 살았습니
다. 주님의 한없는 은혜와 사랑을 감사하오며 주님의 이름 앞에 영원한 고
백을 드립니다. 지나간 한해의 모든 것에 감사하며 다가올 새해의 모든 것에
기대와 기도를 드립니다. 더욱 겸손하고 신실함으로 새해의 첫걸음을 떼며
하나님의 나라와 영광을 바라봅니다. 처음이요 나중이시며 시작과 끝이 되
시고 알파와 오메가이신 예수님께 찬양 드립니다. 오직 예수, 찬미 예수, 할
렐루야, 아멘.

유종의 미

어떤 일을 하는 데 있어서 시작보다 중요한 게 마무리다. 시작은 거창한데 용두사미가 되는 경우가 많고 작심삼일에 그치고 마는 일들이 허다한데 그리스도인은 시작보다 마지막이 더 좋아야 한다. 그게 주님의 뜻이며 하나님께 영광이 되기 때문이다. "나는 알파와 오메가요 처음과 마지막이요 시작과 마침이라"(계 22:13). 매사에 중요한 게 마무리라고 본다. 아무리 일을 잘해도 마무리가 거칠고 깔끔하지 못하면 그동안의 수고가 빛을 발하지 못하는 것을 경험한다. 인간관계도 이와 마찬가지다. 처음엔 간과 쓸개라도 다 줄 것처럼 굴다가도 어느 시점이 되면 안면을 몰수하고 등 돌리는 사람이 있다.

사람 간의 관계든지 일상의 일이라도 한결같이 하는 게 정말 중요하다. 인생이나 신앙도 이와 같다. 끝까지 달려갈 길을 변함없는 모습과 꾸준한 자세로 임하길 기원한다. "형제들아 나는 아직 내가 잡은 줄로 여기지 아니하고 오직 한 일 즉 뒤에 있는 것은 잊어

버리고 앞에 있는 것을 잡으려고 푯대를 향하여 그리스도 예수 안에서 하나님이 위에서 부르신 부름의 상을 위하여 달려가노라"(빌 3:13~14).

공수래 공수거   _정연복

빈손으로 왔다가 빈손으로 가는 거다
너도 그렇다 나도 그렇다
지금 손에 뭘 많이 움켜쥐고 있다고 해도
하나도 남김없이 놓아버려야 할 날이
오리니 소유에 집착하지 말자
가진 것의 노예가 되지 말자

되도록 홀가분한 몸과 마음으로
나그네 인생길 걸어가자.
한철 피었다가 순순히 지는 한 송이 들꽃같이
욕심 없이 자연스럽게 한세상 살다가 가자

유시유종(有始有終)이란 말이 있는데 시작이 있으면 끝이 있다는 의미다. 시작했으면 끝마무리를 잘해야 한다는 말이다. 어떤 이는 일을 잘 벌이고 시작도 어렵지 않게 하지만 마무리가 약한 사람들이 있다. 이런 지도자나 배우자를 만나면 그 직원들이나 배우자가 무척 고생한다. 당신은 어떤가? 처음보다 나중이, 시작보다 끝이 아름다운 사람으로 주어진 삶을 살고 싶다.

 묵상과 적용

무엇을 하든지 끝까지 최선을 다해서 아름답게 마무리하는 습관을 길러야겠다. 만일 마무리를 잘하지 못한다면 그 이유에 대해서 돌아보고 좋은 마무리를 위한 태도에 대해 나눠보자.

기도

사랑하는 주님, 시작보다 끝이 아름답고 처음보다 나중이 좋은 삶을 살기 원합니다. 마지막을 아름답게 마무리하는 습관을 기르게 하시고 작은 것에도 최선을 다하게 해주세요.

순회 선교사의 쓸모

생애 처음으로 책을 내는 일은 처음으로 아기를 낳는 여인의 심정
과도 같다고 본다. 수많은 책이 매일 쏟아져 나오는 책의 홍수 시대
라고 하지만 어떤 책이든 쉽게 나오는 것은 아니기 때문이다.

　한 권의 책이 출간되기 위해서는 열 달 동안 태중에 새 생명을
잉태하고 심혈을 기울여 준비한 후에 진통 속에서 피 흘리며 출산
하는 임산부에 비하면 지나친 것일까?

　부족한 나의 책이 나오기까지 주님의 은혜는 물론, 여러 사람의
격려와 기도에 힘입은 바가 크다는 것을 고백하지 않을 수 없다. 이
책의 시작부터 마지막까지 주님의 은혜가 아니고는 본서가 나올
수 없었음을 잘 알고 있다.

　독자들이 보시기에 한없이 모자람이 느껴진다면 그것은 전적으
로 나의 재능의 한계와 그릇이 작기 때문이다. 너그러이 봐주시기

를 지면을 빌어 말씀드리고 싶다. 그리고 사랑하는 마음으로 느낀 바를 말씀해주시면 다음번에 책을 낼 때 충분한 참고가 될 것 같다. 다시 한번 부끄러움을 무릅쓰고 책을 출간하게 해주신 주님께 감사드린다.

이 책은 다양한 독자를 염두에 두고 만들어졌다. 목회자와 선교사 그리고 일반 성도들이 함께 골고루 읽어도 좋을 만한 범위 내에서 책을 만들었다. 학문적 깊이나 전문성 같은 것을 기대하기보다는 목회와 신앙생활에 약간의 도움을 주거나 참고가 될 만한 것을 중심으로 구성했는데 그런 기대에 부응한다면 그것만으로 족하겠다.

아울러 본서가 나올 수 있도록 격려해주시고 기도와 사랑으로 관심 가져 주시며 도와주신 많은 분께 일일이 이름을 열거하지 않아도 깊은 감사를 드리지 않을 수 없다.

과분한 추천사를 써주신 분들과 이 책이 나올 수 있도록 실제적인 도움을 주신 엎드림출판사에게 깊이 고마움을 전한다.